社 会 风 险 与 社 会 建 设 丛 书

# 城乡接合部
# 疏解治理研究

## 基于空间社会学视角

翟慧杰 著

中国社会科学出版社

**图书在版编目(CIP)数据**

城乡接合部疏解治理研究：基于空间社会学视角 / 翟慧杰著 . —北京：中国社会科学出版社，2022.8

（社会风险与社会建设丛书）

ISBN 978 – 7 – 5227 – 0640 – 5

Ⅰ.①城… Ⅱ.①翟… Ⅲ.①城乡结合部—社会管理—研究—北京 Ⅳ.①D671

中国版本图书馆 CIP 数据核字（2022）第 134779 号

| | | |
|---|---|---|
| 出 版 人 | 赵剑英 |
| 责任编辑 | 田　文 |
| 责任校对 | 刘　坤 |
| 责任印制 | 王　超 |

| | | |
|---|---|---|
| 出　　版 | 中国社会科学出版社 |
| 社　　址 | 北京鼓楼西大街甲 158 号 |
| 邮　　编 | 100720 |
| 网　　址 | http://www.csspw.cn |
| 发 行 部 | 010 – 84083685 |
| 门 市 部 | 010 – 84029450 |
| 经　　销 | 新华书店及其他书店 |

| | | |
|---|---|---|
| 印　　刷 | 北京君升印刷有限公司 |
| 装　　订 | 廊坊市广阳区广增装订厂 |
| 版　　次 | 2022 年 8 月第 1 版 |
| 印　　次 | 2022 年 8 月第 1 次印刷 |

| | | |
|---|---|---|
| 开　　本 | 710 × 1000　1/16 |
| 印　　张 | 15.5 |
| 插　　页 | 2 |
| 字　　数 | 239 千字 |
| 定　　价 | 89.00 元 |

# 总　序

　　党的十八大以来，中国式现代化发展进入快车道，中国特色社会主义进入新时代。习近平总书记深刻指出："我们的事业越前进、越发展，新情况新问题就会越多，面临的风险和挑战就会越多，面对的不可预料的事情就会越多。我们必须增强忧患意识，做到居安思危。"从国际来看，我国发展的内外部环境进一步发生了重大变化，以美国为首的西方国家对我国的打压、遏制不断升级，突如其来的新冠肺炎大流行、俄乌冲突等，使得我国发展的外部不确定性不稳定性因素进一步增多。从国内来看，我国全面建成小康社会，进入全面建设社会主义现代化国家、向第二个百年奋斗目标进军的新征程。在这一伟大的历史进程中，经济社会发展方式面临深刻调整变化，各种风险挑战会更加复杂多变，其中社会领域的风险挑战自然会随之增多。社会领域的风险有的来自经济、政治、文化和自然环境领域，有的来自社会自身发展的不平衡不充分，有的来自社会诸多因缘的相互作用；有的来自国内，有的来自国际，有的内外因素皆有。与经济、政治、文化和自然环境风险相比，社会风险直接影响和威胁社会自身的有序运转和良性发展，严重的可能造成政局动荡、经济萧条、民生困难、社会失序。

　　中国共产党治国理政历来重视风险治理。党的十八大以来，以习近平同志为核心的党中央把防范和化解重大风险放在更加突出的位置。党的十九大在决胜全面小康社会建设的三大攻坚战中把"防范化解重大风险"作为首要任务，提出要防止"黑天鹅事件"和"灰犀牛事件", 从体制机制、方式方法、队伍建设、资源保障和科技支撑等多个方面进行了系统部署, 有效化解、成功应对一系列重大风险挑战, 为中国特色社会主义建设提供了可靠的保障, 积累了很多有益的经验。作为专门从事社会发展和社会治理研究的学者, 我一直关注中国现代化进程中的社会变迁、社会稳定和社会治理, 尝试运用社会学理论和方法、公共管理理论和方法研究社会发展中的风险挑战。在诸多理论和方法中, 我感觉社会建设既是现代化发展的重要领域, 也是一个比较有用的概念工具, 尤其对于理解和应对社会风险具有较强的解释力。

　　社会建设是中国特有的概念, 由孙中山先生最先提出。辛亥革命后, 孙中山先生苦于中国一盘散沙的混乱局面, 提出要在推翻专制统治之后建立民国, 建立民国的关键在于行民权。开展"社会建设"是"以教国民行民权之第一步也"。他所提的"社会建设"主要是教人如何开会, 涉及小到一般性会议大到正式的各级议会的程序、权利、决议等。20 世纪 30 年代, 社会学家孙本文教授在其《社会学原理》著作中单辟"社会建设与社会指导"一节, 还写过关于"社会建设"的专题文章; 并在 1944 年联合中国社会学社和社会部合办《社会建设》月刊, 自任主编, 出过十余期。孙本文认为, "依社会环境的需要与人民的愿望而从事的各种社会事业, 谓之社会建设"。新中国成立后, 我国成功地进行社会主义改造, 社会事业取得了很大成绩, 但是, 人们很少使用社会建设一词。

　　21 世纪之初, 在改革开放的伟大进程中, 我国经济建设取得巨大成就, 社会领域的问题却不断积累起来, 经济社会发展不平衡的问题日益凸显。实践推动着党的理论不断创新。2002 年, 党的十六大把"社会更加和谐"作为全面建设小康社会的重要目标之一。2004年, 党的十六届四中全会第一次提出"构建社会主义和谐社会"和"社会建设"的概念。2006 年, 党的十六届六中全会明确提出, 要"着力发展社会事业、促进公平正义, 推动社会建设和经济建设、政治建设、文化建设协调发展"。2007 年, 党的十七大提出要"加快推进以改善民生为重点的社会建设"，社会建设是中国特色社会主义事业总体布局"四位一体"的重要组成部分，改善民生是社会建设的重要任务。2012 年，党的十八大提出要"在改善民生和创新管理中加强社会建设"，社会建设成为中国特色社会主义事业总体布局"五位一体"的重要组成部分，社会建设的重点任务进一步拓展为民生保障和社会治理两个方面。

国际上虽然没有"社会建设"这一概念，但不等于国外没有社会建设事业。在西方发达国家现代化历程中，社会建设是伴随工业化特别是工业革命而来的。近代以来，工业革命对传统的农业社会的生产生活方式和社会关系产生了巨大的冲击，原有的社会关系、社会运行方式和社会保护模式不能适应形势变化的要求，为了应对新兴的社会风险，例如，失业、工伤、疾病、贫困、年老、社会治安恶化以及社会失序等风险，需要建立一套新的社会运行和社会保护规则、制度和模式。于是，各种新的社会保障、社会福利、社会保护、社会发展制度应运而生，其实质是社会建设。因此，可以认为社会建设的本质是通过社会重组和社会重建，应对现代社会变迁带来的社会风险，保障和改善民生，促进社会发展进步。

现代化发展越快，社会风险越大，社会建设越重要。在当前我国全面建成小康社会、实现第一个百年奋斗目标之后，开启全面建设社会主义现代化国家新征程向着全面建成社会主义现代化强国的第二个百年奋斗目标迈进的历史交汇关键节点，作为社会学领域的研究者，把近几年自己和我的博士研究生关于社会建设、社会治理的研究成果编著出版，集结为"社会风险与社会建设丛书"，不断吸纳相关研究成果，是推进社会领域现代化的使命所在。同时，也是为青年研究者提供一个展示交流平台，支持他们扎根中国社会，不断地提出新概念、提炼新范式、构建新理论，在学术道路上更快成长，这也是作为博士生导师的心愿。

龚维斌

# 自　序

北京是我国的超大型城市之一，城市系统复杂，功能多样，经济发展水平高，政治地位级别高。然而，作为国际性大城市，北京人口过度聚集且承载了诸多非首都功能，出现了人口过度膨胀、交通日益拥堵、大气污染严重、房价持续高涨、资源超负荷运转等一系列"大城市病"，其传统的城市管理模式不能与之相适应，这造成城市管理过程中诸多非平衡的混沌状态。例如，城市空间管理面临的人口、资源和服务之间的矛盾更加突出，严重制约了北京健康、有序、可持续发展。如果长期按照这种老路走下去必然是"山穷水尽"。治理北京"城市病"是推进京津冀协同发展的重要任务之一，是非首都功能疏解的重要缘起。在此背景下，2014 年 2 月 16 日，习近平总书记在北京市考察工作时首次提出疏解非首都功能，指出要明确城市战略定位，坚持和强化全国"政治中心、文化中心、国际交往中心、科技创新中心"的首都核心功能。非首都功能指与四个中心不相符的城市功能。

习近平总书记在 2017 年 2 月 23—24 日视察北京城市规划建设时指出：疏解北京非首都功能是北京城市规划建设的"牛鼻子"。要放眼长远、从长计议，稳扎稳打推进。要以资源环境承载力为硬约束，确定人口总量上限，划定生态红线和城市开发边界。对大气污染、交通拥堵等突出问题，要系统分析、综合施策。①

在《北京城市总体规划（2016—2035 年）》（以下简称"新总规"）的编制阶段，习近平总书记多次强调城市治理的重要性。新总规以制约

---

① 《习近平在北京考察工作时强调：抓好城市规划建设办好北京冬奥会》（https：//news. gmw. cn/2017 –02/25/content_ 23820226. htm），搜索时间：2018 年 8 月 16 日。

首都可持续发展的重大问题和群众关心的热点难点问题为导向，提出了全面提高城市治理水平、构建超大城市治理体系的总体目标。到 2020 年"大城市病"得到缓解，到 2035 年"大城市病"治理取得显著成效，到 2050 年全面形成具有首都特点、与国际一流的和谐宜居之都相适应的现代化超大城市治理体系。[①]

北京"城市病"具有一般性，更表现出首都城市特有的复杂性和异质性。因此，北京非首都功能疏解在空间维度、产业维度、环境整治维度有效治理会存在疏解整治精细化不足的现象。同时，城市作为一个人口聚集性的生存空间，其空间本身并非固定的、非辩证的、静止的容器，而是成为一种支配性的、建构性的空间，蕴含着国家、市场、社会力量的参与，以及各种利益主体围绕空间资源的互相博弈，影响着空间结构的变迁。[②] 在疏解非首都功能过程中，必然会打破现有的利益格局，触碰到不同相关群体的核心利益。城乡接合部聚集了大量的低端产业、流动人口，经济、社会、环境等综合条件比较差，是社会矛盾的集中地，进而是疏解非首都功能的难点、重点。如果不能及时有效地处理各种错乱交织的矛盾、纠纷，可能会引发一系列社会问题，增加不稳定因素，影响疏解进度。因此，本书以空间社会学理论为视角，研究疏解非首都功能过程中城乡接合部的治理问题，即多元利益主体在空间疏解过程中为了维护自己的空间权益是如何进行互动博弈的。

笔者在梳理西方空间社会学理论发展脉络的基础上，构建起了本书的研究框架。一方面，从"城市生态学派"的思想内核即空间维存，到新马克思主义社会学聚焦空间权益即空间维权，表明资本主义的空间、资本、权力和权利的互动决定着空间生产关系的再生产，以及城市发展、空间结构的变迁。另一方面，新马克思主义者将马克思的一些基本观点和概念，例如，生产方式、阶级关系、剩余价值规律、劳动力再生产，引入空间研究领域；通过对空间生产、空间集体消费、空间资本的形成与积累、空间资源的冲突和社会运动等方面的批判性考察，提炼出空间生产、空间分配、空间交换、空间消费决定着城市空间结构变迁

---

① 石晓冬、王吉力：《从新总规看首都超大城市治理转型》，《前线》2018 年第 4 期。
② 王海荣：《空间理论视阈下当代中国城市治理研究》，博士学位论文，吉林大学，2019 年。

与重构。笔者以此为理论依据，以疏解非首都功能为背景，结合中国城乡接合部发展具体实际情况，搭建城乡接合部空间权力与空间权利的多元互动博弈治理模型。

村落是城乡接合部的基本单元，A 村是 C 镇比较典型的人口倒挂村，能够反映疏解过程中城乡接合部的普遍性问题。因此，本书采取理论研究与实证研究相结合的方法，从静态之社会样态与动态之空间实践两个层次的互构入手，深入剖析空间疏解治理过程中 A 村各相关利益主体即基层管理者空间权力实践、流动人口空间维存、本地村民空间维权的互动博弈；分析城乡接合部空间重构过程中的不平等与不公正现象，进而为科学合理地疏解非首都功能，维护不同类型的社会群体享有相对公平的空间权益，提出政策建议。

展开来讲，本书以空间疏解治理场域——C 镇 A 村为例，描述了 C 镇 A 村的空间社会形态、疏解要求及基本情况；并进一步分析了 C 镇 A 村空间疏解治理瓶颈：一是空间生产不足：基本公共服务供给缺位；二是空间集体消费不均衡：村委会治理难；三是空间改变不理想：村民居住空间恶化，"瓦片经济"减少，公共意识弱化；四是空间分配不合理：流动人口居留意愿与人口疏解相矛盾。

在空间疏解治理过程中，基层管理者采取任务导向型的空间权力技术，主要是依据空间疏解的政策法律，建立综合整治指挥部，按照任务分工及不同的实施阶段，采取压力型体制下的空间权力实践以及刚性的空间执法方式进行疏解，引发了流动人口的空间维存以及村民的空间维权。一方面，政府采取"以房管人""以证控人""以业控人""以学管人"等手段疏解流动人口。流动人口的就业空间与生存空间面临危机，且在城乡空间分配不平等即市场排斥壁垒下、边缘空间集体消费不足的前提下，流动人口极力以边缘非正规就业空间的生产以及空间交换所形成的新的业缘与地缘的社会关系，维持自己在城乡接合部缝隙化的生存空间；然而，在流动人口作为被疏解的对象时，他们也会采取相应的"空间策略"进行应对。由于强弱势力对比悬殊，流动人口并没有发动规模化社会运动予以反抗，而是选择不配合、逃避、打游击战等方式予以回应，以寻求继续在城市工作和生活的可能。事实上，流动人口这些空间实践努力的背后，饱尝着艰辛与痛苦。另一方面，对于本地村民来说，由于在空间疏解过程中农用地和宅基地上的违法建筑被拆除，租房市场的消失，以及空间交换的不对称，他们由利益剥夺到新贫困产生，空间权利被剥夺；另外，由于拆违程序不规范、拆违不公平，村民则采取抗争性话语策略以及一系列灰色博弈策略，甚至上访等方式进行反抗，以维护自己的空间权利。在这一连串空间矛盾和冲突中，权力和资本的合谋造成空间分配不平等，是引发矛盾的一个重要因素。

本书通过研究 A 村疏解治理过程中空间权力与空间权利的非对称博弈，透视出 A 村空间实践的正义与非正义。在不正义方面，表现为城市规划设计忽视社会空间、政府权力过大、执法程序不规范、村民参与少等。基于空间正义原则，本书提出了疏解非首都功能背景下城乡接合部和谐共生的治理之策，包括共生理念下的空间权利保障措施，即疏解治理过程中空间生产的保障、空间分配的权益保障、空间交换的保障、空间集体消费的保障；以及有限政府理念下的空间治理，即科学规划城市社会空间，规范政府权力维护公民的空间利益，践行公正的空间执法程序，扩大公众、NGO 的参与等。

本书运用空间社会学理论，一是对以 A 村为代表的城乡接合部治理问题进行研究，打破了以往关于城乡接合部治理的静态化、结构化、制度化研究的局限性，为城乡接合部治理提供了一个新的视野和理论工具。二是笔者将空间社会学理论与实证研究相结合，以具体的案例和日常生活的语言解读空间社会学理论，并构建了本土化的空间社会实践框架。最后，就中国具体国情、具体情境提出了空间正义的建议，在一定程度上弥补了空间社会学从批判理论转向建设理论的不足，拓展了空间社会学理论。

翟慧杰

2018 年 10 月 22 日

记于中共中央党校南校区

# 目　　录

# 第一章 导论

## 第一节 选题缘起及研究意义

### 一 选题缘起

北京市作为我国的首都，在城市建设管理方面取得了巨大成就，但也面临很多棘手的难题，主要表现为集聚了过多的人口和功能，经济社会各要素处于"紧平衡状态"。基于此，习近平总书记在 2015 年 2 月10 日的中央财经领导小组第九次会议上提出，要疏解北京"非首都功能"。他指出，"作为一个有 13 亿人口大国的首都，不应承担也没有足够的能力承担过多的功能。"为了疏解非首都功能，同时，也是为了促进区域间协调发展，中央提出京津冀协同发展战略。《京津冀协同发展规划纲要》确定的目标是：近期到 2017 年，有序疏解北京非首都功能取得阶段性明显效果，中期到 2020 年，北京市常住人口控制在 2300 万人以内，其中城六区常住人口争取到 2020 年下降 15 个百分点左右，促使北京"大城市病"等突出问题得到有效缓解。①

与此同时，北京市政府办公厅印发《北京市城乡结合部建设三年行动计划（2015—2017 年）》明确指出，到 2017 年底，城乡接合部地区人口累计调减约 50 万人。②这些政策为开展疏解工作奠定了基础，然而，城乡接合部的疏解主要是通过关停无证无照商户、拆除违法建筑等手段，在疏解过程中必然会触及一些被疏解方的核心利益，从而引发诸多矛盾

---

① 《疏解非首都功能 北京严控增量"升级"》（http：//www.xinhuanet.com/local/2015 - 08/24/c_ 1116356755. htm），搜索时间：2015 年 8 月 24 日。

② 张璐：《北京计划到 2017 年底城乡结合部人口调减 50 万》，《北京晨报》2015 年 12 月 4 日。

和冲突：流动人口在疏解过程中生存空间权利的缺失以及基层管理者运用空间权力强制关停无证无照低端商户时易引发与其的矛盾；本地村民在疏解拆违征地过程中，由于房屋市场的消失，生活来源无着落，以及拆违程序不规范、拆违不公平，引发村民的空间权利抗争，等等。

由于城乡接合部是流动人口的聚集地、疏解过程中多方利益空间权利抗争的集中地，因此，本书选取城乡接合部为切入点，运用空间社会学理论，探讨基层管理者运用改变空间的方式对人口进行疏解，分析流动人口、本地村民在回应疏解过程中空间权利的缩小或丧失作出的空间维存或空间维权的行动逻辑。深入挖掘城乡接合部治理的症结所在，从而针对城乡接合部的空间发展提出符合正义原则的"空间—社会"的构建路径，促使管理权力的规范实施以及相关利益主体能获得自己相应的生产和生活空间，顺利实现疏解目标。

## 二 理论和实践意义

城乡接合部是本地村民和居民、流动人口等各类群体的聚集之地，情况十分复杂。近年来，尽管城乡接合部治理问题已引起了社会各界的广泛关注，但是，大多研究是从宏观的制度建设、管理体制以及微观的行动主体生存状态等方面来分析问题，而忽略了城乡接合部治理中的两个重要维度——"空间"与"行动"。因此，本书尝试运用现代空间来探讨疏解过程中城乡接合部治理问题。

空间不仅是静态的自然空间，也是由行为主体通过实践所创造的社会空间，受到政治、经济、文化等多维因素的制约。空间社会学理论已形成较为完整的体系，对于研究城乡接合部治理问题具有诸多启发，可以为当前的城乡接合部治理、改造、提升，提供一定的理论参考。更重要的是，本书通过具体场域的案例分析，促使空间社会学理论可操作化，并根据中国实际情况进一步弥补空间社会理论的不足，推动空间社会学理论的发展。

在实践中，城乡接合部治理问题涉及成千上万城乡接合部村民以及流动人口的生活生计，也是疏解非首都功能过程中遇到的难度最大、最为棘手的问题。在一定程度上，疏解非首都功能过程中出现的城乡接合部治理问题直接关系到北京市乃至更大范围的和谐与稳定。因此，它可以为转型期中国城乡统筹与协调发展提供理论参考与经验借鉴。

### 三　研究对象与理论工具

（一）研究对象：疏解治理过程中相关利益主体的博弈

城乡接合部流动人口多，是疏解非首都功能、减少流动人口的重点和难点。因为城乡接合部便利的交通位置、低廉的房租优势，吸引大量的流动人口（白领、农民工、商贩等不同人群）到此居住，为本地村民创造了很诱人的租房市场；开发商也会瞄准城乡接合部人口聚集地的商机，向村集体承包土地，建设一幢幢白领公寓，赚取租房利润；而一些基层管理者也会从开发商手中得到承包费，获得额外收益。因此，疏解非首都功能，必然会触碰到城乡接合部相关主体错乱交织的利益，如果不能妥善处理这些利益问题，必然给城乡接合部治理带来很大阻力，甚至会影响社会和谐稳定。

基层管理者，在关停无证无照商户、拆违建时，并没有严格遵守法定程序，极易燃起被疏解方的对立情绪，从而引发执法矛盾乃至冲突。尤其是为确保完成中央和上级政府下达的目标任务，基层管理者总想赶进度，采取简单化、"一刀切"的方式强制拆违，使得村民的空间权利被剥夺，引发村民的激烈反抗。对于流动人口（包括公寓、大棚居住者），因基层管理者有时会采取一刀切的方式进行疏解，会导致一些从事低端产业的流动人口因突然失去住所、无业而陷入生活困境。如果这些人想继续留在北京，可能面临涨租的难题，增加生活成本。他们都会因为失去原有生活生产空间而感到不满，并且会采取一些空间维存策略。

对于城乡接合部的本地村民来说，由于北京市流动人口数量多，尤其在城乡接合部大多数是人口倒挂村，村民大多以出租房屋作为生活主要来源。在某种程度上，本地村民与流动人口是利益共同体，在疏解流动人口过程中势必会减少村民的收入。村民出租房屋通过两种方式，一种是在自家宅基地上盖新房，或者将原有房屋打上隔断，增加出租房间；另一种是把承包耕地上建造的农用大棚改造成出租房间，或者直接在承包地上建造房屋，进行租赁。上述建筑都是违法的，必须清除。然而，这会减少村民的经济收入，影响他们的生活，所以，他们为了维护自己的空间权益，往往采取各种空间抗争行为，阻碍政府开展工作。

因此，基层管理者践行空间权力进行疏解，引发流动人口的空间维存以及村民的空间维权。三者之间空间权力与空间权利的多元博弈形成了本书的主要研究对象。

（二）理论工具：空间社会学

城乡接合部的疏解非首都功能其本质是围绕空间展开的权力与权利博弈问题。因此，空间社会学理论既可对这些问题进行分析，也可以为解决提供有效的学理支撑。一是空间社会学的"空间与社会互构"的思想为全书的研究奠定了基础，即社会样态与多元主体空间实践互构，可以分析城乡接合部的治理动态博弈。二是新马克思主义学派关于空间生产、流通、交换、消费决定着城市发展和空间结构变迁的观点，有助于研究城乡接合部空间的重构过程。三是"城市生态学派"空间维存的思想内核，以及新马克思主义社会学聚焦空间权利的思想理论观点，为我们研究疏解过程中基层管理者、流动人口、本地村民之间的互动博弈，即空间权力与空间权利之间的多元互动博弈提供了理论工具。其中，在空间社会学理论流派中，新韦伯主义理论学派的代表人物帕尔、雷克斯，认为在市场竞争机制和城市经理人共同影响下，对空间权益分配上的不平等以及对弱势群体的排斥，引发城市中的社会阶层冲突，这是城市危机的根本原因。这为我们分析疏解过程中引起的矛盾提供了一个分析视角。最后，哈维的辩证乌托邦以及苏贾的空间正义论，为本书探索空间正义之路提供了有益的借鉴。

凡此种种，空间社会学理论经过古典社会学家对空间理论的阐发，从现代社会空间理论到后现代社会空间理论的发展，已经形成了比较系统的理论体系，能够很好地解释城乡接合部治理的动态过程。

# 第二节　国内外相关研究文献综述

我国在 20 世纪 80 年代后期出现了城乡接合部的概念，围绕城乡接合部治理形成了大量的相关研究成果，2012 年是成果最为丰富的一年，之后相关研究呈现下降趋势。城乡接合部治理研究主要涉及城乡接合部流动人口问题，城乡接合部失地农民的问题，城乡接合部土地利用问题，城市化、城乡一体化问题以及城市建设问题，等等。国外类似的研究，起源于 20 世纪 30 年代，主要是针对城市边缘区、城市蔓延、贫民窟等的研究，一般是从地理空间展开研究包括地形、地貌、环境、土地利用等，也包括社会、人文、权力、社区生活等治理问题，并对此提出解决对策，构建治理模型，对我国研究城乡接合部治理具有参考价值。

## 一 城乡接合部概念的相关研究

关于城乡接合部概念的界定及其所具有的特征，不同的学者从不同的角度作出了研究。一般包括对城乡接合部概念的界定的狭义与广义之分，对城乡接合部人口构成的界定，以及对城乡接合部所具有城乡过渡性特点等的研究。

（一）城乡接合部概念的界定

一些学者最初将城乡接合部称为"城市边缘区""城乡交错带"。2002 年，国务院发布的《关于加强城乡规划监督管理的通知》对城乡接合部给出了具体定义，即"规划确定为建设用地，国有土地和集体所有用地混杂地区，以及规划确定为农业用地，在国有建设用地包含之中的地区"。[1] 连玉明等从地理位置、用地类型、区域功能三个维度界定城乡接合部。[2]

对城乡接合部概念的界定还有很多，具有狭义和广义之分。从狭义的角度进行概括，城乡接合部，或者称为城市边缘区，是城乡交错地带，位于城市与乡村之间，是城市地域的组成部分，由城市建成区向外延伸，最终过渡到农业用地。这一区域兼具城市与乡村的特点，既是城乡功能的过渡区，也是城乡功能的混杂区。[3] 随着经济社会的快速发展，城市人口的增加等因素，城乡接合部是在全世界范围内出现的明显的、具有不同意义的区域。城市与农村的功能在一定地域范围内相互交错，两者之间的界限变得越来越模糊，取而代之的是既不同于传统的城市，又不同于传统农村的中间地带。从其特征、结构及功能看，它实质

---

① 国务院：《关于加强城乡规划监督管理的通知》（国发〔2002〕13 号），中华人民共和国中央人民政府网站，2002 年 5 月 15 日。

② 连玉明、朱颖慧：《贵阳城市创新发展报告·南明篇》，社会科学文献出版社 2015 年版，第 121 页。

③ 李晓玲、陈宙颖：《城乡结合部规划管理探析》，《城乡规划》2003 年第 5 期。

上是在传统的城市与农村地域之间形成的一个新的独立地域实体。①

广义角度观之，冯晓英、魏书华等认为城乡接合部是城乡地域交叉、农（民）居（民）生活交叉、街乡行政管理交叉的"三交叉"。②刘伟认为城乡接合部是城市与乡村两种社区相互接触、混合及交融的地区，具有鲜明的空间结构形态上的过渡性、经济结构与管理体制的二元性、人口结构的多样性与复杂性等特点。③

（二）城乡接合部的人口构成

在城乡接合部的人口构成问题上，刘玉认为我国城乡接合部人口构成主要包括本地户籍人口和流动人口，既有城镇户口人口也有农村户口人口。以非农业人口为主，农业人口所占比例较低且一般集中分布在少数地区。流动人口比重非常大，这也是中国城乡接合部人口构成中的一大特色。④王娟、常征认为城乡接合部人口结构复杂，主要有当地村民、居民（农转居），以及流动人口（村民、居民）等不同人群。⑤

（三）城乡接合部的特点及类型

城乡接合部社区人地系统具有明显的城乡过渡性特点，城乡交错带内城市与乡村各要素、景观及功能的空间变化梯度大，是城市与乡村两类性质不同的区域之间的"急变带"。同时，城乡接合部地区存在着频繁的能量与物质对流，分别来自城市与乡村的人口、物质、技术、信息等在这里相互作用与竞争互生。正是上述过渡性特征使城乡接合部社区的管理具有特殊性，给这一地带的规划、开发、建设、管理，特别是社会管理带来了难度。⑥

城乡接合部的类型，城乡接合部可分为内边缘区和外边缘区。内边缘区（城市边缘）是指接近城市并具有某些城市化特征的乡村地带，

---

① 宋国恺：《城乡结合部研究综述》，《甘肃社会科学》2004年第2期。
② 冯晓英、魏书华等：《由城乡分治走向统筹共治》，中国农业出版社2007年版，第6页。
③ 刘伟：《论城乡结合部的潜在风险与治理对策》，《天府新论》2007年第5期。
④ 刘玉：《城乡结合部混和经济形态与驱动要素分析——以北京市海淀区为例》，《城市规划》2012年第10期。
⑤ 王娟、常征：《中国城乡结合部的问题及对策：以利益关系为视角》，《经济社会体制比较》2012年第3期。
⑥ https://baike.so.com/doc/4241170-4443280.html，搜索时间：2018年3月15日。

其特征为已开始城市建设。在城市化进程中，一部分耕地已经被征用，农民转为居民后仍在原村落居住而演变成的居民区，并逐渐向完全的城市社区转型。外边缘区（乡村边缘），其特征为土地利用仍以农业占支配地位，但已可见许多为城市服务的设施，如机场、污水处理厂和特殊用地等。本书主要研究的是城乡接合部的内边缘区。

国外文献中与城乡接合部相似的概念有城市边缘区、城市蔓延、贫民窟、城市村庄等。还有学者把城乡接合部界定为"介于乡村和城市与城镇之间的缓冲区"。[①] 从 20 世纪 30 年代起步，国外学者从城镇化研究入手，之后转入对城乡部的研究，到了 20 世纪 70 年代才得以有较大发展，其间大多学者都是从地域结构、自然景观和生态环境问题等展开研究。例如，伯基斯（1923）以土地利用结构来解释城乡接合部，并概括为"同心圆"模式；[②] 德国地理学家哈伯特·路易斯（1936）从城市形态学的角度通过对德国柏林城市地域结构研究，首次提出了城市边缘区（Urban fringe）这一概念。[③] 勒得弗尔德提出的"城乡结合体"，即"是城市地区和农业地区之间的用地转变区域"。西方国家城乡接合部的一个重要特征是开发密度低。例如，1996 年，美国俄亥俄州最大城市克利夫兰的城乡接合部还有 77% 的面积处于未开发状态。[④] 大部分接合部地区城市开发将农业用地与景观割裂，破碎性特征明显。另外，对城乡接合部区域结构、特点、性质和划分的还有美国学者安德鲁、威尔文，[⑤] 而公认的比较完整的概念是普里沃（R. J. Pryor）（1968）提出的："一种在土地利用、社会和人口特征等方面发生变化的地带，它位于连片建成区和郊区以及具有几乎完全没有非农业住宅、

---

① Elson, M. J., Green Belts, *Conflict Mediation in the Urban Fringe*, London: Heinemann, 1986.

② https: baike. so. com/doc/6902/09 – 7122813. html，搜索时间：2019 年 3 月 22 日。

③ 杨红伟：《北美、东亚等地区城市边缘区增长及其启示》，《中国城市规划学会会议论文集》，2005 年 9 月。

④ Carmen C. F., Elena G. I., "Determinants of Residential Land-use Conversion and Sprawl at the Rural-urban Fringe", *American Journal of Agricultural Economics*, 2004, 86 (4), pp. 889 – 904.

⑤ 郝寿义、安虎森：《区域经济学》，经济科学出版社 1999 年版，第 345—432 页。

非农业占地和非农业土地利用的纯农业腹地之间的土地利用转变地区。"① 然而，在 20 世纪 80 年代至 90 年代，一些学者除了研究边缘区的特性、郊区产业结合体、土地使用研究、城市化和地域空间配置研究之外，更多地关注城乡接合部的流动人口、个人和社区机构对于城乡接合部的作用等研究。② 另外，在人口构成方面，与中国城乡接合部构成很大不同的是，西方国家城乡接合部的人口主要有中产和富裕阶层及兼职农民等。③

综上所述，国外在城乡接合部方面的研究主要包括城乡接合部的特征、人文景观、生态系统以及人口复合型变化等，对于我国城乡接合部治理研究具有参考价值。

## 二  城乡接合部治理研究：宏观视角

随着城市化进程的不断深入，各种社会问题开始在城乡接合部集中显现，从而引起广泛的研究，国内外大多数学者对城乡接合部治理的研究倾向于从宏观体制机制、政策、法治以及治理模式等相关方面进行研究。

### （一）宏观体制、机制方面的研究回顾

在城镇化进程中，城乡接合部社区作为基层治理最薄弱且复杂的环节之一，其在行政管理机构设置、区域公共服务提供、流动人口和区域治安管理等方面，有很多值得研究的课题。徐航英、崔恒提出，应推动社区的整合，改革和完善基层网格化管理，基层治理结构调整，农村转化为城市社区要有明确规划等建议。④ 针对城乡接合部的土地利用、经济和社会方面存在的问题，付加锋、宋玉祥从城乡接合部一体化协调发展的角度，提出城市土地制度创新、户籍制度和外来人口管理创新、环

---

① R. J. Pryor, *Defining the Rural-Urban Fringe*, Social Forces, 1968 (47), pp. 202 – 215.
② 戴冬阳、邹红亮：《土地征用中国家与地方政府委托代理关系分析》，《新疆社科论坛》2004 年第 6 期。
③ Qviström M.，"Landscapes Out of Order: Studying the Inner Urban Fringe Beyond the Rural-urban Divide", *Swedish Society for Anthropology and Geography*，2007，89B（3），pp. 269 – 282.
④ 徐航英、崔恒：《城乡结合部社区治理方式转型：社区整合与网格管理——以宜昌市五家岗区城乡结合部阳村为例》，《行政与法》2016 年第 6 期。

保制度创新、管理体制创新等对策。① 而对于城乡接合部所出现的土地流转问题、失地农民身份转变问题、村民自治问题、发展的可持续问题，一些学者提出了认真落实国家有关方针政策，健全和完善有关法律法规，真正打破我国城乡二元结构，严格规范土地征用与管理政策等。② 陈继勇以广州市为例，从外来流动人口管理、房屋建设及出租管理、规划与规划管理及基层管理和管理体制等四个方面，对城乡接合部地区出现的问题进行深入的调查，并对社会经济根源进行了探索和反思，找出制约城乡接合部地区发展的两大问题：一是城乡二元体制对城市化发展的制约；二是城乡接合部土地开发和管理机制的不完善，导致土地利用效率低下。并提出了确定城乡协调发展，促进城乡一体化的基本战略以及建立和完善城乡接合部土地市场的对策和建议。③ 龚云龙认为重庆市城乡接合部存在的主要问题有城乡社会管理落后、城乡公共服务供给不足、城乡市场监管缺位等。为此，需要有序改革社会管理，实施部门整体性治理，推动基层组织建设，加强社会治安综合治理，吸纳公民参与治理等。④

　　城乡接合部的基础设施、义务教育、社会保障等公共服务供给严重滞后，针对这一情况，马静提出完善城乡接合部公共服务供给的财政政策建议。⑤ 董万好、罗月领以上海市城乡接合部为例，从财政政策的角度分析了促进社会管理创新的财政政策框架，如建议以基本公共服务均等化为政策目标，完善市区两级财政管理体制，推进全过程的绩效预算管理等，从而促进社会稳定。⑥

---

　　① 付加锋、宋玉祥：《城乡结合部的问题与对策》，《国土与自然资源研究》2002 年第 3 期。

　　② 李亚娟：《现阶段城乡结合部社会问题研究》，硕士学位论文，山东大学，2010 年，第 19 页。

　　③ 陈继勇：《城市化进程中城乡结合部管理问题研究——兼对珠江三角洲地区城市化道路的探索》，硕士学位论文，西安建筑科技大学，2003 年，第 14 页。

　　④ 龚云龙：《城乡结合部地区政府治理研究——以重庆为例》，硕士学位论文，西南政法大学，2014 年，第 22 页。

　　⑤ 马静：《我国城乡结合部公共服务供给的现实问题与财政对策》，《财政研究》2013 年第 3 期。

　　⑥ 董万好、罗月领：《促进城乡结合部社会管理创新的财政政策研究——以上海市为例》，《上海金融学院学报》2013 年第 3 期。

## （二）法治维度的研究回顾

由于城乡接合部大量的流动人口聚居于此，给社区的社会秩序带来了极大的不稳定因素并引发一系列的社会治安问题，必须运用法治思维、法治手段予以解决。城乡接合部社会治安具有外来流入人员的犯罪和当地人犯罪的双重性特点，表现为吸贩毒、盗窃、抢劫作案的连锁性，暴力案件的多发性，以及"两劳"人员重新犯罪率的上升性等特征，一些学者就如何强化城郊、城乡接合部社会治安综合治理和构筑安全防范体系做一些探索和思考。[①] 杨文兵以济南市七贤辖区社会治安问题的调查研究为例，指出社会矛盾是治安问题的根源，存在社会治安治理主体单一、流动人口管理不到位以及打击力度不够和宣传教育不到位等问题，并从政府、社会、公众三个层面提出建议。一是政府要保障社会协同治理的资源，落实治安防控，加大打击力度；提供宣传教育和培训平台、共享信息交流平台。二是加强宣传动员教育，强化基础设施建设，积极发挥市场机制在资源配置中的作用。三是将"群防群治"的治安协同治理新理念深入人心；积极建立健全群防群治协同治理体系。[②] 陶建武在分析了深圳宝安案例的基础上，提出国家力量和社会力量在不同的社区空间里相互依赖、联合行动，实现对小区、楼宇、道路以及流动人口等治安要素的有效治理，并认为培育社会组织和市场组织，构建网络治理结构，实现治理结构与社区空间结构的高度耦合，将是城乡接合部社会治安治理现代化的合理趋向。[③] 袁旦主要分析了杭州市城乡接合部治安存在的主要问题：部分治安管理缺失，村级基层政权治安组织作用弱化，农村失地人群引发治安事件，流动人口引发诸多治安问题，农村社会问题引发的群体性事件，黑恶势力死灰复燃影响社会治安稳定等问题。并提出了主要对策：一是加强杭州市城乡接合部治安管理工作重要性认识；二是进一步完善情报信息与社会预警机制；三是加强城乡接合部精神文明建设、法治文化教育宣传；四是加强城乡接合

---

① 陈州：《城乡结合部社会治安特征及原因浅析》，《政法论丛》2002 年第 3 期。

② 杨文兵：《城乡结合部社会治安协同治理模式研究》，硕士学位论文，贵州财经大学，2013 年，第 19 页。

③ 陶建武：《城乡结合部社区治安的耦合治理模式研究——基于深圳宝安的案例分析》，《理论建设》2014 年第 5 期。

部域内人口的社会保障建设；五是创新管理模式，构筑城乡接合部立体治安防控体系等。① 社会秩序稳定是城乡接合部和谐发展的重要保障。因此，学者们从宏观社会治安法治治理的视角对城乡接合部治理作出了大量的研究。

总之，学者们从宏观体制、机制、法治的视角城乡接合部治理作出了系统的研究分析，但是，缺乏微观主体性参与的动态治理过程，这也是笔者需要探索完善之处。

（三）治理模式的研究回顾

国外对城乡接合部社会治理也有很多研究。一是从城乡接合部社会治理困境方面，国外主要对城乡边缘带的人口、社会、文化、经济、生态等社会管理困境问题进行了研究。例如，Quentin Chiotti（2005）对环境方面治理的研究；瓦西利斯·斯古塔斯（2005）对土地治理问题的研究；Amato, Paul R.（1993）对权力、邻里关系方面的研究以及Toth Jr., John F.（2002）对家庭和社区生活方面的研究；等等。② 然而，西方国家城乡接合部面临的核心问题主要集中在景观与土地利用治理方面的研究。城市蔓延对农业用地的占用，土地的废弃、荒凉，自然景观被人为建筑和现代景观所割裂，以及缺少规划而导致的景观杂乱等是人们对这一地区担忧及呼吁解决最常见的问题。

二是从城乡接合部社会管理模式及对策方面，国外主要提出城市边缘带的内缘带、中缘带和外缘带治理类型，例如，M. R. G. Conzen（1960）、提出的外溢——专业化治理模型；文森特·奥斯特罗姆（2004）、提出的政府管理社会事务治理模式以及理查德·C. 博克斯（2005）、提出的公民治理模型等。③ 在治理对策方面，Sieverts T. 认为西方城乡接合部地区应较多关注城市扩散以及增长管理和可能的蔓延。Gallent N. 和 Andersson J. 认为大多数西方国家在城市边缘和接合部地

---

① 袁旦：《杭州市城乡结合部治安管理问题研究》，硕士学位论文，吉林大学，2016 年，第 1 页。

② 傅宅国：《城乡结合部社会管理中基层政府协同问题研究》，硕士学位论文，湘潭大学，2013 年，第 4 页。

③ 傅宅国：《城乡结合部社会管理中基层政府协同问题研究》，硕士学位论文，湘潭大学，2013 年，第 3—4 页。

区实施了精明增长规划与管理战略和相应的措施，治理的方向更多致力于在接合部地区抵制工业景观，试图恢复或塑造自然的、优美的、整洁的、田园的景观。[①] 例如，Gallent N 认为在英国等国家，将绿化带作为今后发展方向问题的讨论重点。利用绿化带政策检查建成区向外无序蔓延的问题，以帮助周边的乡村地区不被侵吞，保护历史文化名镇以及促进城市复苏。[②]

### 三 城乡接合部治理研究：微观视角

城乡接合部主要由流动人口和本地村民两大群体构成，因此，不少学者从微观主体视角对这两类群体进行研究。一方面，研究流动人口的生存方式、生活状况以及对其的管理与服务；另一方面，研究本地村民的土地问题，主要是土地矛盾产生的原因、对策等。

（一）关于城乡接合部流动人口问题的研究

关于城乡接合部流动人口生存状态的研究，最早从 20 世纪 80 年代末开始，项飙对由进京经商的浙江人自发形成的聚居区进行了长达六年的田野调查。这一聚居区"地处北京市丰台区大红门地区，是典型的城乡结合部"。[③] 之后王汉生等进一步分析了北京著名的外来人口聚居区——"浙江村"的形成过程和基本生存环境状况。[④] 而在广州、深圳，还有许许多多的大中小城市，城中村几乎与流动人口聚居区同义。广州近 300 万外来流动人口中，多数是聚居在租金相对低廉的城中村。城中村与城市流动人口聚居地的密切关联，恰好内在地体现着"村"何以能够进入"城"，并获得崭新条件下生存发展空间的主要原因。[⑤] 周晓虹通过对北京

① Gallent N., Andersson J., "Representing England's Rural-urban Fringe", *Landscape Research*, 2007, 32 (1), pp. 1 – 27.

② Gallent N., "The Rural-urban Fringe: A New Priority for Planning Policy?", *Planning, Practice & Research*, 2003, 21 (3), pp. 383 – 393.

③ 项飙：《跨越边界的社区：北京"浙江村"的生活史》，生活·读书·新知三联书店 2000 年版，第 5 页。

④ 王汉生、刘世定、孙立平、项飙：《"浙江村"：中国农民进入城市的一种独特方式》，《社会学研究》1997 年第 1 期。

⑤ 蓝宇蕴：《城市化中一座"土"的"桥"——关于城中村的一种阐释》，《开放时代》2006 年第 3 期。

"浙江村"和与其密切相关的温州乐清市虹桥镇农民流动历史的考察，探讨了流动与城市体验对温州农民的价值观、生活态度和社会行为模式变迁的作用和具体方式。① 以城乡接合部流动人口从事的职业为基础，何太平等将成都市城乡接合部外来人口的生存方式分为三种类型：一是以重体力谋生型，比如建筑工人、搬运工等；二是体力与资本相结合谋生型，比如做小生意、开饭店等；三是轻体力服务型，比如修皮鞋、修衣服等，他们既无力干体力活，也没有资金做生意。②

同时，随着城市流动人口数量的不断增加，流动人口的生存状况和心理问题对城市的和谐发展产生很大影响。高迎浩、程永佳采用标准化量表对河南省 604 名城市流动人口和 341 名非流动人口进行了问卷调查，调查结果显示，城市流动人口经济收入低于非流动人口，并存在自尊心较低、心理健康不良、生活满意度不高的心理状态。经济问题和心理问题存在一定的关系，成为城市流动人口所面临的双重困境。③ 通常情况下，流动人口与城市本地居民的个人交往较少，沟通存在一定的困难，远未真正地融入城市生活，很少建立起以业缘关系为纽带的社会网络，大多以亲缘或地缘关系的交往圈子为主。有时，本地居民对流动人口的认识有偏差，存在一定的拒斥心理甚至厌恶感，使流动人口有一种被歧视的感觉。④ 为深入了解农民工的基本生活状态和权益保护现状，黄润龙、杨来胜采用实地随机调查的方法，考察了江苏苏南、苏中 8 市流动人口的受教育程度、在城市居住时间、婚姻、职业行业构成和经济收入等状况。调查表明，流动人口生活不易，竞争能力不强，就业机会不均，社会待遇不公，合法权益经常受到损害。⑤

---

① 周晓虹：《流动与城市体验对中国农民现代性的影响——北京"浙江村"与温州一个农村社区的考察》，《社会学研究》1998 年第 5 期。

② 何太平、黄泽勇、罗登华、蒋贤孝：《外来民工生存状态与人力资源生产》，《四川行政学院学报》2001 年第 3 期。

③ 高迎浩、程永佳：《经济和心理的双重困境——城市流动人口生存状况研究》，《武汉理工大学学报》（社会科学版）2015 年第 1 期。

④ 蔡志海：《制度变迁中农民工的生存状态及其未来命运》，《华中师范大学学报》（人文社会科学版）2002 年第 4 期。

⑤ 黄润龙、杨来胜：《农民工生存状态扫描——苏南、苏中 8 市的调查报告》，《南京人口管理干部学院学报》2007 年第 4 期。

因此，有不少学者对城乡接合部流动人口的住房保障、就业政策、医疗卫生、子女教育等方面的问题进行专门研究，提出政策建议。例如，杜艳莉、王志锋以北京市朝阳区为例，在对目前城乡接合部流动人口的特点及服务管理存在的问题进行深入分析的基础上，提出了促进城乡接合部产业升级、健全服务管理体制、创新服务管理模式、创新工作方式和载体、推进流动人口的社会融合等对策建议。① 还有学者分析了城乡接合部流动人口实际管理的困难，从制度安排、治理机制和社会融合三个层面提出相应的措施。② 例如，林海以福州市晋安区鼓山镇为案例，分别从政府行为、城乡居民需求、村居实践等方面，分析影响城乡接合部"城中村"和流动人口管理与服务的因素，探究城郊农村城市化良性发展的路径。③ 有的学者从城乡接合部流动人口的主要特点出发，对目前我国城市城乡接合部流动人口服务管理工作中存在的问题进行反思，并提出一系列加强流动人口服务管理工作的对策。④

上述主要是对流动人口的基本生存状况，职业行业、经济收入、心理问题、人际交往、基本权益保障、社会融入以及流动人口的服务与管理等方面进行研究，缺少对流动人口主体性诉求深入的个案研究，因此，笔者在以下研究中应作出补充。

（二）关于城乡接合部本地村民土地问题的研究

土地问题是城乡接合部治理中的重要问题之一。有的学者研究指出，我国土地制度和征地制度不健全、城乡管理体制不完善、失地后社会保障不到位等是城乡接合部土地矛盾产生的原因。例如，吕萍对北京市城乡接合部土地利用与房地产市场情况进行调查，指出特殊的土地利用和管理特点致使城乡接合部用地矛盾尤为突出。人口、城市发展、集

---

① 杜艳莉、王志锋：《浅谈城乡结合部流动人口的服务与管理——以北京市朝阳区为例》，《社科纵横》2014 年第 7 期。

② 李娜娜：《统筹城乡背景下城乡结合部流动人口管理研究》，《重庆与世界》2013 年第 4 期。

③ 林海：《福州市鼓山镇城乡结合部农村流动人口信息化管理服务模式研究》，硕士学位论文，福建农林大学，2017 年，第 3 页。

④ 倪学阳：《关于加强城乡结合部流动人口服务管理的几点思考》，《中国市场》2017 年第 22 期。

体经济发展是造成土地供求紧张的直接原因，而管理制度的不健全则是导致和加剧矛盾激化的深层次原因。① 姚从容分析指出失地农民问题实际暴露的是我国在土地制度、征地制度和社会保障制度方面存在重大缺陷。缺乏土地的所有权、使用权、收益权和处置权，缺乏基本的社会保障以及征地过程的不合理性和非市场化是造成失地农民处境艰难的制度原因，而政府或集体对失地农民的征地补偿、就业安置和社会保障问题考虑不够，是导致农民失地失业问题日益严重的关键。② 陈孟平分析了现有的城市管理体制和农村管理体制对城乡接合部地区管理的失效，指出这是导致城乡接合部出现城市建设混乱、土地利用失控、社会矛盾集中等多种问题的根源。③

赵佩根据理性选择理论，指出政府主导型社会导致我国公民与政府的博弈结构呈现不对等性，其中，在征地这一博弈过程中就表现为政府优势和农民劣势。因此，需要进一步深化制度改革，强化征地补偿管理，以理顺失地农民与地方政府的关系。④ 韩纪江研究指出，在城市化进程中，围绕土地征用产生了很多土地利益主体，包括失地农民、村组干部、地方政府、中央政府、用地企业、城市居民等，这些利益主体都有各自的利益诉求和利益分歧，在这些增值的利益分配格局中，由于各方势力不同而得到的份额不同，利益矛盾由此不断产生，且日趋尖锐。⑤ 由于不同利益主体的力量差异较大，往往会出现"零和"博弈现象，因此，齐睿指出针对当前征地冲突治理中存在治理主体单一、方法简单、效率低下、效果不佳等问题，并提出了重构征地冲突治理的"共赢"逻辑等。⑥

---

① 吕萍：《城乡结合部用地矛盾成因分析——以北京市为例》，《城市发展研究》2003 年第 6 期。

② 姚从容：《城市化进程中的失地农民——制度安排与利益冲突》，《人口与经济》2006年第 3 期。

③ 陈孟平：《城乡结合部地区的制度安排、利益关系及调整》，《城市问题》2006 年第 9 期。

④ 赵佩：《理性选择视角下的失地农民与地方政府》，《中国国情国力》2016 年第 4 期。

⑤ 韩纪江：《征地过程中利益主体的矛盾演变分析》，《经济体制改革》2008 年第 4 期。

⑥ 齐睿：《我国征地冲突治理问题研究》，博士学位论文，华中科技大学，2011 年，第 1 页。

　　关于城乡接合部土地矛盾的化解，学者们一般从完善土地制度、征地制度，加强失地农民社会保障等入手进行研究。例如，蔡宏伟提出立法中应增加城乡接合部承包地使用权、建设用地使用权和宅基地使用权的设立和流转方式，增加其用益功能，强化土地行政执法和土地行政执法问责追责制度，强化城乡接合部社会保障立法等配套立法。① 李一平认为政府在推进城市化的过程中应坚持公正公平和群众利益至上的原则，积极推进土地产权和征地制度的创新、社会保障和就业制度的创新以及农村基层民主与法律制度的创新，给失地农民以公平的国民待遇、完整的土地财产权和自由的发展空间。② 刘海云认为解决失地农民问题的关键是解决失地农民的发展问题，而选择开发型安置模式是解决失地农民问题的有效途径。他还从完善土地征用制度、深化户籍制度改革、完善社会保障机制、加强失地农民培训等方面提出政策建议。③ 王文川等研究指出，当前可利用可持续生计方法分析，解决我国城市化进程中失地农民的生计问题，充分发挥政策、机构和过程的正向积极作用，帮助失地农民增加生计资产，积累并形成以人力资本为主导的有效资产组合，提高运用资产组合谋求生计的能力。④ 汤夺先等总结了失地农民贫困的类型，并分析了失地农民的贫困原因，主要有体制与制度设置不合理、城市社会的剥夺与排斥、城乡文化的冲突与非物质文化变迁滞后以及失地农民个人能力缺失等。对此，他们认为必须从宏观层面强化制度与政策的保障作用，从微观层面加强失地农民的自身能力建设。⑤

　　以上关于城乡接合部本地村民土地问题的研究成果，仅仅关注微观主体的宏观治理层面，较少关注村民作为行动主体的能动反应以及对土

---

　　① 蔡宏伟：《我国城乡结合部土地利用立法完善》，《南京航空航天大学学报》2014 年第 1 期。

　　② 李一平：《城市化进程中失地农民利益受损的制度分析与对策》，《中州学刊》2004 年第 2 期。

　　③ 刘海云：《城市化进程中失地农民问题研究》，博士学位论文，河北农业大学，2006 年，第 80 页。

　　④ 王文川、马红莉：《城市化进程中失地农民的可持续生计问题》，《理论界》2006 年第 9 期。

　　⑤ 汤夺先、高朋：《城市化进程中失地农民的贫困问题及其治理》，《中国人口·资源与环境》2012 年第 8 期。

地权利的维护，研究内容显得空泛。

## 四　简要评价

从上述对国内外城乡接合部相关研究成果的梳理可以看出，现有研究成果主要涉及城乡接合部的形成、特征、存在的问题以及解决方案；由土地问题引发的矛盾及对策；流动人口的生存状态以及政府对流动人口的管理；等等。这些研究成果为本书的研究提供了丰富的学术理论资源，但现有的研究仍存在一些缺憾和不足。

（一）研究内容静态化

从现有的城乡接合部研究文献可以看出，研究成果多集中于宏观管理层面以及对策建议层面的应用型研究，这些都是静态的宏观思辨，缺乏对城乡接合部动态生活的描述，忽略了主体的能动性与管理活动过程，对本地村民、流动人口等相关行动者缺少具体深入的剖析，从而制约了从微观层面深入研究城乡接合部的社会样态及其问题。这就需要将主体性空间实践融入城乡接合部动态治理研究之中，以便挖掘城乡接合部治理的症结所在。

（二）研究范围宽泛

研究成果几乎涵盖了城乡接合部的各个方面，以及所有的社会问题，例如，社区的空间治理、土地矛盾、流动人口服务和管理，但这些研究显得碎片化，缺少完整的理论阐释，没有将不同主体、不同事件联结在一起，而且这些研究更多停留在经验层面，理论深度不够。本书尝试用同一主题将基层管理者的空间权力实践与流动人口的空间维存与本地村民的空间维权整合在一个体系里。

（三）研究存在一定的"时滞性"

现在的研究成果绝大多数是对改革开放以来我国城市化过程中城乡接合部问题的研究，现在的很多情况已经发生很大变化，已有的研究成果得出的结论有些显得陈旧和过时，不能满足变化了的现实需要。尤其是在北京提出疏解非首都功能国家战略这一背景下，像北京这样的特大城市城乡接合部治理以及不同利益主体的反应等都会发生很大变化，因此，需要及时跟踪研究最新情况。

因此，本书力图在已有研究成果基础上，结合创新性需求，从空间社会学视角，将宏观层面和微观层面相结合，主观与客观相结合，空间治理与空间实践（"主体能动性"）相融合。透析疏解非首都功能背景下城乡接合部治理的困境，以及社会样态的重塑变化，并提出相应的治理方案，为实现疏解过程中，城乡接合部和谐稳定提供理论与实践借鉴。

# 第三节　技术路线、基本结构与研究方法

## 一　技术路线

在梳理国内外相关文献的基础上，提炼出空间社会学理论的核心观点：空间与社会的双向互构以及空间生产、空间分配、空间交换、空间消费决定着城市结构的变迁等观点贯穿于全书。从"空间权力""空间维存"和"空间维权"三个层面来分析城乡接合部疏解整治的困境、空间不正义问题以及各利益主体间的博弈过程，并提出空间正义的路径。具体来说，一是对空间疏解治理场域分析，主要包括 C 镇 A 村的空间社会形态以及空间疏解治理瓶颈；二是自上而下的空间权力实践；三是自下而上的空间维存（流动人口）与空间维权（本地村民）。最后，提出空间正义的出路：空间权力制约与空间权利保障（见图 1-1）。

## 二　基本结构

本书的基本结构是按照提出问题—分析问题—解决问题的研究思路建立起来的。在提出问题的部分，本书有导论、国内外相关文献综述以及空间社会学理论对城乡接合部治理的综合研究三个部分。

在分析问题部分，本书主要以城乡接合部的典型倒挂村 C 镇 A 村为案例，分析了村庄的空间社会样态以及疏解治理过程中所涉及的相关利益主体（基层管理者、流动人口、本地村民）、空间权力与空间权利的互动博弈，深入剖析了城乡接合部治理的症结所在。

最后，为了解决城乡接合部治理问题，本书以空间正义为指导原则，尝试提出了治理的路径设计，也为我国城乡接合部治理提供一个可以借鉴的方案。具体来说，本书主要分为八章。

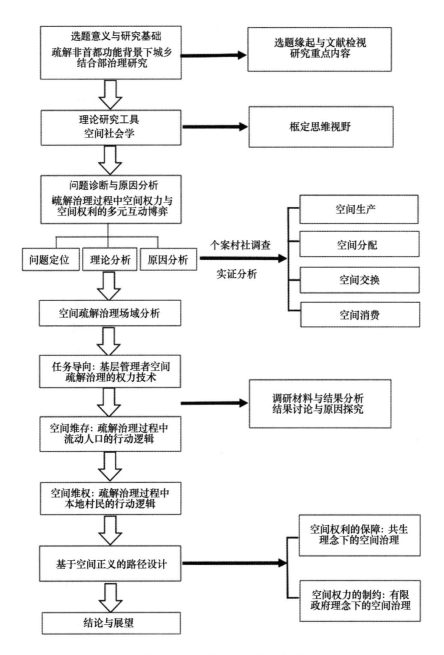

图 1-1 本书研究的技术路线

第一章　导论。从研究选题缘起出发，在回顾、简要评价国内外相关文献的基础上，提出疏解非首都功能背景下城乡接合部研究的主旨以及研究意义，界定了本书的对象以及所运用的理论工具。同时，还介绍了本书的技术路线、基本结构和研究方法。

第二章　基于空间社会学理论的城乡接合部治理研究框架。本章梳理了西方空间社会学发展的理论脉络，主要介绍了马克思、恩格斯的社会空间思想以及新马克思主义空间学派的主要代表人物及其核心观点，并从理论上分析这些理论对城乡接合部治理的适用性。在此基础上，本章提出了基于空间权力与空间权利的多元互动博弈的分析框架。

第三章　空间疏解治理场域分析——以 C 镇 A 村为例。主要分析了 C 镇 A 村的空间社会形态，即 C 镇空间演变形态以及 A 村空间结构与功能；介绍了疏解政策及相关情况；分析了 C 镇 A 村空间疏解治理瓶颈，例如，空间生产不足：基本公共服务的供给缺位；空间集体消费不均衡：村委会治理难；空间改变不理想：村民居住空间恶化，"瓦片经济"减少，集体意识弱化；空间分配不合理：流动人口居留意愿与人口疏解相矛盾；等等。

第四章　任务导向：基层管理者空间疏解治理的权力技术。首先介绍了基层管理者空间疏解的背景，即国家的空间调控政策：空间的排斥与包容，政府分类控制的常用方法；其次，介绍了空间疏解组织体系的构建与任务分解；最后，介绍了基层管理者空间疏解任务的落实及疏解治理的难点。

第五章　空间维存：疏解治理过程中流动人口的行动逻辑。本章主要分析了空间压缩：流动人口的空间再生产；空间生存：流动人口缝隙化空间的生存策略；空间抗争：流动人口反抗的多维形态；等等。

第六章　空间维权：疏解治理过程中本地村民的行动逻辑。本章通过相关访谈资料分析 A 村村民由拆违征地引发的空间权利之争以及维权的行动逻辑，主要包括空间权利的产生：违建的缘起与演变；空间权利的剥夺：由利益受损到新贫困产生，即经济收入中断，空间集体消费供给不足引起新贫困；空间权利的维护：村民权利空间缺失及集体反抗的行动逻辑；等等。

第七章　基于空间正义的路径设计。从前面几章分析中，可以看出

A村空间实践存在着诸多非正义之处。为了促进社会和谐稳定，在疏解非首都功能背景下，需要以空间正义理念为原则，提供空间权利保障措施，并对空间权力进行有效制约，迈向和谐共生之路。

第八章 结论与展望。主要包括：一是研究基本结论，城乡接合部治理可用"基于空间权力与空间权利的多元互动博弈"的分析框架进行分析，疏解整治工作进入治理困境，疏解整治工作是多元主体非对称空间权益博弈过程等；二是研究创新，即研究视角的创新，研究理论框架的创新等；三是不足之处与研究展望，包括今后将进一步深化对空间社会学的研究，对空间权力和空间权利之间互动的关系进行更深入的研究；等等。

### 三 研究方法

本研究力求通过文献分析对空间社会学流派主要代表人物的观点进行梳理，吸取其中的思想精髓，综合运用公共管理学、社会学、人口学等多学科理论为基础，对城乡接合部疏解典型村进行实地调研，并以宏观与微观相结合的研究方法进行论证。因此，有以下几种研究方法，其中，实地调查法是本书主要的研究方法。

#### （一）文献分析法

主要是指搜集、筛选和整理文献，并通过对文献的研究获得对相关事实的科学认知。本研究就是通过传统方式、网络等对城乡接合部治理的相关主题的国内外研究文献，如城乡接合部的概念界定、城乡接合部本地村民土地问题的研究、流动人口的生存状态及其管理的研究，以及空间社会学理论研究等，进行搜集、归纳总结，为本研究思路的形成提供理论基础。

#### （二）宏观分析和微观分析相结合

本书既运用宏观分析方法，也使用微观分析方法，并且把两者结合起来。宏观分析主要包括介绍城乡接合部社区治理所依据的国家相关政策、法律法规，并剖析本地村民、流动人口权利贫困以及权利缺失的结构性制约因素；微观分析主要是对多元利益主体博弈的行动逻辑进行分析，研究了本地村民、流动人口为维护自身的空间权利所采取的反抗行动，以及这些行动背后的技术策略。

（三）实地调查法

是指研究者直接到所要调查的地点进行实地体验、访谈、观察，收集资料，并以笔者的视角理解它们的意义和人们对事物的看法，进行提炼总结，得出一般性结论的研究方法。笔者于 2017 年 3—9 月采取实地调查法对该村进行调研：一是对镇规划科、社区办、城管队、农服中心、核查队、司法所、综治办等镇政府相关职能部门进行深度访谈，并多次召开座谈会；二是对该村党支部书记、村委会主任、村委会委员、本地村民（房东）、公寓管理员、流动人口（租户）等进行访谈。主要了解疏解非首都功能过程中城乡接合部治理现状及所遇到的困难、问题。具体来讲，实地调研分为三个阶段。

1. 踩点调研阶段

2017 年 3 月 14 日—17 日，笔者进入该村，进行为期 3 天的调研。这次调研的主要目的是"踩点"。首先，在 C 镇政府开座谈会，参加人员主要包括镇分管副书记、副镇长、镇规划科、社区办、城管队、农服中心、核查队、司法所、综治办的同志。其次，分别走访了 3 个人口倒挂村。与每一个村的党支部书记、村委会主任、村委会委员、本地村民、公寓管理员、流动人口（租户）进行访谈，初步了解疏解工作的难点和问题。

2. 正式调查阶段

2017 年 3—9 月，大概为期半年的时间，笔者多次到该村进行实地调研。由于有第一阶段的基础，笔者比较容易地再次进入该村，这半年内经常在这个村蹲点，与一些村委会成员、村民及流动人口比较熟悉，建立了良好的关系，因此，调研进展比较顺利，而且逐步深入。在调研过程中，笔者针对不同的对象分别进行了较为深入的调研，比如向村干部、村委会委员了解疏解的基本情况及进展、工作中遇到的困难等；向本地村民了解集体土地产权主体是否清晰，征地补偿是否合理，利益表达机制是否完善，对疏解外来人口的看法，对拆违征地后社会保障的需求程度（就业、医疗等）；向流动人口了解，他们的职业、收入与房东的社会关系，对疏解的态度，被疏解后所面临的生活困难等。

笔者印象最深刻的一次是去拆违农用地进行调研，获得了拆违背后一些深层次的一手信息。由于笔者和同学一起去的，没有村干部带领，村民比较信任。当时，一些执法人员正在农用地拆违，村民都在清理自己大棚房的工具，个个都是灰头土脸的，看起来很憔悴。他们了解到我们去的目的后，比较放心。刚开始，有两三个人向我们表达心中的不满。后来有村民通过电话几分钟叫来一二十个人，他们向我们反映拆违程序不合理，拆违行为粗暴，拆违不公平，并告诉我们违建的来龙去脉。村民们越说越激动，越说越愤怒。之后，村民们带我们去看了全村的违建以及村集体将农用地变工业用地建造的大片公寓。他们反映这些公寓也是违建，但是没有被拆除。笔者还调研过很多被取缔的无证无照商户，了解他们的生存状态、应对疏解的办法以及将来的打算，等等；这些商户都是流动人口。

3. 补充调查阶段

在为期半年的实地蹲点调研后，笔者开始写作，在写作过程中如果出现不解之处，笔者重新进入 A 村实地考察。由于与本地村委会、一些村民建立了良好的信任关系，所以如果有什么问题，还可以通过微信、电话进行及时沟通。

总之，本研究的调研分为两个层面：一是对镇规划科、社区办、城管队、农服中心、核查队、司法所、综治办等镇政府相关职能部门进行访谈；二是对所调研村党支部书记、村委会主任、村委会委员，本地村民（房东）、公寓管理员、流动人口（租户）等进行深入访谈。通过这些访谈和参与观察，以及收集当地现有文献等方法来收集资料，了解在疏解非首都功能过程中城乡接合部不同利益主体之间的利益纠葛，对他们的行动逻辑作出阐释。注重整体性的把握，描述性的叙述方式，为开展本研究收集一手资料。

# 第二章　基于空间社会学理论的城乡接合部治理研究框架

20世纪70年代以来，尤其是以列斐伏尔提出空间本体论的社会理论框架为标志，国际学术界在经历了"语言学转向""文化学转向""后现代转向"之后，"空间转向"成为新趋势。但从学术渊源上看，空间社会学从马克思的奠基，经由齐美尔正式提出对空间的研究，到列斐伏尔以"空间生产"为标志的理论成形，再到吉登斯、布迪厄、哈维、詹姆逊等学者的发展，形成资本主义晚期的社会批判理论。本章着重介绍空间社会学理论的发展脉络、核心观点以及对城乡接合部治理研究的适用性，并构建城乡接合部治理研究的基本框架。此外，还简单介绍分析框架在本书的运用。

## 第一节　空间社会学理论及其适用性

空间问题逐渐成为当代社会领域研究的重要理论主题，本节从对马克思、恩格斯的社会空间思想的挖掘以及早期古典社会学家，对工业化和城市化过程中社会变迁的研究，到芝加哥学派应用人类生态学的观点来研究城市空间的竞争和演替过程，再到以列斐伏尔、卡斯特尔（M. Castells）、哈维（D. Harvey）为代表的新城市社会学家借鉴马克思主义的知识传统，通过解说资本积累和阶级斗争与城市的关系，来解析城市空间结构的形成与变迁机制。这些不同层面、不同流派的理论发展为解释城市空间结构的演化机制提供了良好的社会理论平台，同时，也为本书研究城乡接合部的重构治理提供更大的参考价值。

## 一　马克思、恩格斯的社会空间思想

马克思主义中包含着社会空间思想，但是这些思想常常被遮蔽。大卫·哈维指出："马克思经常在自己的作品里接受空间和位置的重要性……但是地理的变化被视为具有'不必要的复杂性'而被排除在外"。① 这样，我们就会产生疑问，马克思主义理论体系是否存在空间的维度？事实上，马克思和恩格斯确实在《共产党宣言》《德意志意识形态》《英国工人阶级状况》等文本中对社会空间问题给予过特别的关注，并提出过一些极具穿透力的洞见。尤其是，恩格斯通过英国工业城市曼彻斯特工人社区的个案研究，揭露了资本主义创造性的破坏、摧毁工人居住空间的过程。虽然由于各种条件的制约，马克思、恩格斯的社会空间理论远未充分展开，也没有撰写过任何关于城市的著作，但他们的研究，"却极大地影响了20世纪60年代以后的城市研究"。②

马克思、恩格斯对资本主义条件下社会空间形成的探究，主要体现在：一是资本的扩张对城市内部结构变化以及城乡二元对立的社会空间模式的影响；二是城市对乡村的空间侵占批判；三是城市空间居住正义的审视研究。

（一）城市侵占乡村空间的批判

马克思对资本主义空间发展提出了批判视角，指出了资本主义空间与其他空间的分裂与矛盾，资本主义空间的发展造成了城市空间与乡村空间的分裂和矛盾。

马克思、恩格斯对城市的界定蕴含着社会空间思想，马克思从空间是人类生产生活不可或缺的基本要素出发，强调空间为人类提供生活保障和自然前提，而人类则通过生产生活实践不断改造自然空间，最终形成在空间中的对事物的认知与实践。空间成为人类理性给予"事物、价值和目的以最终的意义"的场所，成为具有强烈社会蕴含的客观存在。城市作为空间的典型代表，历史性承载了生产实践等社会关系的主

---

① David Harvey, "The Geopolitics of Capitalism", in Gregory and Urry (eds), *Social Relations and Spatial Structures*, London：Macmillian, 1985. p. 143.

② ［美］安东尼·奥罗姆、陈向明：《城市的世界——对地点的比较分析和历史分析》，上海人民出版社2005年版，第11页。

要内容。① 城市是通过人类实践创造的"人化"的社会空间的一种基本形态，大工业生产对资本主义生产力和生产关系在城市的推动与空前发展，工业革命促使城市的功能与形态发生了根本性的变化。由于城市具有发达的生产力、分工专业化、健全的市场体系，因此，它比乡村具有更强大的"吸附效应"，聚集了大量的人口，生产出城市社会的多样性，满足了人们多层次的需求。

城市也是资本主义生产关系、生产方式的象征，是满足资本扩张和积累的容器，产生了"过剩的劳动力"，从劳动人民身上榨取了超额利润。同时，随着资本主义社会的迅猛发展，对乡村空间进行剥夺，不断地创造"空间"的中心，也生产出中心的"边缘"。资本积累的恶性循环也使资本主义生产方式创造了大量的破产农民，这些成为城市雇佣劳动大军的主力，农村也就变成了城市"劳动力的蓄水池"，这样，城市的统治越巩固，农村也就越没落。因此，马克思、恩格斯认为工业革命把一部分人变成"城市动物"，另一部分人变成了"农村动物"，城市与农村是社会发展不同阶段的不同社会形态，城乡关系是任何时代都需研究的社会空间课题。因此，在发达的资本主义社会，产业革命极大地推动了城市的发展，而农村则成为附属品。马克思指出："城市本身表明了人口、生产工具、资本、享乐和需求的集中；而在乡村里所看到的却是完全相反的情况：孤立和分散。"② 城市与乡村有着文明与愚昧的不同的符号象征。

（二）城市居住空间映射空间权利的不平等

马克思、恩格斯从微观角度，研究了资本积累对城市空间以及城市内部空间结构变化的影响；尤其是恩格斯指出资本主义社会居住空间是象征着人的身份和尊严，并内含着阶级性、政治性等的社会物质空间。③

恩格斯以《英国工人阶级状况》为例，说明了这种等级化空间秩序的存在。整个曼彻斯特可以分为三个区域：分别为商业区、工业区和

---

① 武廷海、张能等：《空间共享：新马克思主义与新型城镇化》，商务印书馆 2014 年版，第 118 页。
② 《马克思恩格斯全集》第 3 卷，人民出版社 1960 年版，第 57 页。
③ 王志刚：《社会主义空间正义论》，人民出版社 2015 年版，第 94 页。

资产阶级居住区，工人阶级被排斥在城市的外围，而资产阶级居住区则位于地理位置、生态环境等综合环境好的房屋或别墅里。①

这样，居住空间凸显了社会阶层、身份与尊严的不平等。马克思、恩格斯从无产阶级（尤其是贫民窟居住的工人被认为是没有尊严、肮脏、贫困而道德堕落的阶层）与资产阶级（尤其是住在豪华社区的人被看成体面而有尊严、高贵、上流社会阶层）这种贫富阶层二元对立结构揭示了资本主义工业城市中的居住空间的隔离现象。恩格斯揭示出了基于城市居住空间的非正义及其不合理的空间结构导致资本主义空间及其人的异化、冲突和对抗性的社会关系，这种断裂式、碎片式的空间关系会导致人的个性、能力受到压抑和限制，人成为"单向度的人"。另外，恩格斯在《论住宅问题》中解释了住房问题本质上是分配不公的问题，当资本的力量不能得到有效遏制，甚至与权力形成联合时，公民权利的主张就一定会受到权力与资本的双重挤压。

## 二　空间维存："城市生态学派"的思想内核

美国芝加哥学派，一直被视为城市社会学的发源地，20世纪20—30年代的工作一般被视为城市理论工作的第一个繁荣时期。主要代表人物有帕克、伯吉斯和麦肯齐，这时，实证社会学对他们开展研究具有很大影响，即运用自然科学研究方法研究城市社会问题，这促使人文区位学派和社区学派得以形成。

### （一）人文区位学派的空间范式

受达尔文进化论的启发，帕克借用早期社会学家斯宾塞和孔德"物竞天择、适者生存"社会进化论的思想，用自然界的规律来解释社会因素，利用竞争、选择、入侵、共生、演替等概念来解释城市生活，帕克认为城市的发展过程就是以竞争、隔离、冲突、适应为基础形成的生态、政治、道德秩序交替发展的结果。他还关注芝加哥人口的空间分布、种族隔离、社会秩序调控等一系列问题。

麦肯齐在此基础上又扩展成集结、分散、中心化、非中心化等七种生态过程，这些生态过程决定了不同群体、不同建筑群（基本服务社

---

① 参见《马克思恩格斯全集》第2卷，人民出版社1957年版，第326—327页。

区、商业社区、工业城镇）在城市中的吸引与聚集、扩张与分散等空间移动形式，进而反映出城市社会变迁过程。

伯吉斯的空间理论主要表现在他提出的著名的"城市同心圆模型"。以芝加哥为基础，他把城市划分为中心商务区、过渡地带、工人住宅区等五个同心圆区域，这种模式源于人口膨胀和经济增长的"入侵与演替过程"，是空间竞争与选择的结果。因此，城市生态学仅关注移民、社会隔离和土地利用等问题，而忽视行动的原因或对参与者的意义以及空间区位蕴含的不平等的权力地位和政治角色。

（二）社区学派的城市空间研究

沃思受到齐美尔思想的影响，关注人们适应城市空间环境的社会过程，试图从文化模式的角度把城市的空间特征和人口特征与城市中的社会关系模式联系起来。1938 年，美国学者沃斯在《作为生活方式的城市主义》中，指出"城市的本质是异质性，人口异质性的增大、人口规模的扩大和人口密度的增加这三者综合作用形成的复杂的社会劳动分工决定了城市生活"[①]。同时，随着人口规模的扩大和异质性的增强，个人的稳定感、安全感随之减少，会产生社会疏离现象。另外，为了使个体与群体保持社会平衡，个性必须容忍异质性，服从社区的要求。

霍利对古典人文生态学进行修订并提出了自己的研究范式。与人类生态学过于强调通过竞争、合作、优胜劣汰形成了空间秩序不同，霍利以社区为分析对象，通过社区自身内在的抽象的生物学力量解释社区聚落空间组织。他聚焦于社区居住使用而产生的空间共存的双重关系的结果，强调社会适应性和功能整合。另外，霍利重新加入了文化现象，认为社区相互依赖的功能系统、活动和关系与情感、价值系统及意识形态紧密联系在一起。

总之，当代城市生态学具有一种生物学意义上的人类关系归纳论的观点，霍利的社区功能分析修正了古典人文生态学的生物决定论和技术决定论，但这些观点忽视了阶级、地位和政治力量的互相影响以及空间中既得利益者的运作、政府方案和政策的影响、经济组织不断变化的本

---

① Alina Chatterje, *Alternative Social Planning*：*A Paradigm Shiftdeveloping an Inclusive*，Health Toronto，APG，2004.

质以及不公正的空间开发。

无论如何，城市生态学的思想观点为研究人与城市空间的互动关系留下了宝贵财富。所谓空间维存，指的是人对城市环境的适应以及空间秩序形成过程，不仅仅是指在给定的地理或自然条件下人的生存，更是在一定空间中群体所形成的社会关系网络以及认可的行动规则下人的生存，关注的是群体在竞争与合作中的生存策略、生活智慧和生活样态，以及社会的新陈代谢、平衡与整合。① 本书对流动人口在城市空间中的生存状态研究借鉴了这些观点。

### 三　空间权利融入城市社会学的萌芽阶段

#### （一）对传统空间理论批判

当代空间理论是对传统空间理论的批判，主要在于传统空间理论把城市空间视为物理的、静态的研究对象。而美国城市学家芒福德就从物质形态和社会形态两个层面来定义城市，指出"城市从完整意义上来说是一种地理网络，一种经济组织，一种制度性进程，一个社会行为的场所以及一种集体性存在的美学象征。一方面它是日常家庭和经济活动的物质框架，另一方面又是人类文化更有意义的行为"②。

作为新马克思主义者，沃顿则提出了一些新观点："需要重新定义和解释城市主义本身，关注生产、交换、消费与权力结构之间的相互关系；仔细研究城市主义的结构基础，即其政治、经济与文化背景；阶级冲突与利益之争成为关注点；反思城市社会学理论的价值假设与规范前提。"③ 而戈特德纳则认为，新城市空间社会学相对于"旧"的城市空间社会学有如下特征："将阶级、种族歧视与资本、政治和文化等因素融入城市空间研究。"④

在新马克思主义看来，芝加哥学派的空间理论属于"空间拜物

---

① 张霁雪：《城乡结合部的社会样态与空间实践——基于 C 市东村的调查研究》，中国社会科学出版社 2014 年版，第 40 页。

② Lewis Munford, *The Culure of cities*, London: Martin Secker Warburg Ltd, 1938, p. 480.

③ John Walton, "Urban Sociology: The Contribution and limits of Political Economy", *Annual Review of Sociology*, Vol. 19, 1993, pp. 301 – 320.

④ Mark Gottdiener, Ray Hutchison, *New Urban Sociology*, NY: Mc Graw-Hill, 1994, p. 76.

教"，因为城市中的一切问题或现象都被看成城市空间决定的，城市空间本身成为了自变量；而以新马克思主义者的角度，城市空间是因变量，是资本和技术积累的结果，受财富与权力的支配，受资本主义制度和国际经济秩序的支配，包含着复杂的政治经济关系。因此，芝加哥学派将人类社会与生物世界相比，机械地运用自然规律、人类生态学方法进行城市研究是远远不够的，忽视了人的主观能动性和社会文化因素。

（二）新韦伯主义理论学派

20 世纪 60 年代，西方国家出现的严重的经济危机以及不断爆发的社会运动，使欧美社会学家认识到城市社会并非自行整合，而是由阶级冲突和社会阶层、种族不平等各种复杂现象博弈形成的。因此，芝加哥学派并没有分析城市危机出现的根本原因。

在英国，帕尔、雷克斯和摩尔是按照韦伯的观点，以市场中的生活机会来划分阶级为基础，将芝加哥学派城市理论与韦伯社会学理论相融合形成了新韦伯主义理论学派，分析和研究了城市空间的社会现象。一是认为市场竞争机制和科层官僚制是决定社会分层的重要内核。同时，韦伯的社会行为理论认为大多数人是建立在理性思考基础上作出的行动。二是注重"住房阶级"和"城市经理人"两项研究。"住房阶级"的观点主要表现在 1967 年雷克斯和摩尔出版的《种族、社区和冲突》一书中，[①] 雷克斯和摩尔以斯巴布鲁克的住房与种族关系为案例展开研究，将城市视为空间结构与社会结构的统一体，随着经济社会的发展，城市逐渐分化出空间上相互隔离的不同地段或单元，不同类型的社会群体生活在不同的城市次级社区。他们认为"根据不同居住点的财产占有情况以及业已形成的不同生活方式可以将群体分为中产阶级上层、中产阶级下层和工人阶级三种住房阶级"[②]。换言之，现代社会分层主要是按照个人的住房情况而划分成不同的住房阶级。

同时，雷克斯和摩尔将伯吉斯的观点与韦伯的观点相结合分析不同群体对社会稀缺资源的博弈，是市场竞争机制和科层官僚制共同作用下

---

① J. , Rex, R. Moore, Race, *Community and Conflict*, London: Oxford University Press, 1967, p. 8.

② J. , Rex, R. Moore, Race, *Community and Conflict*, London: Oxford University Press, 1967, p. 8.

空间权益分配上的不平等以及对弱势群体的多重排斥，导致不同住宅群体阶级会因争夺住房权益发生一系列的社会冲突，且政府和地方代理人对弱势群体实行的隔离政策，终将引发城市的骚乱。正是基于这种不平等现象的存在，城市才会出现社会冲突。

## 四　新马克思主义社会学聚焦空间权利

### （一）新马克思主义空间理论兴起的社会背景

#### 1. 回应时代变迁的要求

20 世纪 60—70 年代，欧美国家普遍出现了城市危机，主要是资本主义国家进入一个相对繁荣时期后，造成了城市规模不断向外扩大，越来越郊区化，导致城市中心区的公共基础设施落后、财力薄弱、零售业和服务业萎缩、失业率增加，这给城市中心区提出了严峻的挑战。为扭转这一尴尬局面，政府通过财政补贴及一系列配套措施再度把城市打造成金融、高科技、管理中心，把城市中心的穷人赶到郊区，而富人被吸引到城市中心居住，这严重影响了贫困阶层的居住、就业和生活。显然，城市的这种发展模式并不服务于普通居民的发展需求，不利于维护贫困阶层的利益。

同时，西方资本主义国家虽然以追求利润的经济活动为核心动力，但已经由工业资本—金融资本—投机资本进行转移，第三产业成为主导，交通运输和信息技术的飞速发展使世界联系越来越紧密，因而大大缩短了人与人之间交往的时间和距离。但这种"时空压缩"给人们带来了各种挑战和焦虑，由此引发了经济、社会、文化、政治上的变革。这一空间理论范式与欧美资本主义的城市危机遥相呼应。

#### 2. 城市中的社会运动层出不穷

"20 世纪 60 年代以来，西方资本主义国家城市社会充满了各种政治斗争和社会反抗运动，城市骚乱不断，城市邻里组织争取社区资源的抗争活动更是层出不穷。这一切使得城市里的阶级和种族不平等、社会冲突和社会运动备受人们的关注。"[1] 1968 年，法国、美国分别出现的学生运动、工人罢工、社区居民抗议运动等，还有英国以及其他一些欧

---

① 张应祥、蔡禾：《新马克思主义城市理论述评》，《学术研究》2006 年第 3 期。

洲国家，由于住宅短缺和工人失业与政府进行对抗等，这引起了整个欧美社会贫民窟暴乱和种族冲突，犯罪率迅速增长，极大地扰乱了城市社会秩序，城市作为资本积累的空间集聚地，映射出权力、财富、资源的不平等以及不同阶层之间的冲突。① 这在某种程度上，促进了城市空间理论的发展，并激发了新马克思主义社会空间理论的兴起。

（二）列斐伏尔的空间生产观以及对资本主义空间型构的批判

列斐伏尔作为法国新马克思主义的领军人物，既反对把空间看成"静止的容器"，也反对把空间看成"精神的场所""符号学的空间"，基于对传统空间理论研究缺陷的批判，他倾向于对城市空间生成、演变进行研究。例如，他在 1974 年出版的《空间的生产》，对空间概念作出新的诠释，其核心概念是"空间生产"，是由"空间中的生产"和"空间的生产"组成，将社会、生活空间以及社会实践和空间实践融入物质、精神、社会领域，形成系统的理论体系，揭示出实际的空间生产过程。

"空间生产"这一概念是从马克思、恩格斯的思想中挖掘出来的，列氏援引恩格斯在 1890 年 9 月 21 日致布洛赫的信中的话："历史过程中的决定性因素归根到底是现实生活的生产和再生产。"② 而列氏更注重劳动在空间生产中的重要性，超越了马克思、恩格斯所看到的物质生产是受一定时空制约的观点，认为资本主义的再生产是一个跨越地域边界的空间生产过程。

社会空间是在意识形态、社会关系和社会实践制约下形成的，列斐伏尔从三个维度分析了社会空间所蕴含的社会意义和政治属性。即空间实践、空间再现和再现空间。首先，空间实践，指发生在空间中的自然的与物质的流动、传输和相互作用的过程以及人与自然发生的物质生产实践过程，以保证社会再生产的需要，即物理空间。其次，空间再现，主要是指符号化（符号、代码）的抽象空间，按照统治者规划的空间蓝图予以呈现，蕴含着意识形态使物质实践能够理解，并解决空间实践中的问题。也就是说，科学家、规划师、技术官僚所支配的空间。最后，再现性空间是人们日常生活实践的空间，与社会底层居住者、使用

---

① 夏建中：《新城市社会学的主要理论》，《社会学研究》1998 年第 4 期。
② 《马克思恩格斯选集》第 4 卷，人民出版社 2012 年版，第 604 页。

者联系紧密的空间，是一种与统治阶级反抗的空间。

同时，列斐伏尔在《空间与政治》一书中，批判和揭露了资本主义统治阶级通过技术官僚占用和掠夺空间的统治方式，指出统治阶级与资本家合谋为了获取更多的剩余价值，将大量闲置的资金投入到土地利用、城市改造、楼盘销售，促使了空间商品化，使人们的日常生活禁锢在居住空间的牢笼中。正如马克思当年批判资本主义生产实践那样，列斐伏尔认为在巴黎等地的城市空间生产中看到的不仅是物理空间的改变，即楼房和街道的拆迁重建，更多的是发现了社会空间的颠覆与重构。并指出"不管在什么地方，处于中心地位的是生产关系的再生产"①。这里所指的生产关系，就是马克思所说的人们在生产实践中结成的人与人的关系，包括财产占有与分配关系、人与人之间的地位或阶级关系、居住与交往关系等。这种生产关系在空间生产中被改变了，政治权力与金融资本相勾结，占领了城市中心，分割、掠夺和侵吞了城市资源与财富，而弱势群体、工人阶级、基层社会成员在城市改造中被排斥到城市边缘，城市居民的生存权利被剥夺了。② 列斐伏尔认为，空间生产"一开始涉及了实际空间，与社会实践相联系。由这一空间产生的问题构成，包含着一个由多个局部问题构成的总体，而这个总体具有一个和这些问题密切相关的特征：'空间性'"③。简言之，作为社会实践，空间生产关系到社会生活的各个方面，是一个具有总体性的问题。为此，列斐伏尔提出《城市革命》，就是要重构无产阶级自下而上的空间，实现劳动者的自我管理。因而，列斐伏尔从空间的角度，揭露了资本主义的发展历程，并指出资本主义通过利用空间创造剩余价值，并使其贯穿生产、交换、消费资本生产全过程。

在《空间的生产》一书中，列斐伏尔批判了"欧几里得—笛卡尔—牛顿式"（几何学）的抽象空间观念，认为空间是一个动态的实践

---

① ［法］亨利·列斐伏尔：《空间与政治》，李春译，上海人民出版社 2015 年版，第 4 页。

② ［法］亨利·列斐伏尔：《空间与政治》，李春译，上海人民出版社 2015 年版，第 13 页。

③ ［法］亨利·列斐伏尔：《空间与政治》，李春译，上海人民出版社 2015 年版，第 20 页。

过程，一个社会关系、社会秩序重构的过程。同时，列斐伏尔还对著名社会学家涂尔干、齐美尔的社会空间理论进行扬弃，认为不论空间具有怎样的客观实在性，都必须通过人的劳动实践进行创造。因此，列斐伏尔提出了自己"三位一体"的空间概念，即空间实践、空间的表征和再现性的空间，向我们展示空间是由主观、客观、精神与物质的要素通过社会实践有机地整合在一起。

总之，列斐伏尔认为，空间并不是简单的几何学与传统地理学，静态的、不变的，而是一个社会关系的重组与社会秩序的重构过程。空间生产包括生产社会关系以及被社会关系所生产。事实上，无论是物理空间的规划与再生产，还是社会空间的再生产，都蕴含着权力关系，都是空间中各主体间的相互社会关系的反映及其生产。同时，列斐伏尔认为空间包含着政治性、战略性和意识形态性，是政治权力的有机组成部分，充盈着政治与意识形态、矛盾与斗争。空间既是统治的手段也是抵抗的工具，空间既能生产也能消费，边缘既是镇压之地也是反抗之所。对空间的非常规使用成为挑战社会秩序的手段。① 这对我们今天理解公共权力的变异、社会空间的差异性和不平等性具有重要启示。

（三）卡斯特尔的"集体消费"与新城市社会运动

卡斯特尔的城市社会空间思想深受阿尔都塞结构主义和马克思主义思想的影响。在其代表作《城市问题》中，运用了马克思结构主义的观点阐释城市空间。他指出，社会结构是由经济系统、政治系统和意识形态系统组成的。其中经济系统起决定作用，而在经济的生产、交换和消费三个环节中，消费又占主导。资本主义的经济运行体系也主要依靠"集体消费"来拉动。卡斯特尔将消费分为个人消费和集体消费。集体消费在资本主义社会日益重要，而集体消费的公共性要求只有通过国家直接或间接控制与管理才能提供集体消费资料。比如，住房、教育、医疗、社会保险、文化教育事业、城市环境以及交通设施等。城市作为集体消费的主战场，主要是追求资本积累的资产阶级与要求提高集体消费水平的工人阶级展开斗争，资本家希望国家把大部分资金投入到扩大再生产的基础设施建设上，而劳动者则要求增加公共交通、住房、医疗、

---

① 吴宁：《列斐伏尔对空间的政治学反思》，《理论学刊》2008 年第 5 期。

教育等公共事业的资金投入。因此，城市成为资本积累与社会分配之间、国家控制与市民自主管理之间矛盾和冲突的集中地。

卡斯特尔的理论更关注消费的研究，但仅以集体消费去分析城市问题又显得不足。因此，在《城市与百姓》一书中，以更为宏观的层次将社会、空间、历史三者联系在一起分析社会运动，一是以提高集体消费反抗以追求利润为核心的功利主义；二是以社区分散化、居民自治管理反抗国家集权管理。这些多样性的社会运动影响政府决策的制定。因此，卡斯特尔将城市社会变迁归结为民众的要求和大众运动，城市结构、城市意义方面发生变化是民众斗争的结果。

因而，在卡斯特尔看来，社会理论中的空间概念必须由社会实践来界定。所谓的"空间就是共享时间之社会实践的物质支持"。这就表明空间不是静态的物质产物，而是由动态实践形成的整体结构。

（四）空间型构：哈维的辩证乌托邦

哈维的辩证乌托邦。哈维同意列斐伏尔关于资本积累与阶级斗争的观点。认为城市变迁主要是资本积累、循环与阶级斗争的结果，并构想一个宏伟蓝图和替代方案，即摆脱一切资本积累、阶级压迫、经济政治特权的这些所有不平等的社会形态。[1]

哈维提出了资本的三次环程理论。一是初级环程，是资本家为追求利润最大化对生产资料的投入；二是次级环程，是资本对有形资本（基础设施）投入，以确保生产过程的良性运转；三是第三级环程，是资本向教育、医疗等社会保障领域的投入。这三级环程构成资本主义资本积累与矛盾的全过程，也就是说资本家为追求剩余价值，向生产领域投入大量资本，导致生产过剩——国家通过金融优惠政策吸引私人资本对城市基础设施和物质结构的投入——为提高劳动力再生产的水平、获取更多的剩余价值，国家干预和私人资本共同对三级环程进行投资。由此可见，生产、流通、交换、消费决定着城市发展和空间结构变迁。

哈维对晚期资本主义时空压缩和时空修复进行了批判。20世纪50年代以来，由于科学技术、生产力，信息网络、交通运输工具的飞速发

---

① ［英］大卫·哈维：《希望的空间》，胡大平译，南京大学出版社2006年版，第195页。

展，时间的长度和空间的距离都相对被缩短。晚期资本主义由于时空压缩，从生产到消费的各个环节都经历了全新的时空体验，这样，资本主义生产的有形、无形商品以及信息的传递、全球性资金运转在很短的时间内就可以完成。

另外，哈维利用时空修复理论分析了晚期资本主义的发展，这与空间转移、不平等地理学是一致的。他是在对马克思《共产党宣言》《资本论》的解读中发现资本主义的积累过程中地理扩张、空间转移和不平衡的地理发展发挥着重要作用。资本主义国家通过不正当手段侵占别国领地，不断扩张自己的疆土，并且剥夺后发国家的劳动剩余价值。

总之，哈维正是沿着列斐伏尔开辟的道路，对美国城市的空间生产（以巴尔的摩为个案）进行了深刻的政治经济学分析，认为城市空间的生产是资本利润驱动、控制和作用的结果，并将资本作为空间研究的重点，用资本的三级环程来解释城市空间发展过程。[①] 同时，在列斐伏尔、哈维等新马克思主义学者看来，资本主义发展的原因以及解决危机的关键在于资本通过空间生产来加速资本积累，对外贸易和海外殖民扩张使得资本主义的全球性空间成为可能。进而归纳出，城市社会空间研究的核心领域是空间形式和作为其内在机制的社会过程之间的相互关系。[②] 哈维理论的核心内容是权力与资本形成合力主宰着资本主义的发展，这对当今理解社会空间具有重要参考价值。

## 五　后现代语境中的空间阐释：以福柯、苏贾为代表

（一）权力与空间化思维：福柯的空间理论

福柯的思想理论学说涉猎广泛，不仅包括历史学、医学、社会学，还包括犯罪学、地理学等学科，但是他对后现代地理学中所包含的空间理论很少有人知道，因为他的空间理念深藏于历史旋涡之中，从他大量的著作、讲稿和访谈录中可以发现他的空间理论宝库。例如，《疯癫与文明》《另类空间》《权力的地理学》和《空间、知识、权力》等。

---

① Harvey, D. , *The Urbanization of Capital*: *Studies in the History and Theory of Capitalist Urbanization.* Oxford: Basil Blackwell, 1985, pp. 15 – 58.

② Harvey, D. , *Social Justice and the City*, Oxford: Basil Blackwell, 1973, p. 181.

1. 对传统历史话语的批判与空间转向

福柯力图解构过去过度关注时间、历史，以及从历史的脉络中研究生存的连续性、有机发展、意识的进步等一系列问题。他极力批判把空间看成僵化的、静止的和刻板的东西，把时间看成丰富的、多产的和辩证的东西，努力用空间的术语解释历史，挖掘权力与知识的关系。

福柯运用地理学的空间概念，书写"考古学"和"谱系学"意义上的"实际的历史"。同时，他还借助考古学、谱系学的方法与传统思想史学家通常用追根溯源、连续性和总体性，预示未来的方法研究历史事件区分开来。他吸收了巴什拉认识论断裂的理论，指出考古学和谱系学就是要用一种无法预先划归的、分散形式、非连续性、差异性观念来解释历史，任何先验的东西都不能强加主体。

2. 异托邦：他者的空间

福柯将理论的关注点放在各种实践背后"无处不在"的权力。将对空间、知识与权力融会交织提出新的研究范式，《异托邦：他者的空间》（又译作"另类空间"）是这一核心范式的主要内容，证实了空间合理性。并对西方的空间历史进行了梳理，认为任何概念都有自己的谱系。

在回顾西方从中世纪占主导地位的完整的、稳定的、呈层级性的神圣空间（神圣与世俗空间、隐蔽与开放空间、都市与乡村空间等）到伽利略时代和17世纪开放性的、无限延展性的现代空间（空间与物体的运动相联系）的演进历程后，福柯提出，人类的空间再次发生结构性转变，空间是人的活动及其关系生成的具体场所。需要指出的是，"场所"在福柯的"异托邦"理论中具有核心地位。所谓"场所"是通向社会认识的途径，例如工厂、议院、咖啡馆、海滩都属于社会空间；所谓"异托邦"，是指那些真实存在于社会空间，其功能、特性与其他常规空间相对立、不协调、形态各异、错综复杂但又共同存在的空间，例如，集市与度假村、兵营与监狱、妓院与殖民地等。这为福柯"对后现代条件下政治反抗的可能性提出自己的解释"，而且提醒人们要用历史、社会、空间的思维方式处理问题。

3. 知识、空间与权力

福柯解读空间、权力与知识之间的关系，主要在于将知识与权力进行空间化阐释，揭示知识和权力背后隐藏的运作套路。正如福柯所言，可以通过一些空间概念、知识（地缘政治、统治、疆界、服从、管理）等就能够使人们思考权力的实施以及统治的方式，因此，空间概念的广泛使用，其背后暗含了空间化的权力观和知识观。

4. 空间与权力：迈向权力地理学

《规训与惩罚》和《临床医学的诞生》是福柯地理学转向、权力空间化的重要著作，福柯强调权力的微观运作。因此，福柯在《规训与惩罚》一书中关于权力的论述主要围绕权力的技术、生物权力和训诫社会而展开研究。"纪律"是福柯分析现代社会权力技术的核心，主要是由一整套技术、方法构成的。

正如英国功利主义哲学家边沁所设计的圆形监狱体现了权力的空间化原则，福柯认为空间是权力运作的基础、重要场所或媒介，权力背后隐藏着地理学的面向。进一步说，福柯认为权力是影响空间构型的真正操纵者，无论是圆形监狱等空间的物质实体还是政府、司法、检察等软体空间，都是权力的象征，都是由不同要素（严密的高墙、规训的空间、统治体制、机制）组成的复杂网络控制城市的运转，这种可观察的空间构型是权力的最大映射。另外，《临床医学的诞生》是一部关于空间、语言和死亡的著作，说明空间与知识的互动关系不仅仅适用于分析医学科学知识，还适用于权力关系。

因而，福柯更多地将空间与权力、空间与个体、空间与知识的关系作为讨论的重点。他认为空间既是抽象的也是实在的，空间的建构嵌入关系之中，建筑师、规划师所形成的空间意象是和特定的经济、政治或制度交织在一起。因此，空间成为权力实践的重要机制，一些细微的空间机制（比如空间隔离、空间等级化、空间象征化等）将个体融入社会，以完成一种具有创造性或生产性质的统治技术。[①] 同时，福柯还认为，空间是由社会建构而成，空间被嵌入社会关系之中，空间性成为洞察人类社会的重要维度。

（二）苏贾的空间性内涵及空间正义策略

爱德华·苏贾是美国当代著名后现代地理学家，后现代都市研究

---

① 马学广：《城中村空间的社会生产与治理机制研究》，《城市发展研究》2010年第2期。

"洛杉矶学派"的领军人物。一方面，苏贾对以往高度重视本体论（社会、时间或历史）进行了批判，并指出人们忽视了对空间的研究，总是把时间看成动态、发展的，而把空间看成固定、静止的。因此，在此基础上苏贾建构了"新本体论"，倡导空间至高性，人类生来就占有空间、塑造空间并被空间所控制。另一方面，对马克思主义和实证主义进行了批判，由于对长期过度注重时间，忽略了资本主义社会关系所存在的"空间定势"，从而掩盖了资本主义危机的内在矛盾。因此，他努力构建一幅社会、历史、空间的动态画面。

具体来说，爱德华·苏贾的空间理论以结构主义、后现代主义的理论为基础，弥合了马克思主义与后现代主义之间的隔阂。在20世纪后半叶，他提出了社会—空间辩证法，是在对其师列斐伏尔的三元空间辩证法的借鉴、吸收再提升的基础上提出的。他在分析了社会—空间辩证关系（空间是社会的产物，社会发展又受空间的制约，二者互为因果，相互制约）的基础上，提出了"第三空间"。这是对第一、第二空间二元论之间关系的重构。"第一空间"主要是指空间的物质性，是自然的、被动的，可以标示、分析和解释，比如，从楼房、建筑、街道、桥梁看待城市时，这就是所谓的"第一空间"；"第二空间"是指关于空间观念、精神的构想，是认知性及其生活意义的空间表征。例如，当我们以"宜居城市"或"犯罪之都"等的视角看待这个城市时，便是人们不同的认知形式中的"第二空间"。而"第三空间"是指超越传统物质空间和象征空间二元对立的知识形式，强调对空间行动和政治意识的关注。

苏贾的《后现代地理学——重申批判社会理论中的空间》《第三空间——去往洛杉矶和其他真实和想象地方的旅程》《后现代大都市——城市和地区的批判研究》，被称为其空间研究的"三部曲"，分析了空间的重要性，并论证了"人是空间的存在"这一命题。《寻求空间正义》也就是苏贾的"第四部曲"，则对空间理论进一步深化，主张秉持空间正义的理念，反对空间隔离、不平等的空间资源分配。

苏贾将焦点置于城市空间权利问题，城市正义或者非正义是城市空间问题的关键性指标。苏贾认识到二战以后，重建、发展、改造城市成为全世界的主题。苏贾强调对国家、区域、城市的不平衡发展以及对空间的组织、开发、占有的问题进行了分析，从地理学与空间平衡维度来理解和建构空间。同时，城市化运动与空间正义缺失呈正相关。例如，种族隔离问题主要也是空间隔离问题；将白人与黑人分隔在城市最繁华地区和边缘地区，同时，将城市空间划分为不同的街道；一旦认为有必要净化空间，白人行政区将驱逐其他有色人种，并严格限制他们的活动空间，其结果是受到压迫的地理空间潜藏着爆发社会运动的风险。

城市统治者的意识形态也影响空间区隔。例如，二战期间，西方发达国家出现了城市主义思潮，人们为了隐私性、安全性而大规模迁往郊区，导致城市建筑同一化，大量农用地被侵占；因距离拉大，小汽车使用泛滥，空气严重污染，城市与郊区发展失衡。同时，这股城市主义潮流致使整个城市布满了摄像头，居民处于受监控之中，越来越多的富人纷纷逃离这种生活，这种"离心运动"造成了富人和穷人的居住区分割，社会阶层关系恶化。

苏贾更关注边缘空间的居民如何采取行动争取居住空间权利。他认为不平衡的地理开发是资产阶级资本增值的来源，也是进行阶级剥削的新方式，致使贫富两极分化严重，例如，资本家、富人大多居住在城市中心地带，环境、交通、资源、服务等各方面配套措施完善，而穷人则居住在资源匮乏、环境糟糕、依附与附庸地位的边缘空间，承受着现代性带来的所有恶果。马克思在《资本论》中也描述过这种状况："随着财富的增长而实行的城市'改良'是通过下列方法进行的：拆除建筑低劣地区的房屋，建造供银行和百货商店等等用的高楼大厦，为交易往来和豪华马车而加宽街道，修建铁轨马车路等等；这种改良明目张胆地把贫民赶到越来越坏、越来越挤的角落里去。"①

许多都市穷人区的环境沦落到"使成年人堕落、使儿童毁灭"的近乎野蛮状态。这种空间不平衡发展不仅成为严重的社会动荡和危机的根源，而且是新的抵抗力量的发源地。对此，列斐伏尔把这种不可调和的矛盾称为"社会关系的粗暴浓缩"，"这种空间是等级化的，从最卑

---

① ［德］马克思：《资本论》第 1 卷，人民出版社 2004 年版，第 757—758 页。

贱者到最高贵者、从马前卒到统治者"。①

　　苏贾也得出了同样的结论：空间资本化既是资本主义长盛不衰的动力，也是晚期资本主义的"薄弱"环节，作为弱势群体，那些被剥夺空间权利的失地农民、失业工人、学生、被无产阶级化了的小资产阶级、流浪汉构成新的反抗力量，争夺空间的"控制权"成为反抗的主要目标。"洛杉矶暴动"就是最好的例证。②

　　因此，以苏贾之见，穷人以及弱势群体要想改变空间中的"边缘"地位，必须以集体社会运动的方式开展"地域权斗争"，改变空间生产和社会结构的不平等，最终实现空间正义。他对1992年美国"洛杉矶暴动"进行分析，指出"洛杉矶暴动"的实质是区域发展不平衡导致的阶级冲突。因此，如果要真正达到空间正义，必须激发市民社会的行动力量，动员地方和非政府组织，推动实现区域民主，采取更具空间意识的抗争行动。

　　概言之，苏贾一方面提出了社会的三元辩证法，从空间、历史、社会三个维度来理解社会历史；另一方面，他对空间正义、城市权问题（种族隔离、城市主义意识形态）等问题也进行了探讨。

　　综上所述，20世纪70年代以来，以列斐伏尔为代表的新马克思主义者，在对马克思社会空间思想挖掘、提炼、反思、创新的基础上，形成了以"实践"为基础的社会空间理论。打破了以往空洞的空间哲学思辨色彩，为动态的空间理论注入新的血液。

## 六　空间社会学理论的适用性

　　城市空间社会学理论是以马克思主义理论和方法为基础，由法国哲学家列斐伏尔提出的"空间生产"理论为起点，后经列斐伏尔、卡斯特尔（Castells, M.）、哈维（Harvey, D.）、福柯、苏贾（Soja, E.）等学者的不断完善和发展，已经形成一个系统的理论体系，成为国外城市研究的重要理论基础（见图2-1）。

---

　　① ［法］亨利·勒菲弗：《空间与政治》，李春译，上海人民出版社2008年版，第227页。

　　② 高春花：《爱德华·苏贾的空间叙事与行动策略——以〈寻求空间正义〉为例》，《学习与探索》2016年第11期。

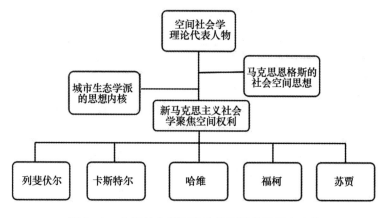

图 2-1 空间社会学理论的发展脉络及代表人物

社会与空间辩证统一是空间社会学理论的核心观点，即"空间"是城市研究的重要对象，既有静态的物理空间，也有动态的社会空间；既是人类社会运转的先决条件，又是人类行为塑造的社会产物。空间与社会之间是流动的、社会形成和创造了空间，但空间又反过来塑造着社会，社会和空间存在着过程化的辩证统一关系，同时，空间也可以作为反抗与解放的手段①（见图 2-2）。

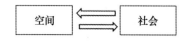

图 2-2 空间与社会的互构

新马克思主义者从空间、资本、权力的互动过程中去理解城市空间，将马克思的一些基本观点和概念，如生产方式、阶级关系、剩余价值规律、劳动力再生产，引入空间研究领域。通过对空间生产、空间集体消费、空间资本的形成与积累、空间资源的冲突和社会运动等方面的批判性考察，提炼出空间生产（物质空间的生产以及社会关系的生产）、空间分配（空间资源在不同社会群体之间的分配）、空间交换

————————

① Lefebvre, H., *The Production of Space*, Oxford：Blackwell Publishing, 1991, pp. 166 - 181.

（空间交换行为、交换内容能否公平）、空间消费（国家对公民住房、医疗、教育等公共事业的资金投入）等范畴，它们决定着城市发展和空间结构变迁。这些思想观点对研究城乡接合部治理有极大的借鉴意义（见图2-3）。

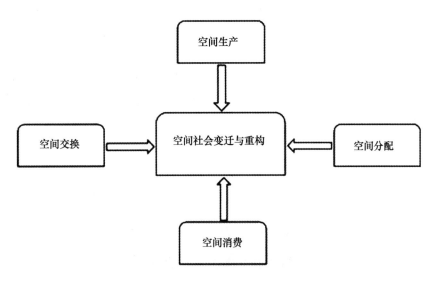

**图2-3　城市空间社会变迁与重构**

　　空间生产、空间实践强调权力在空间中的型构力，空间的构型也是权力的最大映射，空间与权力二者联系在一起。例如，无论是圆形监狱等空间的物质实体，还是政府、司法、检察等软体空间，都是权力的象征，体现着权力的运作方式和形态特征，因此，空间实践也是一种具有创造性或生产性质的统治技术。空间权力的实践会呈现出压迫性、强制性、不平等性的特征，这样，被治理的弱势群体也会出现反抗，维护自身的空间权利。但是，一部分弱势群体的劣势地位决定了他们不可能和权威形成真正力量对垒的争斗双方，而且这种抗争主要是建立在生存伦理基础上的，是为了维护自己在城市中的生存资格和社会关系网络，也就是所谓的空间维存。不过，也有一部分弱势群体具备一定的经济基础和城市生存资格，具有某种程度与权威的对峙力量，就会出现比较激烈的空间抗争，争夺自己相应的空间权利，即空间维权。无论是空间维存还是空间维权，都是空间重构、空间权力实践过程中被压迫者的空间反抗，是空间权利的抗争。

因此，本书汲取并提炼空间社会学的核心观点：空间与社会的辩证统一，空间权力、空间维存、空间维权，以城乡接合部为特定空间场域，开展城乡接合部治理研究。

城乡接合部社会样态的变迁以及不同利益主体的空间实践都是通过空间生产、空间分配、空间交换和空间消费予以实现的，主要有指向实现自身存在的空间实践（空间维存）和实现空间正义的空间实践（空间维权）。社会样态与空间实践是相互制约、相互作用的，以行动主体为中心，空间实践不断改造社会样态，同时，社会样态制约空间实践的方式与内容。其中，基层管理者一直是城乡接合部社区治理的主导力量，民众的情感、习俗、社会关系网络决定着他们的行为方式。总而言之，本书以城乡接合部为案例研究，将空间社会学庞杂、晦涩的理论体系具体化、可操作化，为城乡接合部治理研究提供了一条可行的路径。

## 第二节　分析框架：空间权力与空间权利的多元互动博弈

### 一　框架的基本内容

空间具有社会性，体现了生产关系和社会关系的脉络。空间的变革既是资本运作和权力分配的后果，也生产着新的权力格局和社会关系。新的空间在社会关系和社会秩序的重组过程中被建构出来，而作为一个动态的实践过程，空间也会进一步对社会关系和秩序进行再生产。①

基于空间社会学的理论观点，本节试图从"空间权力""空间维存""空间维权"这三个层面来建构城乡接合部治理研究的理论框架，并阐述这三个层面之间的关联性。之所以选择这三个维度，主要是由于在疏解非首都功能这一宏观背景下，在城乡接合部，政府主要是通过取缔无证无照商户、关停公寓以及拆除违法建筑等空间的疏解，达到疏解的目的。然而，在空间疏解过程中，必然会触碰到相关主体的核心利益，因而，会引起不同主体之间的互动博弈，这就形成了本书基层管理

① 吴莹：《空间变革下的治理策略》，《社会学研究》2017 年第 6 期。

者任务导向的空间权力实践与民众空间维存、空间维权的基本框架。就此而言，本书从这三个层面研究空间疏解整治的困境、空间不正义问题以及相关利益主体的行动逻辑，进而探讨构建城乡接合部治理空间正义的路径（见图2-4）。

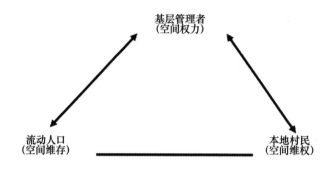

图2-4　框架的基本内容

　　展开来讲，空间社会学的核心观点是空间与社会的双向互动、建构。这里的"空间"既包括居住房、商业用房及公园绿地等物理空间，也包括空间关系及公民空间权利在内的抽象空间。同时，一方面，伴随着物质空间的变化，其背后是由特定的经济、政治制度、意识形态的、空间权力关系等社会空间交织在一起形成的；另一方面，城市空间是社会阶层或各种社会力量在空间资源配置等空间塑造过程中的竞争、合作和冲突等种种博弈状态，重组社会关系与重构社会秩序的过程。即城市空间结构的变迁也是空间权力和空间权利相互抗衡和消长的过程。

　　空间权力是指对特定空间，以及在职责范围内政府行使的指挥权或支配权，泛指对空间的影响力和支配力，它是影响空间最基本、最重要的因素。一是空间规划、重塑意味着各种资源分配的多少；二是空间权力大自然占据着更多的资源；三是实现规划的代价又意味着对空间权利的影响。因此，城市空间规划以及重构就必然与空间权力、空间权利等产生了关联。

　　空间权利主要指人在城市发展中所具有的主体资格。无论是流动人口还是村民，都有在城市这个空间中获得基本的居住、生活并参与城市管理等权利。然而，空间战略的实施，将会导致民众的空间权利无法满足，或者权益受到威胁，就会在力量抗衡和利益平衡过程中产生或明或暗的冲突和矛盾以及一定程度的对抗。这就对国家、政府的空间权力形成不同方向的张力，其直接表现形式便是维存或维权。

就本书而言，以 C 镇 A 村为例，从空间社会学的视角，研究在空间疏解重塑过程中，基层管理者与流动人口、本地村民之间的互动博弈。在博弈中流动人口、本地村民空间权利的贫乏，处于相对弱势地位，因此，他们通过各种方式进行策略性的反抗，展示出他们的空间权利诉求和维权的行动逻辑。

## 二　相关治理主体分析

（一）基层管理者践行空间权力

1. 国家的空间治理策略

城市空间结构除了具有物理属性外，还存在对城市人类生活产生深刻影响的政治属性和社会属性。城市空间的政治属性和社会属性同样也是建立在城市空间权力结构的基础之上的，以公权力为基础的公共空间形成了城市空间政治属性的来源，而以私权利为基础的私人空间则构成了城市空间社会属性的来源。①

国家的空间治理一般以对个体和群体的分类为前提，我们可以将这种方式称为治理分类系统。主要是国家（政治系统）对社会（社会系统）的一种抽象化建构，一般以从官方的统计资料中提取数据为依据。同时，治理分类本身构成了一种再分配机制，决定着分类对象的生存、生活空间。即治理分类系统可以将个人或群体界定为"是否合格""是否合法"，也可以将特定的群体或个体以政策和法律为依据，界定为"存在的不合理"。② 正如，国家关于以户籍制度为依托的"流动人口"的分类标准，在一定程度上巩固了这种分类原则的合法性。户籍制度本质上是一种地方性公民权，蕴含着双重不平等：第一重不平等是身份不平等，第二重不平等是阶级不平等。然而，国家就是通过治理分类系统

---

① 李利文：《中国城市空间的治理逻辑——基于权力结构碎片化的理论视角》，《华中科技大学学报》（社会科学版）2016 年第 3 期。

② 熊易寒：《城市规模的政治学：为什么特大城市的外来人口控制政策难以奏效》，《华中师范大学学报》（人文社会科学版）2017 年第 6 期。

控制流动人口。因此，城市空间就是一个包含公共空间与私人空间的混合性空间，城市空间结构的变迁也是公共空间和私人空间相互衍化、抗衡和消长的过程。

2. 空间权力的实践特征

权力是影响空间的最基本、最重要的因素。权力可以划分为公权力和私权利①，基于公权力的空间为公共空间，基于私权利的空间则为私人空间，两者分别具体表现为政治权力和社会再生产。

列斐伏尔指出，"空间是政治性的、意识形态性的。"城市空间与政治权力和政治秩序紧密相连，无论是早期的城邦，还是现代的大都市，其都与政治权力密不可分。这种权力的外化表现便是"法律、秩序和格式一律"②。

空间权力意味着一种支配力，具有稳定性、强制性、不对称性、相对性等特点。空间的生成和重塑是权力的象征，渗透着权力的逻辑。因此，城市空间的形成、发展、分配和布局可以被看作组织权力运作的结果。空间权力在实践过程中主要包括参与机制与竞合机制。

空间权力的参与机制。第一个特点是具有不平等（非均衡）性，即决策中对特定参与者或议程的支配、影响和控制，体现的是权力运作的不平等性和支配—压制的作用机制。由于各利益主体占有资源不平等性，在制定、实施城市规则过程中，往往城市管理者起主导、决定性作用，边缘化的社会群体处于次要地位，他们的利益容易被忽视，正当需求难以得到满足。

空间权力的第二个特点是强制性，表现在权力运作的规则、制度、程序上体现权力主体的意图。在空间权力运作的程序上将其他群体排除在决策议程之外，即边缘性群体缺乏合理的参与渠道影响空间权力实施。在这种情况下，弱势群体将会采取舆论、示威、上访等方式，向管理者施加压力，迫使其修改参与程序，以获得空间权利。不过，还有一些边缘性群体很难有参与决策的机会，只有改变制度和规则才能使他们

---

①　李利文：《中国城市空间的治理逻辑——基于权力结构碎片化的理论视角》，《华中科技大学学报》（社会科学版）2016 年第 3 期。

②　［美］刘易斯·芒福德：《城市发展史——起源、演变与前景》，宋俊岭、倪文彦译，中国建筑工业出版社 2004 年版，第 384 页。

获得一定的空间权利。例如，在我国，由于户籍制度、住房制度的限制，流动人口很难在城市有固定的居住空间、享受社会福利，只有相应的制度、规则得到修订，流动人口才有可能享受城市空间资源的分配，获取空间权益。

空间权力的竞合机制。空间权力由于其所掌握的权力资源所形成的综合能力高于其他社会群体，因此，在实践过程中，各利益主体相互竞争、合作、博弈之后，一般会产生两种结果。一是形成零和博弈的结果。城市空间重塑最终由权力掌控者决定，其他利益主体所得为零。二是形成非零和博弈下的结果。虽然城市空间重塑过程中，各利益主体的权力实力很明确，但各相关主体都不愿意放弃自己的利益，最终以协商、妥协、合作的方式达到权力平衡。事实上，最后由管理者实现对各利益主体的系统性整合，进而形成维护管理者利益的权力格局。

综上所述，空间权力通过各利益主体的参与机制、竞合机制得到实践，其结果是形成不同的权力格局。其中，拥有丰富的资本、文化和权威等的支配性权力掌握并制定相应的配置规则。[①] 在此格局之下，城市空间资源的配置掌握在政府权力和少数工商业精英手中，城市空间成为资本再生产的载体，边缘性群体的空间需要受到压制，公众利益受到漠视，公共空间被挤占或异化。因此，空间是权力运行的载体，也是反映社会不平等关系的场域，我们必须遏制空间权力化的趋势，改善空间异化，坚持空间平等。

（二）流动人口的空间维存

列斐伏尔在首创城市权利这一概念时，就与空间密不可分。城市空间权利是人们获得城市身份、保障人们平等分享城市权益的一种资格和制度安排。换言之，是指相关主体是否拥有在城市生活的权利，是否拥有平等使用和塑造城市的权利。例如，居住空间、工作、受教育等的权利。另外，城市空间权利也是行动主体对自身在城市发展中所承受代价和不幸的一种抗争和表达。

在城市发展、重塑空间过程中，人们往往用宏观性的城市发展来代

---

① 马学广、王爱民、闫小培：《权力视角下的城市空间资源配置研究》，《规划师》2008年第1期。

替城市权利，相对漠视、剥夺城市相关主体多样的权利。这样，往往会积累、诱发一定程度的社会冲突、社会矛盾。

因此，在借鉴列斐伏尔的"权利"概念基础上，根据中国独特的空间社会背景，对其进行本土化改造，尝试解释疏解人口的空间治理实践。本书认为，流动人口的空间维存，就是流动人口要求自由进入城市居住的空间权利诉求以及生存行动策略。然而，这一权利，一直以来，由于历史、经济、社会等多方面制度的原因被限制，如今，随着国家政策的改变，已经允许流动人口自由进入城市工作、生活；但由于特大城市的人口、资源环境紧张，流动人口的城市空间权利仍然不能得到有效保障。

展开来讲，在不同的历史阶段，国家对农村流动人口进入城市工作和生活采取不同的政策，呈现出空间包容与空间排斥交替的现象。1949年以来，户籍及其相关制度的壁垒致使农村流动人口在城市劳动力市场和福利分配上处于最底层，他们在诸多方面都不同于那些完全的"城市人"。这一结果是由身份差异造成的，而这些差异是由为创造空间再生产的机遇而通过特定的制度设计人为制造的，流动人口随时有被驱逐的危险。①

在疏解整治过程中，流动人口自由进入城市的空间权利被剥夺。为了维护自身在城市的空间权利，他们采取相应的行动策略维护自己的空间生存和发展权利。即想要打破原来的很多社会权利方面的障碍，有权利流动、有权利创业、有权利居住、有权利生活与交往，有权利享受城市的社会保障等。正如列斐伏尔所言，空间权利的核心就是人的生存与发展。即人们能够自由地、主动去居住的权利以及参与城市发展、支配财富的权利，是城市权利的内在要求。

（三）本地村民的空间维权

针对城乡接合部民众而言，空间权利是按照民众自己的意愿使用空间、塑造空间的权利。空间权利是城市权利的一部分，是它的具体表现形式。这一权利是一种集体的权利，要求依托于空间的民众（无论其

---

① 张京祥、胡毅、孙东琪：《空间生产视角下的城中村物质空间与社会变迁——南京市江东村的实证研究》，《人文地理》2014 年第 2 期。

所有权如何）得到公正和非歧视的对待。①

本地村民的空间权利主要表现为经济、社会这两个维度的权利体系。两维权利关系构成了当前城乡接合部场域下的空间权利的基本结构。

1. 以经济关系为核心的空间权利维度

这里的空间权利主要是指拥有土地（宅基地）、财产（房屋等）的权利，这些都与本地村民有关。由于城乡接合部特殊的地理位置，其土地蕴含了巨大的经济价值。以往基层政府和村集体精英在城市空间重构过程中倾向于与资本的联合，假借"公共利益"征地，发展房地产，严重侵害了公民的空间权利。同时，在疏解整治过程中，政府要拆除违规建设的房屋，而对于城乡接合部村民来说，租房收益是家庭收入的重要来源。拆除违建征收土地必然阻断村民赖以生存的"房租经济"，从而使村民在土地增值收益与房租收益上遭受双重损失。一次性的村民失地补偿只能维持农民较短时间的生活，从而影响了村民的可持续生计。这种经济利益剥夺表象的背后，实质上是对村民空间权利的侵蚀。②

2. 以社会关系为核心的空间权利维度

空间重塑意味着人们的绝对空间、相对空间及关系空间也随着不断地变化与重构。由于现有经济、政治体制与分配结构的缺陷，以及利益诉求表达机制的不完善，村民缺乏话语权、知情权、参与权，无法在制度框架内正常表达和维护其空间利益。这样，村民的空间权利极易受到侵害，从而引发抗争。

面对强势的空间权力，村民为了追求自身利益的最大化，对空间权力作出"策略性"的社会抗争，这被斯科特称为"弱者的武器"的抗争手段。它是个体的一种自助行动和自我保护策略。空间社会抗争是社会抗争的一种特殊形式，是公民与政府及其他主体之间发生的，为维护自身空间权益、防止空间权利的剥夺而采取的偶发性诉求行动策略。它

---

① 营立成：《空间权利与城市治理》，《中国社会科学报》2016 年 9 月 28 日。
② 张保勇：《城市发展中的空间社会抗争及其治理》，硕士学位论文，山东大学，2013 年，第 33 页。

具有"偶发性""冒犯性""集体性协同"等特点。[1]

我国的城市空间社会抗争是对社会结构变迁与空间重构的一种能动反应，是公民为维护自身空间权利与政府或其他主体之间的权衡与互动博弈过程，是公民诉求没能得到有效回应的一种宣泄和抗争途径。这直接影响着政府权力与公民权利、空间与社会的多维互动。

# 第三节　分析框架的运用

社区作为城市细胞或基本单元，是城市的缩影，是我们观察城市、理解城市的微窗口和微界面，城乡接合部社区也是城市空间的重要组成部分。社区空间不仅是社区存在的物理空间，而且是与居民生活紧密相关的社会空间；尤其在疏解非首都功能城乡接合部治理实践中，我们更应该关注社区空间，观察社区居民的行为，进而检验社区治理制度、方式的有效性以及社区治理实践的效果。

## 一　界定空间治理场域

社区的物理空间是社区存在的外在形式，也是外界获得社区直观认识的基本依据，在经典的社区定义中，帕克和费孝通都将"地域空间"置于社区的重要要素地位。居民在一定的物理空间中开展活动，社区物理空间是其活动的基本平台和载体，对居民活动具有前置性制约作用，影响着社区居民的心理认知和行为方式。[2] 同时，空间是社会关系的产物，空间不仅表现了各种社会关系，而且反过来作用于这些关系。[3]

从社会治理的现状来看，作为当代中国社会风险最为集中的区域之一，城乡接合部在发展与治理过程中隐藏着制度性风险、利益矛盾冲突及公共环境恶化等一系列社会风险问题，是维护社会和谐稳定的重点与难点。城乡接合部"亦城亦乡"，长期处于城乡两种利益、两种文化、

---

① 曹现强、张保勇：《我国城市发展中的空间社会抗争及其治理》，《理论探讨》2016年第1期。

② 张勇、何艳玲：《论城市社区治理的空间面向》，《新视野》2017年第4期。

③ Henri Lefebvre，*The Production of Space*，Translated by Donald Nicholson Smith，Oxford UK：Blackwell Ltd，1991，p. 6.

两种发展、两种体制错综复杂的交叉之中，其人口的高度复杂性，最集中地表现在农民、居民与外来流动人口混合杂居。城乡接合部有时是城市与农村"两不管"的盲区，也是城市开发引起的土地征收征用、房屋拆迁安置补偿等集中发生的区域，并由此引发一系列敏感的社会问题和利益纠纷等。可见，城乡接合部是社会不稳定因素的滋生区，也是社会治理的关键区。①

研究城乡接合部治理问题首先要对空间治理场域进行界定，选取特定的治理空间。一方面，能够突出疏解过程中最棘手、最具代表性的治理场域；另一方面，能够展现城乡接合部静态空间与动态空间互动，以及空间重构的动态博弈场景。

因此，本书选取 C 镇 A 村（化名）为特定场域进行深入研究。C 镇位于北京市某区西北部，地处城乡接合部，辖区面积 65.3 平方千米，下辖 6 个社区、19 个村委会，是流动人口的聚集地。其中，A 村是比较有名的人口倒挂村，虽没有高楼大厦等现代建筑，但是对于流动人口来说，却是一个理想的安身之所。在疏解治理过程中，A 村一定是各种利益矛盾相互触碰、各种社会问题多发的地方。

## 二　描述场域的多元主体以及不同主体的利益诉求

从空间的角度，并结合现代性来看，城市治理就是要实现城市中空间权利所蕴含的空间多元利益的协调与平衡。城市空间治理中的空间问题并不是讨论单纯的、孤立的空间，而是在一个宏观或微观的空间关系的背景中讨论空间的社会性，可以从两层意义上来加以理解。一是空间不是单独物质性或技术性的空间，而是蕴含着人与人之间关系的网络社会空间，通过空间的社会关系发现谁的空间、如何创造、怎么利用等社会性问题，最终形成空间的体系、呈现空间的结果，因此，城市空间问题也只有在空间关系和结构中才能得到真正的认识。二是从现实的空间问题来看，只有将其嵌入空间的关系或结构之中，以一种整体的宏观的空间视野，理解其在关系中孕育、产生和发展，才能够准确地把握现实

---

① 张书林：《城乡结合部的基层社会生态、党建生态与治理生态研究》，《探索》2016 年第 6 期。

空间出现的问题的根源所在。由于空间结构和空间关系的不平衡，空间资源和空间本身建设呈现线性的单向流动，最终这种不平衡的空间关系逐渐形成了一种发展模式，进而导致空间问题的出现；无论这种发展意味着什么，因而空间问题在空间结构中形成、发展和再生产。① 空间的社会性揭示了空间之中总是蕴含着利益主体及其相互关系，空间变动总是意味着空间中各主体的变动及其交互方式和交互机制、体制的变化。

因此，每一个场域都包含着若干主体复杂的利益关系，不同经历、不同职业、不同阶层的人们居住在一起，村落形态多元化，人口异质性强，社会构成多样化，形成了复杂的社会空间格局。在疏解非首都功能背景下，不同利益主体的空间实践以及相互之间的博弈影响着城乡接合部空间社会的重构与再造。进一步而言，社区空间是社区居民生活和生产活动的重要场域，社区空间分布以及社区空间分配是否合理和居民获取能力大小，决定民众是否得到相对公平的待遇；如果空间分配不合理、非均衡，都可能导致民众空间资源使用的"被剥夺感"，其背后则是民众空间权利保障的不足或不平等；同时，在社区空间配置短缺或不均衡的基础上，如果民众在获取空间资源的能力上存在差距，将会进一步加剧资源配置和实际占有使用的不公平结果。特别是民众财力和能力的限制，导致社区内群体分化、对立与排斥，进而引起民众不同的利益诉求。②

在 C 镇 A 村选取了基层管理者、流动人口、本地村民三个主要的利益主体。疏解过程中会触碰到他们各自不同的利益，反映着他们各自不同的利益诉求，例如，基层管理者有来自上级的压力，有开展工作的困难；流动人口面临生存和就业空间的危机；本地村民面临"瓦片经济"的消失，拆违征地后续社会保障的缺乏等。这些不同利益主体多样化的利益诉求也正是反映了疏解过程中治理的难点，反映了不同利益主体之间产生矛盾、纠纷乃至冲突的根源。因此，在本书研究过程中，应尽可能将不同利益主体以及相应的利益诉求详细、具体地分析，将错综复杂的利益关系梳理好，找准他们的合理关切，才能把好脉、开好药

---

① 董慧、陈兵：《现代性与城市治理——以国外马克思主义空间批判为线索》，《华中科技大学学报》（社会科学版）2016 年第 2 期。

② 张勇、何艳玲：《论城市社区治理的空间面向》，《新视野》2017 年第 4 期。

方，以确保在疏解过程中平稳、有序地重构城乡接合部新型空间。

### 三　剖析多元主体之间的博弈策略

在空间场域中，由于处于不同空间，人的文化价值观不同，以及各自对空间利益、空间资源的需求不同，会形成相互依附或抵制的价值认知、价值话语和价值模式，进而造成空间认同多样化、城市认同碎片化以及城市观念虚无化。

具体而言，现代城市认同的统一性不断被空间的碎片化所侵蚀，不同的空间蕴含着不同的价值观念和社会意义，空间变成权力的等级、财富、身份的象征，有富足尊贵者与穷困低劣者的空间之分，有位高权重者与人微言轻者的空间之分，建构了不同的空间形态与多样的空间认同，这些不同的空间认同处于激烈的冲突和对抗之中，会造成城市内部的破裂。"当'社会空间'成了……精英、资产阶级、知识分子或移民劳动等的许多隔离区时……（它们）便不再并置在一起，（而是）分层的，在空间上再现出经济和社会的分层、统治和服从的领域。"① 每个空间群体对城市认同不同，他们对城市的治理也会采取不同的价值倾向，造成城市治理的无能力。②

在疏解过程中的不同阶段，利益相关主体所采取的博弈策略是不一样的。多元主体之间的博弈关系是不断变化的。一是疏解政策起步阶段，基层管理者、流动人口、本地村民之间的博弈关系处于相对平衡状态。由于以往整治工作的"一阵风"现象，各相关主体都抱有侥幸心理。基层管理者实施空间权力"睁一只眼、闭一只眼"；流动人口（无证无照商户、公寓和大棚房的租户）持观望态度，一般会关门几天，或出去躲几天。由于还未触碰到本地村民的核心利益，他们的情绪相对平稳。二是在疏解政策加大力度实施阶段，基层管理者由于有上级严格的目标责任考核任务，不得不采取一系列严厉甚至强硬的措施，取缔无证无照商户，禁止公寓出租，拆除违法建筑；这时，往往使三个利益相

---

① ［美］艾拉·卡茨纳尔逊：《马克思主义与城市》，王爱松译，江苏教育出版社2013年版，第98页。

② 董慧、陈兵：《现代性与城市治理——以国外马克思主义空间批判为线索》，《华中科技大学学报》2016年第2期。

关方之间的博弈更加激烈，有时会产生尖锐的矛盾和冲突。由于强弱力量悬殊，流动人口与基层管理者的博弈较为温和，流动人口一般采取不配合、打游击战（去周边村落长达几个月）等方式予以抗争，偶尔也会直接反抗。本地村民与基层管理者的博弈最为激烈，他们会采取阻挠、上访等一系列较激烈的手段对抗执法行为。由于本地村民以"瓦片经济"为主要收入来源，他们与流动人口在一定程度上是利益共同体，因此，下文不再详细分析二者之间的互动关系。由于疏解整治是一项长期任务，随着不同阶段任务的完成，相关主体的利益得到相应的满足与平衡，他们之间的关系又将趋于平稳状态。本书将重点对疏解整治阶段的情况进行研究，分析在此过程中各利益主体的博弈规律，探究城乡接合部治理的出路。

在此，基层管理者应进一步认识到，在疏解非首都功能过程中，要考虑经济、政治或社会层面的成本与效益回报的平衡，避免采取简单粗暴的方式，使民众感到既有权益被"挤压"。基层管理者是空间实践的主导者，出于实现公共利益的政府职责所在，政府行为应得到有效监督与节制；"失控的权力"将会以更大的力量"肆虐"居民权力和利益，这将丧失城市社区治理的道义基础。①

---

　　①　张勇、何艳玲：《论城市社区治理的空间面向》，《新视野》2017 年第 4 期。

# 第三章 空间疏解治理场域分析
## ——以 C 镇 A 村为例

城乡接合部大多以"脏、乱、差"著称，社区是城乡接合部的基本单元。A 村是北京城乡接合部 C 镇的一个社区，是流动人口聚集最多的地区之一，是典型的人口倒挂村，在疏解非首都功能过程中比较具有代表性，能够反映城乡接合部存在的一般性问题，因此，本书选取 A 村作为案例展开研究。

## 第一节　C 镇 A 村的空间形态

### 一　C 镇空间的演变

C 镇位于北京某区西北部，东部与 D 区接壤，西部毗邻 H 镇，南部与 J 区接壤，北部至 K 路。面积 65.3 平方千米，人口 3.83 万，外来人口 27782 人。辖 6 个社区、19 个村委会。①

（一）历史沿革

C 镇最早成立于 1956 年 3 月，1961 年 4 月成立 F 公社（与 F 农场合一），1984 年 4 月改设 F 乡，1998 年 11 月乡与农场机构分开。2002年，将部分社区居民划转移交给 E 街道；全乡总面积 36.6 平方千米，户籍人口 21838 人，其中农业人口 13428 人、非农业人口 8410 人。外来人口 27782 人。辖区有 9 个村委会、6 个居委会和 1 个家委会。2003年，撤销两个乡，合并设立 C 镇。2005 年，将某园地区划归 N 街道管辖。2006 年末，面积 51.02 平方千米，人口 3.40 万。现辖 10 个社区、

---

① https://baike.so.com/doc/1343309-1420032.html，搜索时间：2018 年 4 月 1 日。

16 个行政村。2008 年辖 9 个社区、16 个行政村。2011 年 11 月，C 镇正式挂牌成立地区办事处。①

（二）民间传说

C 镇是西山脚下的老镇，当地老人口中流传着许多有意思的传说。北京的西山实际上是燕山山脉的尾巴。西山的许多民间传说与宋代的杨家将有关。单说 G 和 F 这两个地名，据老人们说，就是从杨六郎那儿来的。当年宋辽开战，佘太君带领几个儿子在居庸关的金沙滩摆开战场。杨六郎跟辽兵大战，佘太君在百望山看儿子打仗。杨六郎一会儿打到东，一会儿打到西，打到唐家岭，佘太君看不着了。于是留下了几个地名，佘太君往东望的地方叫 G，往西望的地方叫 F。看不见儿子打仗的地方叫挡儿岭。此外，宋朝大将韩世昌驻军的地方叫 M 村，南边杨六郎驻军的地方叫六郎庄。L 山顶叫望儿顶，原先有座庙，庙里有佘太君的塑像和石碑。当然，这都是民间传说。历史学家考证，杨家将压根儿没在这一带待过，自然也不可能有佘太君望儿打仗的事儿。而传说中宋辽开战的金沙滩是山西省境内。有的老人说，F 和 G 的地名形成于清朝初年。当地百姓因不满清朝统治，起名叫 R 区和 Q 区，后来讹传成 F 和 G 两个地区。

C 镇还有一个有意思的民间传说，相传清朝的乾隆年间，有位大臣向乾隆皇上上书说，F 地区是龙脉，龙脉是出皇上的地方，如果当朝的皇上不去看看，真出了一位皇上，大清的江山就玩完了。乾隆一听这话，便带着刘罗锅等一班大臣到了 F 地区，一看，果然有座山。此山后来在修京密运河引水渠时挖掉了。乾隆问刘罗锅怎么能把龙脉断了？刘罗锅出了个主意，把龙腰劈开，让一姓段的住在这儿。乾隆说好。于是把山拦腰劈开，修出一条道，又从城里找了一户姓段的，让他住在了山腰上。事有巧合，这一带在众多的姓氏中果然只有一户姓段的。段家后来在修圆清路时拆迁搬走了。段家的老人对外人说，我们的老祖宗是当年皇上给请过来的。当然这些都是民间传说而已。F 地区人沾了皇家的仙气，文化底蕴很厚实，全村 4000 多号人里，出了好几位画家；村里的民间花会高跷和秧歌，当年受过皇封，慈禧太后在颐和园看过他们的表演，至今皇

① https：//baike. so. com/doc/1343309 - 1420032. html，搜索时间：2018 年 4 月 1 日。

封的龙旗还在。今天，F 地区的民间花会仍然很活跃。也许正是因为村里有很深的民间文化底蕴，才会演绎出这么多美妙动人的传说。①

## 二　A 村空间结构与功能

A 村位于 C 镇北部，L 山脚下，村子三面环山，北临 Z 区引水渠。村域总面积 2028.3 亩，其中农用地 1062.6 亩、建设用地 939.8 亩（包括宅基地 328.6 亩）、未利用地 25.9 亩。村域内原有户籍人口 1432 人，其中农业人口 707 人、居民 725 人。居民 334 户，农民 336 户，共 670户。村集体和村民的主要经济来源是租赁收入，经济发展方式单一。A 村集体经济每年总收入在 700 多万元。

### （一）A 村人口结构状况

目前，A 村的管理力量：村委会共 5 人，主任 1 人，妇女主任 1人，其他委员 3 人。本地人与外地人数量倒挂的人口结构，户籍人口1533 人，流动人口 13243 人，人口倒挂比例为 1∶8.63。流动人口中男性 7384 人，占 55.76%；女性 5859 人，占 44.24%。从受教育程度上来看，A 村流动人口中，初中及以下学历的为 6411 人，占 48.4%；高中学历的为 4599 人，占 34.73%；大学专科及以上学历的为 2233 人，占 16.86%。②

### （二）"瓦片依赖型"集体经济

A 村因地理位置优越，交通便利，租金低廉，生活成本低，周边就业机会多，大量流动人口居住于此，仅有 1600 余人的村子，高峰时曾聚集 3 万多外来人口。这个村子成为北京市 100 个人口倒挂村之一。本地村民大多数从事回报丰厚的房屋出租产业。房屋出租收入占村民收入比例超过 60% 甚至达到 80% 以上。A 村历史欠账比较多，经济结构较为单一，很难实行经济转型，只能依靠出租房屋形成的"瓦片经济"来维持运转。A 村以村民委员会或村民小组的名义将农村集体土地使用权出租给第三方，用于建设厂房、经营用房或出租房，所得收入用于维持村里的基本公共服务开支。在集体经济的收入来源中，土地出租和房

① https://baike.so.com/doc/7898187 - 8172282.html，搜索时间：2018 年 4 月 1 日。
② 数据来源：调研 A 村提供的内部资料。

屋出租收入占总收入的比例为 77.8%，其中土地出租占总收入的比例为 57.4%，房屋出租占总收入的比例为 20.4%。[①]

然而，流动人口大量增加，给 A 村的社会治理带来了压力。一方面，大量违法建设、非法经营泛滥。另一方面，造成了本地村民用水、用电紧张；车多路窄，影响了交通出行，环境卫生脏乱差，尤其是社会治安面临严峻挑战，层出不穷的盗窃、抢劫案更是让村民"晚上不敢一个人出门"。此外，当政府对这些地区依法进行空间疏解整治时，还面临着与开发商解除土地租赁合同或因拆迁所引发的高额赔偿问题。

（三）流动人口的社区支持性功能[②]

调查表明，流动人口与家庭成员共同居住高达 62.18%。从住房类型来看，大多数流动人口居住在平房（院）中，比例高达 62.74%；住在公寓楼的比例约占 28%。流动人口的人均住房面积约为 11.73 平方米。多数流动人口有长期居住倾向。近六成（57.57%）流动人口打算在北京长期居住，32.47% 的人表示没有想好。流动人口在一定程度上以生活服务、生产经营一体化的方式形成了自我供给、自我服务的次生经济圈和低层次生活链。

从职住关系看，A 村流动人口的就业形态以职住分离为主。17.0% 的人在本村（社区）内就业，属于职住一体型；19.7% 的人在本乡（镇、街道）内就业，属于周边就业型；63.4% 的流动人口在本乡（镇、街道）外就业，属于职住分离型。

# 第二节　疏解要求及 C 镇 A 村基本情况

## 一　空间疏解的基本要求

在 2014 年底召开的中央经济工作会议上，习近平总书记强调，京津冀协同发展的核心问题是疏解北京非首都功能，降低北京人口密度，促进经济社会发展与人口资源环境相适应。疏解非首都功能与推进京津冀协同发展相辅相成。习近平总书记在 2015 年 2 月 10 日的中央财经领

---

① 数据来源：调研 A 村提供的内部资料。
② 数据来源：调研 A 村提供的内部资料。

导小组第九次会议上再次提出：要疏解北京"非首都功能"，"作为一个有 13 亿人口大国的首都，不应承担也没有足够的能力承担过多的功能。"根据党中央的要求，北京市召开多次会议研究，将疏解北京非首都功能，调控北京市人口规模作为重大战略进行部署。

为了全面贯彻落实北京市关于"疏解非首都功能、调控人口规模、治理大城市病"的相关工作要求，显著改善地区环境面貌，消除公共安全隐患，保障镇域内人民群众的生命财产安全，按照"某区关于开展城乡接合部重点地区公共安全隐患问题综合整治的工作方案"和"某区人口调控重点任务实施方案"的要求，有效控制全镇人口规模，为建设全国科技创新中心核心区服务。C 镇围绕"疏解整治促提升"和"减人、添秤、服务"的工作主线，在全镇开展疏解综合整治行动。同时，各村（居）依据相应的法律法规和"自治章程"同步开展行动。

### 二　C 镇 A 村空间疏解基本情况

C 镇落实人口疏解政策和措施，取得了明显效果。自 2015 年以来，全镇共清理房间 11150 间，关停住人公寓大院 185 个，疏解人口约 30534 人，其中四个市区挂账村共疏解 26607 人。据统计，截至 2017 年 6 月，C 镇全域内实有人口 139609 人，其中户籍人口 41837 人，流动人口 97772 人，全镇流动人口是户籍人口的 2 倍，下降约 1 倍。但因 C 镇周边开通新地铁，交通便利，又紧邻高科技产业园区，一部分流动人口又有回流，加大了人口疏解困难（见表 3 - 1）。A 村疏解的基本情况与镇上的情况基本一致①（见表 3 - 2）。

表 3 - 1　　　　　　　　　　C 镇的疏解情况

| 年份 | 流动人口 | 户籍人口 | 倒挂比例 |
|------|----------|----------|----------|
| 2015 | 128316 | 38056 | 1∶3.37 |
| 2016 | 115707 | 40507 | 1∶2.86 |
| 2017 | 97772 | 41837 | 1∶2.34 |

---

①　数据来源：调研 A 村提供的内部资料。

表 3 - 2 A 村的疏解情况

| 年份 | 流动人口 | 户籍人口 | 倒挂比例 |
|------|----------|----------|----------|
| 2015 | 15425 | — | — |
| 2016 | 17758 | 1516 | 1∶11.71 |
| 2017 | 13243 | 1533 | 1∶8.64 |

访谈 1：刘某，男，48 岁，C 镇综治办工作人员

问：您能总体上介绍一下 C 镇 A 村的疏解情况吗？

刘：疏解综合整治以来，A 村共清理违法建筑 5 万多平方米，疏解人口 9000 余人。这次大"瘦身"，不仅有效缓解了人口、资源压力，也提升了村民的安全感。主街上占道经营的小商贩已经清理，街边村民家商铺私自外扩的棚子也被拆除了，违法建设出租的房屋、无照经营的餐馆一一关停，早晨清扫好的街道一整天都干净整洁。"人少了、车少了，看着都舒服了。"

C 镇综合整治"大城市病"。整治活动以 A 村为突破口，其他平房村同步推进，经过 60 多个昼夜奋战，全镇共查封集体土地上的违法建设出租房屋 10750 间，关停住人公寓大院 170 个，疏解人口 26000 余人（其中四个挂账村共疏解 22073 人），共清理垃圾渣土 2000 吨，规范门前三包 600 余家，关闭取缔无照经营餐馆 28 家、其他六小门店 300 家，拆除非法广告牌匾 480 余块，清理店外经营 310 家，取缔无证幼儿看护点 20 余个，关闭有形市场 4 家。

在综合整治结束后，C 镇将对拆除整治后的主街及沿河地带重新规划，彻底改变市区挂账村的整体面貌，更大程度上争取政策和资金上的支持，更好地服务于全镇居民。

通过访谈 1 可见，经过疏解，确实有效减少了镇、村的人口、资源、环境压力。对违建的拆除、无证无照商户的关停，使村庄更加整洁、更加有序了；同时，也增加了村民的安全感。

# 第三节    C镇A村空间疏解治理的瓶颈

以疏解非首都功能为切入口，带动城乡接合部整体性社区治理，试图将以往遗留的历史性问题与社区治理当前出现的问题以及未来发展问题一并加以解决。然而，在疏解治理过程中遇到了一些问题，例如，空间生产不足：基本公共服务缺位；空间集体消费不均衡：村委会治理难，村民居住空间恶化，"瓦片经济"减少，村民集体意识弱化；空间分配不合理：流动人口居留意愿与人口疏解相矛盾；等等。对这些问题进行深入研究，有助于更好地解决城乡接合部的疏解难题，完善社区治理，实现疏解目标。

## 一  空间生产不足：基本公共服务缺位

基本公共服务均等化，意味着全体公民在基本的公共服务领域应该享有相同的权利。城乡接合部地区村民与城市居民所享有的基本公共服务不均等问题严重影响着城乡差距的缩小，影响着城乡接合部居民生存权、发展权的实现。因此，不断推进城乡接合部基本公共服务均等化是缩小城乡居民生活条件差距，实现发展成果由人民共享、提升民众幸福感的重要手段。同时，基本公共服务的有效供给是保证空间公平正义的基础。

然而，由于我国城乡基本公共服务的供给仍存在二元体制，两种体制下财政收支体系的不同。长期以来，我国实行的是公共财政制度的"双轨制"，市、区政府对于基础设施的建设以建成区为主，公共物品支付实行专款专用；对农村基本公共服务重视不够、投入不足，城市与农村基础设施规划脱节，在很大程度上阻碍了地处城市与农村交界处的城乡接合部的发展。另外，农村基本公共服务在相当程度上由村民自己负担，而乡村集体经济财力薄弱，就造成城乡接合部基本公共服务、基础设施等建设滞后，不能很好满足村民的生活需要。[①]

---

① 姜爱华：《北京市城乡结合部基础设施供给的财政政策建议——基于需求方的调研》，《城乡一体化与首都"十二五"发展——2012首都论坛文集》，2012年11月1日，第106页。

尤其是在疏解整治过程中，村集体收入减少，基本公共服务的供给就更加困难。

（一）停车空间治理成果难巩固

1. 原有停车空间生产减少

卡斯特尔的《城市问题》一书，研究了城市的生产、交换、消费和管理四个方面的经济活动以及与其相关的工业区位、住房、交通设施和都市治理问题。可见，交通设施是呈现都市空间的一个重要维度。从更深层次来讲，交通空间也能反映出一个村庄的问题所在。比如，在本村村民及商户为了获得自身利益的最大化，尽可能多地占有空间，各种违建层出不穷，加上外来人口不断增多，导致停车空间严重不足，乱停乱放反映出这个村庄的空间承载力已经远远满足不了大量的外来人口（见访谈2）。

> 访谈2：陈某，男，56岁，A村村委会委员
>
> 问：目前，咱们村有地方停车吗？
>
> 陈：没地儿停。东边拆的那片都停那儿了。咱们这个土地不让使，封了填了又埋了，现在凑合使着。咱们路东的这回拆的那片地，是为了治理污井，水污这道沟，现在实际上停车的地儿还没有。我闺女的车您知道停哪儿吗？她在用友上班，停在庙最东头。我说你还不如走着上班去，并且像主街的都开不动，小巷子特别窄更开不进来，就没法进去。这些地方都让违建给占了。我看这村的边边上也到处都是车，车也是一年比一年多，太乱了。

2. 停车空间管控权限小

调研访谈得知（见访谈3），由于农村实行的是村民自治，村委会对停车管理没有执法权、处罚权，与车主因停车发生纠纷时，往往陷入僵局。另外，还存在停车位需求量大而停车位供给不足之间的悖论。

> 访谈3：吴某，男，46岁，A村村委会委员
>
> 问：疏解过程中咱们村的交通方面是怎么治理的呢？

吴：村环境的交通整治，从 2013 年开始，咱们就开始整治道路，我们去锁车，整治道路。村里有一条（路）肠梗阻，那是 2010 年，出村最起码得半个小时，公交车出不去，乱停乱放。路堵得真没办法。咱们说到交通部门，要治理就治理吧，贴个条，可您知道吗？到村里就治理不了，咱没有权力，因为要靠我们去整治，整治完了逼得没办法就锁车，之后咱们作一个相应的罚款，交到村委会来，村民不理解。2013 年，我跟您说，几乎一天一起，一天报警无数。就是咱们这边锁他们那边报警，矛盾激化太厉害。我记得前年吧，咱们区交通委进行村调研说怎么办，有的你锁车，人家不理你，因为村里大多是外来人口，他不理你，咱们劝阻停放，离他们住的房子又远。那我们治理疏堵，就是早上堵车，早上上班时间那会儿堵车，那我们必须在上班之前治理。完了以后人家报警，当时我们的损失大了，得有四百把锁，都报废了，为什么？人家不理你，晚上人回来，咱们说那锁不可能全天候看着，给撬了，也能找到相应的影像报警，但报完警之后到派出所去解决这个事，解决不了，不了了之。甭管怎么说，村里的力量根本不够，尤其是从职能部门来说，村里其实没有证据，只能说主要以村民自治形式，根本没有执法权。

最近，我们以村民自治的形式开了一个会，算是增加了一条村规吧，比如说对无序停车这些人进行锁车，罚款 200 元。就是停的车有咱们村民的，也有外来人口的，咱们一般的村里头这块是免费停，但是对外来人口收点占地费。一个月 150 块钱，你停这一个月收 150 块钱。但是前一段时间，这条规定上面给我们否了，镇纪委给否的。说咱们这个村民自治没权力罚人家钱，所以纪委给我们下了一个文，可以锁车，但是不允许罚款。所以说这一条我们就给废了，今年废了以后没别的，就是乱停车现象又开始反弹了。真正说这个锁车，虽然说是一个斗气的事，其实底下人员真不愿意干这事，这是挨骂，所以说不给他相应的补助，不给他什么的话，没人干。就是给这点补助，人家还不愿意干，为什么？没必要为这个去挨打受骂。

### 3. 停车空间治理成本高

在城乡接合部疏解整治促提升的过程中，镇指挥部驻村进行环境整治，效果明显，空间秩序得到很大改善。但这一做法阶段性强，执法成本很高，一旦综合指挥部撤出，村里整治队伍人手不够，整治力量不强，就会出现反弹现象（见访谈4）。因此，需要建立长效治理机制，有效维持疏解效果。换言之，治理问题的根源在于，空间营造、分配和管控过程中一系列矛盾张力中产生的博弈行为。空间资本的过度生产、空间供给的严重不足、空间需求的不断增加、空间管控的结构性制约等综合因素造成空间秩序的失衡，并带来一系列新的社会问题和空间矛盾，因此，空间秩序的重组，也需要增强、规范、协调各方面力量共同创造空间新秩序。

访谈4：王某，男，36岁，A村村委会委员

问：指挥部来执法，治理交通是不是好一些？

王：镇指挥部入驻我们村，帮着我们进行宣传、劝离，现在这几天我们整个指挥部跟这儿，一个就是说乱停车现象，一个是北京市检查这个倒挂村，所以说能感觉到几乎是没有乱停车现象。但是咱们这个指挥部走了撤了，这可能又会乱了。

村里人员的力量没那么大，镇指挥部现在常驻的联防队员，在我们这儿有100多人。我们村里一共就十多个联防人员，那这怎么比，没有可比性的。现在所有的交通、工商、公安、食药，派出所、核查队、综治、城管、安办等，这是联合部门现在在这儿，共100多人，等于是集全镇所有的力量，几乎街面这些事全都管了。实际上，治理交通或者协管，这条路给违章车贴条也好，劝离也好，全是交通部门来负责，它们直接管。交给我们村里管的时候，那可就废了，没有那力量，是吧？人家是真正有执法权的。如果这100多个人一撤的话，我们只有十几个人。我们顾这顾不上那了，所以说可能近段时间村里各方面都算治理得很好，但是这种成本是非常高的。就是说这100多人跟这儿，正常吃饭就是一个很大的费用，那时候镇党委书记讲话说，当时整治大概三个月，本村就吃盒饭吃了80万元。因为那会儿也是白天

查晚上查。所以按规划来说，现在我们村好像是拆迁村，拆迁村将来是要整个大变样，但是现在迟迟不动，治理起来就带来很大的人力、财力、物力压力。

## （二）基础设施落后，供水不足

由于城乡接合部长期以来缺乏统一的规划设计，居民房屋及周边基础设施往往是自发形成的，供电、电信、煤气、给排水等市政设施极不规范；例如，在疏解过程中，政府为倒挂村划拨了专项资金用于公共服务，但由于基础设施使用时间过长，进行局部性维修难以保证长久使用（见访谈5）。同时，疏解整治导致村民的幸福感很低，感觉生活很压抑，不能更好地体会到已经迈向了小康社会的富裕生活。因此，在疏解过程中，拆迁腾退规划得不到落实的情况下，应该按照我国现阶段提出的城乡融合、公共服务均等化的要求，按照统一的标准提供服务，并与疏解步伐同步，减少流动人口，达到人与环境和谐共生。同时，应秉持社会公平、以人民为中心的理念，改善公共基础设施，有效解决城乡接合部发展不平衡、不充分的问题。

访谈5：赵某，男，55岁，A村村委会委员

问：疏解整治以来，人减少了会不会供水量充足一些？基础设施会不会有所改善？

赵：供水量还是紧张，关键是基础设施落后导致大量的水外漏。其实我认为我们这个村是水的问题，其实不是人多。我计算过，咱们城市化规定，人均每天应该是有标准的用水量。我算过，细的我算不过来了，因为按我们这个村来说，最高峰的时候3万人，现在疏解会减少一些。我算了算，一口半井口就应该够，两口井够大伙使的。因为有标准，每人平均每天用水应该是24公斤、48斤国家标准。没法管理还有一个问题。最大的问题，我们村的水全漏了。我小时候在北京那段时间，都是随便接的。第一道水管的时候，我才这么高，是老灰管塑料。第二次国家补助资金好像是，应该是改造过一回，跟老灰管接上了。第三回又改了一回，跟老铁管又连一块儿了。您想想，三十几年、四十年前的老灰管，那

个管使劲说保十年八年，但都三十几年能不坏吗？都漏了。冬天还得缠道绳，不缠道绳水就冻了。改一回就这样，国家没少投钱。但是咱们村有一特殊情况，两年前，应该是两年三年前改过，所以就含五项，就没动这个。资源少，基础设施本身差一点。坏一口井全村没水喝。为了使大家满意，大多数人都能喝到水，把四口井全连一块儿，一口井一停，全停了。前两天还停了，停好几次了。他们那打井打不好就给打漏了，把管道给打漏了。主管道修了15个小时。大热天的，这时候，得忍着，大伙受罪。找人紧修，人家搞建设的，人家什么时候修完，什么时候算，后来急得没法，找村委会主任。村委会主任说不行咱们出人修，早上起来4点就出人开始挖。疏解整治煤改电时他们给打漏的，经常给打漏。这一段时间不知道停多少回了，昨天我们家门口还漏了，前头还流着，但是人家打人家的，人不停机子咱没法跟人家修，他们也赶工期，供暖之前要弄不完的话，大家冻着也难受，都赶工期。

（三）便民配套措施不到位

由于关停无证无照的商户，便民商店大量减少。以前村民买菜是在路旁的小摊上，现在疏解之后，新的菜市场还没建立，村民买菜、吃早餐没有了着落，给村民生活带来不便（见访谈6）。关停无证无照商户增加了村民、流动人口的生活成本。调查表明，如果严格执行商户整治政策，53.1%的居民认为将导致物价飞涨，日常生活消费成本上升；并且还有53.1%的居民认为将给生活带来很大不便（见图3-1）①。关于疏解后去哪儿买菜，C镇也作出了规划，将在条件成熟的村居合理设置售菜网点，提升规模，同时开展"蔬菜保供应、平价惠民生"活动，对各售菜点进行抽查和跟踪评估，要求其公示价格，保质保量，真正让老百姓得到实惠，但这些措施都需要时间逐步落实。

---

① 课题组：《流动人口疏解效果评价及政策建议——对北京市的问卷调查》，《国家行政学院学报》2017年第1期。

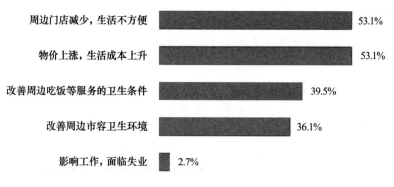

**图 3 - 1　整治违章经营小门店的政策影响**

访谈6：孙某，女，45 岁，A 村村民代表

问：你们现在买菜在哪儿买？

孙：轰人的时候，我当着面就跟村委会主任，包括第一书记说，轰人之前先建菜站，先建咱们便民的点。车一来一关，在那儿看着不让卖。过去上一天班回来就和面，现在哪有工夫和面？面条面条没有，烙饼烙饼没有，菜没有。轰这几个月真是菜价跟飞的似的，买一斤菜，我记得 14 块钱一斤，我说您这卖什么菜呢？卖菜的说天天这么轰，我们跟闹贼似的，再不涨点价我们靠什么活。你看这烙饼 5 块钱一张这么大个儿。我说咱们就这么干，老百姓吃个面条、吃个馒头没地儿买去了。以前烙饼，咱们俗称的烙饼，个儿是这么大的个儿，原来我一人半张都吃不了，现在一张都不够我吃的。现在不怎么轰了还好点，就前两天轰的时候，真的没法卖，给人家轰走以后，我们村民真的没法整。我就跟书记他们嚷嚷。我说你们就这么轰，说年轻的上哪哪儿买去，我说人家七八十岁的老人出去连个面都买不了了，老人都出不去，怎么买面去？你把蒸馒头卖菜的全给轰走了。

**（四）村集体经费困难**

政府对城乡接合部村集体的经费投入、人力投入、精力投入等方面都远远不够。村集体每年自筹经费十分紧张，尤其是执行疏解任务以来村集体收入的减少（村集体收入以租房为主要来源），使村集体经济收人更加难以满足村委会正常办公运行（如村干部工资和日常开支）。笔者通过对村干部的访谈（访谈7）发现，由于村集体经费缺口大，村委会甚至把拆迁房里的原来用电户的变压器卖了维持生存。这反映了一个两难困境：如果流动人口多了，村庄的用电、用水量不能满足这么多人的需求；如果流动人口少了，村里又没有了集体收入。

访谈7：朱某，男，50岁，A村村委会委员

问：疏解过程中咱村的集体收入怎么样？有专项资金吗？

朱：从疏解开始，镇领导班子高度重视，积极采取措施，多管齐下，同时安排专项资金500万元支持环境整治和人口疏解工作，每个挂账村给100万元，用于从源头上治理"大城市病"。那个100万元是杯水车薪，而且它专款专用，别的不能动，它有很明确的一个范围。由于疏解，我们村集体经济收入减少了很多。现在这村穷的，买油的钱，买扫帚的钱，买簸箕的钱我们都赊着，今年赊十多万元了。我跟人家说过，您用那笔我们都得自己买去。我带您看各科室的复印机一堆。我这现在几乎瘫痪，没有墨，我说两个月三个多月没有墨了。你说这种运行方式，自然就等到那一天了，那钱光花不挣。

现在保洁队归镇政府管，但镇政府给不了全部，村里还要贴一部分，这一部分说白了对于村也是一种压力，因为收入没有，等于你老有支出，支出太大。支出大了，然后就成了负担，所以我说像出租房屋，个人就有钱了，村里是越来越穷了。水不够使，电不够使，你所有的加不上去，一个变压器就好几万元，因为它是人口倒挂村，外来人口特别多。

实话说咱这工作人员也是村民代表，现在村委会一分钱没有，没有经济来源。剩下的都是股金了，股金不让动。现在咱们就在做的，我们干这一年下来，年底能不能开支，说实话都是个问题。没有经济来源。原来有一部分有三产的在东边，有一部分在南边，收一部分租金，包括西边，修一条公路也拆了一部分，租金减少一大部分，加上轰人没法跟人收钱了，又减了一大部分收入。年底怎么办？村委会主任急得脑袋天天晃悠找钱，我们现

在已经开始卖变压器来生存。你拆了的房原来用电户没有了，这变压器就没用了。拆了能卖多少钱？我们现在就是生生地卖给人家一单位，你要也要，不要也要，反正就是按着多少钱就给人家多少钱，没法弄。20 年来咱们修井的费用到现在没给人结。怎么办？咱们环境这块非常重要，这咱承认，都拆了，现在已经焦头烂额了，没电没水没钱。

另外，村干部工资微薄，与周边拆迁村相比心理落差大。拆迁村征地的那个款利息都很高，所以我们跟人家没法比，人家每个月攒钱，再加上退休金，一个老太太 5000 块钱，我们上班一个月挣2000 块钱，工资到年底还没着落，今年就是这个情况。年三十晚上就喝西北风，你看着吧，村委会主任天天挠头在那儿。我工资3400 块钱，他们 4 个，每人工资 3100 块钱，够干吗的啊？我们也有老也有小，我们是村委会的人员，挣 3000 多块钱，联防队挣1000 多块钱一个月，我们镇里的绿化队才挣 700 块钱。我们也有老的小的，我们只能盖房，我们还什么保险都没有。基层工作是最难的，挣钱还是最少的。

## 二　空间集体消费不均衡：村委会治理难

空间集体消费主要指的是国家对公民住房、医疗、教育等公共事业（社会保障）的资金投入。村里空间集体消费不均衡，疏解整治过程中村委会比居委会工作更难以有效开展。

A 村负责人表示，疏解整治表面看使社区工作内容相对减少一些，社区事务工作压力少了一些。然而，由于外来人口流动性强，疏解走了一部分，还会有一部分进来的，总体人数也不一定减少。最关键的是，在疏解过程中，本地村民的收入中断，且还没有相应的社会保障，对村民的影响比较大，村民意见比较多。因此，村委会的社区事务比较多；而以前因征地拆迁转成的居民有社会保障兜底，不满情绪会少一些，居委会的社区事务相对较少。因此，政府对村民以及居民的社会保障供给不均衡，导致村委会的治理难度较大（见访谈 8）。

还有一个矛盾点就是疏解拆违征地之后，村民与居民之间会因为村集体分红、利益分配问题产生矛盾。因为一部分已经村改居的居民，必然涉及集体资产如何核算和分配，以及村委会与新居民的利益关联如何割断，这将触及各方利益。再加上，疏解拆违村民的利益受损比较大，如果农转非的居民再被同时分配集体收入，村民就更加不满，因此，如果处理不当，必将诱发矛盾和冲突的产生，这是"两委"并存面临的首要问题。

目前北京市城乡接合部因征地拆迁形成了村民与居民两种不同户籍身份的人口结构，在此基础上，形成了村委会与居委会不同的管理机构。村委会与居委会，二者性质相同，具有并列关系。但是，两个基层自治组织之间也存在着多方面鲜明的差异：① 所谓"村改居"是指在城市化背景下，原居住在农村村落中的农民在征地拆迁后，把农村户籍转为非农户籍的新居民。而未被征地的农民依然保留农村户籍，这就形成了以村民委员会为核心的农村基层管理体制和以居民委员会为核心的城镇社区管理体制并存的局面。② 然而，一个村落存在村委会、居委会两种管理体制，必然涉及社区组织性质、职能、基层管理体系和管理模式的多方面交织的。"村改居"后社区居委会的工作经费有一部分是上级政府拨付的补贴，主要还是来自村集体经济，从而导致社区组织仍对集体经济组织的依赖。由于农村集体经济管理职能是归属于村民委员会的，社区居委会只具有办理居民公共事务的职能。因此，由于工作中"两委"管理体制并存，利益分配边界模糊，会产生上述一系列空间矛盾与冲突。

访谈 8：王某，男，43 岁，C 镇社会事务管理科工作人员

问：A 村的居委会和村委会两个治理机构，都是咱们社建办工作的对象？

王：我只是对社区办。

问：只负责社区、居委会，不负责村委会？

王：对，我不负责村这一块。村委会这块工作，我只管村务公

---

① 晋龙涛：《试论村委会与居委会的差异》，《农业考古》2012 年第 3 期。
② 于莉、崔金海、袁小波：《城乡结合部"村改社区"基层管理体制的转制研究》，《云南行政学院学报》2015 年第 6 期。

开，就是村委会里边其中一项村务公开这块，叫基层民主政权建设归我这儿（管）。比如拆迁村，它现在拆迁以后，就叫地区，它里面又有村又有社区，社区这块归我管，村经济组织，归村委会管。村和社区相当于两块牌子、一套人马，也不叫一套人马。比如说党支部，村和社区其实是一个书记在管，就是一肩挑，等于是城市和农村建制，这确实是一个创新。因为在转之前当时有一部分村民和一部分居民，他们可能都住在这个小区里边，如果分开管理的话，很多政策不统一，包括补助不统一，有一些矛盾不太好协调，他们就成立了地区党支部，所有的归地区来管，就是用党支部来整个地协调，比较特别的一种组织形式。

问：疏解对社区事务有什么影响？比如整治和流动人口管理等对您的工作有哪些影响？

王：这块我刚才说主要管的是居民的事务，那么作为我们社区，不管是回迁也好还是我们原来本身的非农业户籍的，疏解以后，对社区，比如说，开展一些活动，开展一些包括社区里面的一些服务对象的管理，这块工作压力或者说工作内容、工作任务，相对来说肯定少一些。通过疏解原来我可能管 5000 人一个社区，现在管 3000 人到 4000 人，那可能对本身社区的一些事务性工作（量减少了）。但这不是绝对的，因为什么呢？陆陆续续的，可能是因为有人被疏解走了，还有人又进来了，它不是绝对数，它是一个相对数。

村委会管的没有转居的村民对疏解的意见最大，一旦拆违征地，他们没有相应的社会保障兜底，而且目前"两委"责任范围不清晰，居委会的一部分经费依然来自集体经济，村民不愿意与居民共同享有村集体利益分红会引起纠纷，这些都增加了村委会的社会事务。

尽管建立了地区党支部，但是"两委"并存仍然给空间治理造成了困难。两种管理体制治理村落，是一场涉及利益分配、治理体系重组和社区秩序重构的社会改革。城乡接合部大规模的征地拆迁和城镇建设，涉及村镇集体收益和村民利益补偿的合理性分配问题。在传统村落社会中，村委会具有管理村集体资产的职能，而城市社会中的居委会并不具有这样的职能。另外，由于被征地农民已经变成居民身份，由此形成农业户籍人口与非农业户籍人口混居的状态，导致不同身份的群体共同居住在一个地方社区，却有着不同的利益需求和社会归属。"两委"面临的一个问题，就是如何代表和服务于这些界限分明的居民群体。

### 三　空间改变不理想：村民居住空间没改善，"瓦片经济"减少

根据村民反映（见访谈9），虽然疏解整治，减少了一部分流动人口，但是，到处拆违建、取缔无证无照商户，例如，大部队拿着工具到处拆私搭乱建、拆广告牌等，并没有使村庄变得更好，村庄反而显得更乱了。村民对拆除自家违章建筑换来的新的生活空间并不满意。另外，村民们反映，更严重的是，流动人口减少，房租价格降低了，村民们的经济收入大幅减少。

> 访谈9：宋某，女，45岁，A村村委会委员
>
> 问：您觉得现在疏解给我们村的生活带来哪些影响？
>
> 宋：我觉得自从疏解开始，不是拆这就是拆那，从去年到现在就没停，拆南边大棚、西边大棚，拆违建又拆什么，没工夫想那么多，天天就是拆这拆那。这拆的乱七八糟的，你们都看见了吗？你说大棚还是哪儿？东边够乱的，主街也够乱的，主路根本就没有一条好路。路重新给大家铺，其实一点用也没有，走了就完了，没用。现在北京市没有以前那种整村腾退的政策了，全北京市都没有那种政策了。越难的村子越没人考虑了，越没人管了。甭管什么改造，新农村改造也行。我们家都出不了门，垃圾堆。我家挨着村委会主任家，人家能坚持，我能说什么，大垃圾堆，我现在要带你们上我们家门口看看去，你们都得捂着鼻子走。每天给清理最少三趟，天天清，清不过来。你是没在这儿生活，我都懒得出门，下了班我就扎在屋里不出来。眼不见为净，尤其是出去几天，一进这村一下脑袋就起来了，没法瞧这村子。我不知道你们见没见，漫天的塑料袋，漫天的大黄土，就这村里边。村民搬迁的欲望特别强，现在人也多，就盼着拆迁，但是自

从疏解，外来人口是减少了，（减少）将近2万人了，但是环境还是比较差。

问：城乡接合部这样的村，（20世纪）80年代在丰台那就有了，浙江村就是这样。是疏解的人口又回来一些了吗？

宋：现在出租屋、外边的公寓拆得多一点。我们村民房子的出租倒是也多点了。反正我瞅着，咱也没具体统计，天天晚上乌乌的人，昨天晚上回来都走不动。

问：这条路晚上又开始放慢了吗？

宋：人多，车倒不多了，就是人太多了，还是得疏解，还得给我们腾退。你知道王委员为什么着急拆迁吗？管卫生，这压力太大，愣把老爷子给急得……真是压力太大了。每天垃圾得20多吨，全村都转一圈。

问：咱们去年疏解之前，每天大概多少吨？

宋：都一样，差不多。垃圾没怎么减多少，因为我们外围走的多，走了1万多人。

问：那些人真的走了吗？还是他们又到里边来住？原来都住的是什么样的人？

宋：走了，都走了。附近年轻人上班的、中关村那边的都在这儿，乌乌的人。

问：如果走了的话，说明这个村里已经饱和了，他找不到租的地方，他才到别的地方去租（房子），能这样推理吗？

宋：我们现在不让住，也不让租，村里根本不让住，让去外边租。爱上哪儿上哪儿，反正不在我们村就成。现在是这样，去年虽然拆除了很多，但是有很多人当时确实也走了，后来有一部分人没走是为什么，他进了老百姓的宅基地里边了。你进了宅基地了，进了人家了，这怎么清，你不拆迁就走不了，对不对？那些三产的公寓我们都给拆了，甭管做了多少工作，克服了多少困难，有些把它给拆了。那老百姓家谁能把人家拆了去，老百姓家以前住十间房，现在可能三口人就住两间房了，把那八间房腾出来租了，为什么？能挣钱。因为人多，所以带动了经济。（现在）因为人少，所以什么都就没有了，就这样。像我们村的这种情况，政府是应该整体规划和考虑的，周边没有平房了，就这一个地方。然后，它有非常大的这种住房的需求。我们在呼吁，现在有人来我们就呼吁，能不能给我们拆迁腾退？但您说外来人口多吧，可是家家都有空房，房子租不出去，我们本身现在村里就没有收入，一分钱收入没有，可是现在房又租不出去。

问：您家有多少间？空的多？

宋：反正每个月都得有四五间、五六间空的。

问：每月四五间空的，您那是月交？

宋：好不容易租出去一间，这间又搬走了。

问：搬哪儿去了？搬到别的地去了吗？

宋：不知道，流动性太大了。就从去年疏解开始，流动性很强，以前没有这现象。收入减了好多，房价也下来了。我们家地方小，四五百块钱，现在就三四百块钱一间，都还闲着呢。

问：租房不签租房合同吗？

宋：有的时候可能不签就租了，或者下面还有转租出去的，你要是查它的记录可能也有，但可能不是那么准确。

问：垃圾不应该少了吗？清那么多还是那么脏？

宋：少点，反正有空房了，垃圾还是挺多的。其实说半天就是，居住的环境特别差，不适合生活了，道路拥挤。你说把人轰走了，没有钱，把人招来了没法生活，两难的问题。


公共意识更加弱化，文化心理适应失调。例如，疏解过程中，由于城乡接合部公共基础设施在短期内难以覆盖，村民收入不稳定，社会保障不健全，小农意识浓厚，长期依赖集体的习惯，弱化了他们的公共意识，突出表现在村民不愿为垃圾和供排水付费等方面。同时，流动人口本来居住条件恶劣，加之，随时就有被疏解走的风险，更加不愿意交垃圾费和水费（见访谈10）。因此，政府应联合村集体，让村民从城市生活角度认识个人付费的意义，基础设施的使用者承担费用，建立以收费保障基础设施的经济支持。这既可以利用经济来避免浪费，也可以保证基础设施的良好运行。

访谈10：李某，男，43岁，A村党支部副书记

问：您觉得目前疏解过程中社区治理还有哪些难题呢？

李：收水费问题。现在一疏解，村民的收入减少了，流动人口居住生活都是问题，更难收水费了。还有水费为什么收不上来，第一部分不愿意交的人，他觉得你相应的配套措施没有达到他的预期。你如果在小区里收一些很正常，可能就包含在房租里了。但是在这不一样，在这边每天在路上走的，那么窄的巷子，就这条大街清理了，所以说他会觉得，就算是高素质人才，就算是我住在这个地方，我也不情愿交。第二部分是中等一般的，生活压力没有那么大，但是收入相对没有那么高，他属于观望态度，你那边人不交，我为什么要交啊？这可以做工作，但是工作压力挺大，这个也做不来。第三部分就是低收入人群，你想想六七平方米的房子，一家五口都有可能，这是很现实的问题，阴暗潮湿，很多都是小隔间隔出来的，他住在那种环境里面。现在一疏解，整天提心吊胆的，指不定哪天都被赶走了，自己的房子都没心思清理过那么彻底，你要我交垃圾处理费来清理这个大环境，他根本不愿意。而且这些人，因为我也是从那样过来的，我理解这种心态，我挣的每一分钱都是我的血汗钱，绝对不愿意交，这是多方面原因造成的。还有一个原因，房东不配合，现在疏解人口，租金也少了，更不愿意交了。其实说实话我们村原来也是农村，大家的观念里面就是认为垃圾往外一扔就可以了，只要保证自己院里干净就成，还是老心态。在这个地方自己往外出租房的很多都是老人，很少有二三十岁的年轻人，很多都是至少四五十岁的老人，他思想观念没有转变过来，他觉得脏点就脏点，反正是外面的事。所以，这是租户和房东两方面的抵制造成的。这种情况一直在恶性循环。你没有一个根本的由头，其实现在村里面一直想干事，镇里面也在一直积极在推，但是为什么做不下来，一是往上层级很难，我们一个方案或者想申请拨款，我们现在想做道路硬化和重新改造都得往上立项，区里面批不批，需要根据村里面往届的一些情况和成绩各方面来综合考量。因此，由于疏解造成村民收入减少，流动人口更加不稳定的居住环境，收水费问题更加困难了。

## 四　空间分配不合理：流动人口居留意愿与人口疏解相矛盾

空间分配主要指空间资源在不同社会群体之间的分配。由于长期户籍制度的影响，流动人口一直无法享受到城市空间资源的合理分配，尤其在疏解治理过程中，流动人口在城市的空间权益更是不能有效得到维护。然而，大多数流动人口留京意愿仍然比较强烈，据统计，近60%的流动人口3年内不打算离开北京，有意愿离开北京的比例仅有16.59%。而打算离开北京的流动人口多考虑生活成本高（36.63%）、为了照顾家人（15.12%）和更好的发展（16.28%）等因素。从事经营活动的流动人口打算3年内留在北京的比例均高于务工者。其中，街边摆摊者对3年内的打算犹豫不决的比例最高，近30%。① 可见，虽然流动人口享受不到公平合理的城市空间，还要承受被疏解的压力，但是，他们中的绝大多数仍然希望留在北京工作和生活。

新时代我国社会的主要矛盾是不均衡不充分发展之间的矛盾，流动人口的产生甚至流动人口不流动，都是经济社会发展不均衡不充分的体现。在疏解非首都功能的过程中，由于涉及部分流动人口的利益问题，社会矛盾和社会冲突不可避免，人们可能出现不良社会情绪，这些情绪如果不能得到及时有效的疏导，很有可能产生巨大的社会负能量。②

因此，在疏解过程中社会各界应关注流动人口的社会情绪，加强社会关怀和心理疏导，引导群众合理表达需求，注重矛盾调解和利益保障等方式，建立良好的社会心理疏导机制。同时，疏解不良社会情绪从根本上需要推动社会的良性发展，缓解社会矛盾，应通过宏观调控政策、推动经济改革和缩小不同区域收入差距等系列手段，促使流动人口的流出地均衡发展，使其在流出地有健全的社会保障体系，减少相对剥夺感。③

---

① 数据来源：A村内部调研资料。
② 谭日辉、马钰宸：《非首都功能疏解对北京市流动人口居留意愿及其社会情绪的影响》，《城市发展研究》2019年第12期。
③ 谭日辉、马钰宸：《非首都功能疏解对北京市流动人口居留意愿及其社会情绪的影响》，《城市发展研究》2019年第12期。

# 第四章　任务导向：基层管理者空间疏解治理的权力技术

## 第一节　基层管理者空间疏解的背景

### 一　国家的空间调控政策：空间的排斥与包容

国家权力对城乡接合部空间治理所采用的技术与策略主要体现在对户籍制度的管理上，主要有空间排斥与空间包容两种方式。长期以来，国家对超大城市实行不同程度的人口疏解。通过对城乡接合部人口疏解历史轨迹的回顾和反思，可以更好地了解疏解非首都功能背景下城乡接合部治理所面临难题的理解。其中最重要的是如何把握"人口疏解"和"人口服务管理"的关系。超大城市的人口疏解不等于对所有流动人口的排斥，也不是仅仅运用行政手段简单地对人口进行调控，更多的是要运用行政、市场、规划、法律等多种手段，根据首都功能定位与人口需求，为流动人口做好全面服务。

国家通过将庞大、复杂而又特殊的治理对象抽象为一系列数字，使治理对象的量化统计更加理性和明晰，国家治理行动更加有效。数字的统计使得国家能够整体地、清楚地看到人口的流动态势，以便制定更加具有针对性的政策。国家权力对人口治理的数字量化与建模式治理策略被列斐伏尔称为"空间的可见性逻辑"。新中国成立以来，北京城乡接合部人口管理的历史演变以及各个历史阶段的人口疏解效果就是一个数字化治理的过程。正是基于抽象的数字治理，国家权力也才能够全面、彻底地渗透村落空间中去。

福柯提出了"空间排斥"（spatial exclusion）和"空间包容"（spatial inclusion）技术策略。根据福柯的阐释，空间排斥是 17 世纪处理麻风病时采取的一种模式与策略。这种策略的特点是，在一群人与另一群人之间进行严格的区分，从而建构出两个相互隔离的群体。同时，对麻风病人的排斥意味着这些被排斥和驱逐的人丧失了法律和政治上的资格或权利。简单地讲，空间排斥是一种抛弃、使边缘化、剥夺、拒绝和视而不见的机制。

与空间排斥模式相反，18 世纪出现的应对鼠疫的空间包容模式的特点是，它不是一种排斥，而是一种检疫隔离、一种持续的监视；它并不是要驱逐，相反，它要对城市中任何一个细小的东西进行严格的区分，并且它要给每一个东西一个固定的空间位置。只有当一个人出现在他应该出现的地方时，他才被认为是安全的，正是通过这种空间上的"在场"确定了他的安全，从而排除了他被鼠疫感染的可能。因此，在处理麻风病时，是利用了空间上的距离来区分那些有麻风病的和那些没有麻风病的人；然而，在处理鼠疫时，则是对每一个特定空间上的在场与否进行持续的近距离观察，以此决定谁是被鼠疫感染的人，谁没有被感染。尽管这两种应对不同疾病的处理模式之间存在着截然不同的、本质性的区别；但是，它们都是一种利用空间来进行治理的技术与策略，从这个意义上讲，这两种策略都可以称为"空间的治理术"。"迁徙自由"一直被认为是最基本的人权之一，也曾写入我国的 1954 年《宪法》。但是，人口过度聚集于大城市，致使其超负荷运转，对农民迁徙自由的限制也成了必然选择。从北京流动人口管理的历史演变来看，空间排斥与空间包容始终贯穿其中。

北京市根据历史背景、方针政策、工作手段等因素的不同，可以将北京市空间宏观调控工作即户籍制度改革和流动人口服务管理分为四个阶段，虽然每个阶段调控的手段和力度不同，但调控的目的——控制城市人口规模膨胀却是一致的。[①] 具体来说分为：北京市人口服务管理的指导思想经历了从"严格管理"到"服务与管理并重"的发展阶段。第一阶段（1950—1978 年），为户籍管理严控阶段，表现为空间排斥；第二阶段（1978—1995 年），为户籍管理宽松阶段，表现为空间包容；

---

① 冯晓英：《城市人口规模调控政策的回顾与反思——以北京市为例》，《人口研究》2005 年第 5 期。

第三阶段（1995—2001年），是严格管理和总量控制阶段，表现为空间排斥；第四阶段（2001年至今），是服务与管理融合型宏观管控阶段，表现为空间包容。

（一）第一阶段（1950—1978年）：户籍管理严控阶段

此阶段属于空间排斥阶段。在这一时期，我国对流动人口实行了严格的控制政策，控制城市人口流动的重要手段之一是户口登记制度。以1958年《中华人民共和国户口登记条例》颁布实施为标志，中央发出"进行严格户口管理，以制止农村人口盲目外流"的指示。这种对农村人口盲目外流的制止是以暂住登记与收容遣送为手段的。北京市主要采取由公安部门管控的行政调控模式，例如，1952年，北京市公安局制定并下发《户口管理实施细则》，规定："所有居住本市的市民，不论籍属、民族、职业，均一律调查登记管理。"1953年，北京市公安局制定了《北京市公共户口管理暂行办法》，对公共户口立户原则及户主登记办法作出了规定，加强户籍人口登记管理工作。1975年，《宪法》修订，北京市实行严格的户籍管理制度，限制人口流入。这一时期，公安局依旧承担着流动人口的管理、调控工作，但调控模式从纯行政性调控转变为"行政＋法规"调控。①

（二）第二阶段（1978—1995年）：户籍管理宽松阶段

改革开放以后，国家开始放宽农民进城务工经商政策，打破了严格的城乡分割状态。1984年，国务院转批公安部发布《关于农民进入集镇落户问题的通知》，允许农民和家属、有经营能力的人员到集镇落户，打开了流动人口进入北京务工、经商的闸门。在此基础上，1985年北京市发布了《关于暂住人口户口管理的规定》，允许非户籍农民在京居住，打破了城乡二元壁垒，进入了流动人口政策调整的新时代。

北京市针对流动人口户口管理的法规是《外地来京人员户籍管理规定》。从北京市流动人口户口管理政策法规的内容及其演变来看，自1984年以来，北京市户籍管理的方式基本没有变化：以暂住登记和办理暂住证为主，但户籍管理的重点发生了变化，从防范违法犯罪人员转

---

① 尹德挺、张子谏：《人口疏解的历史与现实》，载尹德挺主编《首都人口疏解的行与思》，中国社会科学出版社2017年版，第41页。

移到控制外地来京人员规模。①

　　1985 年，北京市委市政府颁布《关于外地企业和个人来京兴办第三产业的若干规定》，并根据公安部颁布实施的《城镇暂住人口管理的暂行规定》，北京市公安局颁布了《实施〈北京市人民政府关于暂住人口管理的规定〉的细则》以及《若干具体问题的通知》。这些文件构成了这一阶段北京市流动人口管理工作的主要法律依据，也为实现以证管人奠定了基础。1987 年 8 月 13 日，北京市政府、北京市公安局、北京市房管局联合颁布了《关于加强暂住人员租赁私有房屋管理的规定》，要求"外地来京暂住人员租赁本市城乡私人合法所有房屋的，租赁双方除遵守本市私房租赁管理的有关规定外"，还须"签订租赁合同，并按一定程序申报审核备案"。②

　　针对 20 世纪 90 年代初期形成的大量农民涌入城市的"民工潮"，1995 年《中央社会治安综合治理委员会关于加强流动人口管理工作的意见》作出了回应，提出为保护大城市市民利益，减少人口压力，在外来农民工就业、子女就学等方面作出了许多限制，但效果不佳，全国农民工进城的人数非但没有减少，反而由该阶段初期的 3000 万人增至末期的 8000 万人，其中相当比重的农民工流向了大城市。③

　　总体而言，这一阶段，北京市政府对外来人口采取宽松政策，允许农民来京经商和务工，并参与首都建设与发展。因此，1985 到 1994 年是北京流动人口总量快速增加时期，1985 年全市流动人口达到了 87 万，而到 1988 年则达到了 133 万。这一时期，虽然受到经济波动的影响，北京市流动人口有过短暂的减少，但增长的基本趋势没有变。1994年，北京市流动人口调查数据表明，当年 11 月北京市外来人口高达329.5 万人，接近全市户籍人口的 1/3。其中居住在城近郊区的为 283

---

　　① 宋健、侯佳伟：《流动人口管理：北京市相关政策法规的演变》，《市场与人口分析》2007 年第 3 期。

　　② 宋健、侯佳伟：《流动人口管理：北京市相关政策法规的演变》，《市场与人口分析》2007 年第 3 期。

　　③ 冯晓英：《城市人口规模调控政策的回顾与反思——以北京市为例》，《人口研究》2005 年第 5 期。

万人，相当于城近郊区户籍人口 619.8 万人的 38.4%。①

（三）第三阶段（1995—2001 年）：严格管理和总量控制阶段

这一时期属于空间排斥阶段。根据《北京市外地来京务工经商人员管理条例》，1995 年 6 月 14 日，北京市人民政府办公厅印发了《北京市外地来京人员目标管理责任制规定》（京政办发〔1995〕49 号）和《北京市外地来京务工经商人员管理服务费征收规定》。同年，北京市相继出台了《外地来京人员户籍管理规定》《外地来京人员租赁房屋管理规定》《北京市外地来京人员租赁房屋治安管理规定》，公安部正式颁布了《暂住证申领办法》。北京市还成立了由法制、建委、公安等 17 个部门组成的外来人口管理领导小组，由多部门联合管理流动人口，主要采取的措施有：确立市、区县、街乡三级管理体系，对来京务工人员增收管理服务费；核发就业证，限制来京务工人员就业岗位和工种；设置专门房屋租赁管理机关对外地来京人员的数量进行管控。②

由于实施严格的控制措施，北京外来人口规模一度得到控制并且有所减少。1997 年 11 月 1 日，北京市进行的首次外来人口普查结果表明，流动人口数量没有突破 1994 年的规模，在京居住一天以上的流动人口为 285.9 万（其中居住半年以上的有 146 万）；而到了 1999 年，根据北京市统计局的数据，在京居住一天以上的流动人口已经降到了 215.8 万。21 世纪以来，随着全国城乡二元结构逐渐被打破、新型户籍制度改革的推进，以及一系列保护流动人口权益的实行，北京市流动人口的数量随之增加。根据 2000 年进行的第五次人口普查数据，北京市流动人口的数量直接飙升至 308.4 万（其中居住半年以上的有 256.8 万），而 2001 年北京市统计局的数据显示，北京市流动人口又升至 328.1 万。2001 年的北京市户籍人口为 1122.3 万，流动人口占户籍人口的比重已达 29%，占总人口比重已达 22.6%，每 5 个北京人中就有 1 个是流动人口。③

---

① 张真理：《北京市流动人口服务管理史略（1978—2008）》，《兰州学刊》2009 年第 7 期。

② 胡玉萍：《户籍制度改革、居住证与人口服务管理》，载尹德挺主编《首都人口疏解的行与思》，中国社会科学出版社 2017 年版，第 238 页。

③ 张真理：《北京市流动人口服务管理史略（1978—2008）》，《兰州学刊》2009 年第 7 期。

为了进一步控制人口规模，北京市政府形成了《北京市外来人口规模控制工作总体方案（讨论稿）》，指出了人口规模控制工作的目标是：从根本上改变北京市外来人口盲目无序流动的状态，变盲目为合理，变无序为有序，做到外来人口数量适度、质量提高、分布合理，最终形成合理有序的流动。其后又出台了《北京市外地来京务工经商人员规模规定》《关于进一步做好外来人口管理工作的意见》等文件进一步加强流动人口的规模控制工作。到 2001 年，北京市公安局制定了《关于实行〈暂住人员临时登记证〉和分类办理〈暂住证〉的办法》，细化了暂住证的种类，实现了对流动人口的分类管理。与分类管理相呼应，北京市加大了对"三无"人员的收容遣送力度。北京市公安局以加强出租房屋管理为突破口，通过清理整顿，严厉打击违法犯罪活动。①

（四）第四阶段（2001 年至今）：服务与管理融合型宏观管控阶段

此阶段为空间包容阶段。21 世纪以来，随着大量农民工涌入城市，北京不可避免地面对巨大的流动人口压力。2000 年 11 月，北京市成立了公安局人口管理处，主要负责全市流动人口统计、管理工作，并指导暂住证发放工作；进入 2001 年以后，国家对农民工进城政策有所放宽，北京市除了保留有条件的户籍准入政策外，取消了对农民工进城限制的所有政策，这就导致了北京人口规模迅速膨胀，使政府陷入了用行政手段难以控制的困境。据统计，1999—2002 年流动人口年均增长约 57 万。2002 年的流动人口总量达到 386.6 万，其中居住半年以上的流动人口达到 286.6 万。之后的流动人口一直处于高位增长期。

2003 年，根据国务院办公厅下发的《关于做好农民工进城务工就业管理和服务工作的通知》，进一步取消了对农民工进城的各种限制，为其提供各种服务，加强了对农民工的权益保护。同年，又废止了《城市流浪乞讨人员收容遣送办法》，实现了社会救助方式的转变，加大了对农民工等弱势群体的制度保障。

北京市制定了相应的《北京外地农民工工伤保险暂行办法》《外地

---

① 张真理：《北京市流动人口服务管理史略（1978—2008）》，《兰州学刊》2009 年第7 期。

农民工参加基本养老保险暂行办法》以及对《北京市流动人口计划生育管理规定》的修订等，都进一步保障了流动人口的教育、医疗、工伤、计生等各项权益。

2005 年，市委、市政府联合下发《关于进一步加强流动人口管理与服务工作的若干意见》，同时，市政府成立市流动人口和出租房屋管理委员会，作为专门负责流动人口和出租房屋组织协调、综合治理工作。

2006 年，《国务院关于解决农民工问题的若干意见》出台，该文件涉及农民工工资、就业、技能培训、劳动保护、社会保障、公共管理和服务、户籍管理制度改革、土地承包权益等各个方面。在一系列大政方针的指导下，有关部门相继制定出台了保障农民工权益的具体政策措施。至此，在国家的制度层面上，流动人口的就业和迁徙进入了一个政策最宽松、保障最全面的时代。

从 2003 年到 2006 年在京居住半年以上的流动人口年均增长 24.1万。2006 年北京市暂住人口为 516.9 万，居住半年以上的流动人口为383.4 万。2007 年北京市暂住人口为 554.9 万，在京居住半年以上的流动人口为 419.7 万。虽然这一时期，北京流动人口进入了平稳期，但是年增长规模仍然很大。按照 1984 年北京暂住人口 21.4 万计算，到2007 年，北京暂住人口年均增长约 22 万，可以看出 2002 年以后的年均增长规模仍然在平均值以上，尤其是 2006 年以后，年均增长规模的偏离比达到了 65%。[1]

在此阶段，北京市按照以人民为中心的理念开展流动人口管理、服务工作，清理和废止了一系列对流动人口的歧视性法律、法规和政策性措施，尽力维护流动人口的各项权益，不断完善各项公共服务，逐步实现公平对待，不断促进流动人口的社会融合。

总体来看，1978 年改革开放伊始，北京市流动人口达 21.8 万，1990 年达到 53.8 万，而 2000 年则高达 256.1 万。1978 年到 2000年，北京市流动人口规模扩大将近 12 倍。[2] 随着流动人口规模的不断

---

[1] 张真理：《北京市流动人口服务管理史略（1978—2008）》，《兰州学刊》2009 年第7 期。

[2] 尹德挺、张子谦：《人口疏解的历史与现实》，载尹德挺主编《首都人口疏解的行与思》，中国社会科学出版社 2017 年版，第 50 页。

增加，大量人口给北京市的环境、资源、交通、治安等方面带来了严峻挑战，为应对新时期流动人口管理难题，控制流动人口总量，北京市出台了一系列政策措施予以应对。这些政策主要集中在以下几个方面：一是户籍管理。颁布《外地来京人员户籍管理规定》，实行暂住证管理制度、外来人员就业证管理制度，主要通过"以证管人"的方式控制流动人口数量。二是居住管理。主要是实行房屋租赁许可证管理制度等，通过这些法律规定实现"以房管人"。此外，北京市还颁布了一系列外地来京人员务工管理、经商管理、收容遣送管理等相关规定，确立"证件管理""出租屋管理""土地管理"的管理模式，以期有效调控流动人口规模。尽管这一系列法律、法规在人口调控方面发挥着重要作用，但面对不可阻挡的流动人口浪潮，部分政策、法规执行效果不佳。

北京市流动人口管理相关政策法规的具体内容及其演变，与北京市流动人口的发展趋势，以及北京首都功能定位、承载能力密切相关。尤其在疏解非首都功能背景下，如何处理好人口疏解与流动人口服务、管理的关系，如何更好地制定合理的户籍制度配套措施适应流动人口的需求，对北京市政府来说是一个重大考验。

## 二 政府分类控制的常用方法

北京市空间宏观调控的背景主要表现在对流动人口的控制和服务管理上，采取"以证管人""以房管人"和"以业控人"等政策措施。在疏解非首都功能背景下，政府对城乡接合部的空间治理，依然根据"严控增量、疏解存量、疏堵结合"原则，采取"以业控人、以房管人、以学控人、以证管人"的手段，全方位、多层次实施城市空间规制对外来人口进行控制，按照"限入类""疏出类""结构调整类""保障类"四种路径来疏解人口，以期实现疏解目标。

具体来讲，"以房管人""以证控人"等"限入类"政策和清理"城中村"、加强出租房管理等"疏出类"政策，对优化人口环境、控制人口规模发挥了重要作用。"以业控人"的产业路径主要是将"低端"产业陆续迁出，从而缩小低端产业从业人口规模。"限入类""疏出类"政策在一定的范围内控制了人口增长，一定程度上，解决了

"控规模""控增速"的人口数量问题，并取得了良好的效果。① 对实现
2020 年将北京市常住人口控制在 2300 万以内，城六区常住人口总量比
2014 年降低 15% 左右的总目标起到了积极的作用。

但北京市"以户籍控人""以业控人""以房管人""以证管人"
等经济和行政并举的手段进行疏解仍存在诸多问题，人口疏解向纵深推
进难度大。长期以来，我国流动人口转移存在结构性壁垒、社会排斥与
边缘化的困境，为了促进社会公平、最大限度地为流动人口提供公平的
生存环境，我国进一步深化户籍制度改革。然而，我国特大城市作为特
例，要严格控制特大城市人口规模，设置了比较高的积分落户门槛。因
此，城乡二元户籍制度在控制城市人口规模中一直扮演着重要角色。由
于北京市综合资源吸引力较大，近年来，北京市居住半年及以上的流动
人口规模持续上升，例如，2000—2013 年，增加了 546.6 万。② 同时，
北京市流动人口"不流动"现象明显，"六普"数据显示全市 5 年以上
的常住流动人口中有 29.8%，并呈现长期在北京居住的趋势；另外，
举家迁移的流动人口比例在 2005—2013 年提高了 3.6 个百分点。③ 北京
市一直以来实行户籍管控和行政管控等手段调控流动人口，但是，效果
并不理想，流动人口不断增加。

（一）以房管人

北京市围绕"以房控人"采取了一系列措施。譬如，整治清理群
租房，乡、村集体违法出租大院，农用地出租住人的大棚房，人防工程
地下空间，取缔"开墙打洞"、无证无照商户等。从调控效果看，"以
房控人"措施取得了一定成效，但由于目前处于人口调控初期，在相
关"违建"被清除后，难以取得进一步调控成效，仍有近七成流动人
口选择继续留居北京。调查显示，如果严格落实房管政策，拆违建、取
缔违法出租，仅有 13.1% 的流动人口选择离开北京，19.3% 的根据实

---

① 姜鹏飞、唐少清：《首都人口疏解的制约因素与突破思路——基于国外城市人口疏解
的经验》，《河北大学学报》（哲学社会科学版）2017 年第 4 期。

② 冯晓英：《城市人口规模调控政策的回顾与反思——以北京市为例》，《人口研究》
2005 年第 5 期。

③ 闫萍、尹德挺、薛伟玲：《北京市人口疏解的风险预警分析》，《新视野》2015 年第
6 期。

际情况而定，仍有高达 67.6% 的明确表示继续留在北京（见图 4-1）。如果仍出现违规出租，那么以房管人政策效果更小。①

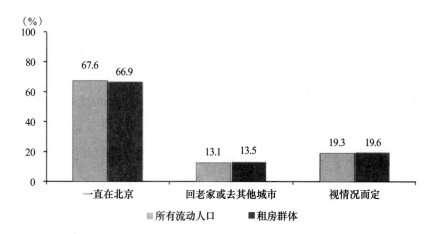

图 4-1　清理整顿违规租房政策执行，流动人口的选择

（二）"以学控人"

北京市相关政策规定，流动人口子女在京入学必须持有包括在京务工就业证明、暂住证、户口簿等 5 种证明。各区县在此基础上又作出相应的附加规定。2016 年是"十三五"规划的第一年，人口调控效果比较理想，北京市总人口仅比上一年增加 2.4 万，其中城六区常住人口由 1282.8 万人减少到 1247.5 万，共减少 35.3 万，基本完成了城六区人口每年减少 3% 的调控目标。② 但为了保障流动人口随迁子女的入学权益，促进教育上的机会平等和待遇平等，相关部门规范了流动人口随迁子女入学标准，去除了非户籍适龄儿童的入学"门槛"，这客观上又增加了人口调控的压力。

（三）"以证管人"

对流动人口以证管人以前主要指的是暂住证。调查表明，暂住证办

---

① 课题组：《流动人口疏解效果评价及政策建议——对北京市的问卷调查》，《国家行政学院学报》2017 年第 1 期。

② 齐明珠、徐芳：《"十三五"期间中国特大城市人口调控机制研究》，《中国人口科学》2017 年第 2 期。

理不方便，手续繁杂，作用不大，因此，大部分流动人口没有办理。2016 年 10 月 1 日起，北京将暂住证升级为居住证制度，导致办证难度进一步加大，流动人口办证率更低，这样，就更难以掌控流动人口的基础信息。然而，《居住证暂行条例》的正式实施，赋予持有人依法享受劳动就业、参加社会保险、使用住房公积金的权利，同时还可以享受包括义务教育、基本公共就业服务等在内的 6 项基本公共服务。如果流动人口办理了居住证并享受到相应的基本公共服务，那么可能吸引更多的流动人口到北京工作和生活，与"以证管人"的初衷相违背。

因此，从宏观角度来考量，我国一直通过各项制度安排以及法律法规等进行空间疏解，控制流动人口规模。这些制度依据社会身份、户籍所在地、工作性质筛选流动人口，把他们从城市空间或城市居民中筛选出来，规定流动人口在城市里可以从事的工作种类、可以居住的地点、可以享用的城市资源等。这些各种形式的制度安排，都有可能导致不同群体之间产生的帕金称为"排他"和"内固"的社会封闭机制。这是一种政治、经济、社会排斥与地理上的空间排斥相重合的制度化排斥，这种政治和行政制度安排致使流动人口进一步被边缘化。[1] 在疏解非首都功能过程中，政府部门以城市自身利益为出发点，采取这种自上而下的空间权力策略，运用空间改造的技术手段，压缩流动人口生存空间，提高其生活成本，迫使其离开北京，以达到空间疏解的目的。但是，从现实状况而言，这种空间疏解的效果并不理想。

## 第二节　基层管理者空间疏解的<br>组织体系与任务分解

### 一　A 村空间疏解的政策法律依据

疏解整治促提升工作要紧扣首都发展的核心要义，做到有法可依、有政策保障。一方面，不断完善法律法规治理体系，细化制定疏解整治促提升的相关政策，并进一步做好相关工作方案和制度法规的补充、完

---

[1]　陈光金：《身份化制度区隔——改革前中国社会分化和流动机制的形成及公正性问题》，《江苏社会科学》2004 年第 1 期。

善和提升工作。另一方面，要建立完善工作对接机制和意见沟通反馈机制，有序推动各项工作，严格依据法律法规开展清理整治，提升首都城市精治共治法治水平，真正适应人民群众对美好生活的向往，加快构建国际一流的和谐宜居之都。①

A村具有特殊的地理位置，交通便利，租房成本低，吸引了大量的流动人口，集体土地上建设出租公寓、大院和出租房屋，私搭乱建、商户占用人行道经营等现象严重。因此，政府依据《国务院关于深化改革严格土地管理的决定》《关于加强农村宅基地管理的意见》以及《无证无照经营查处办法》《行政处罚法》《北京市禁止违法建设若干规定》等，对公寓、农用大棚、无照经营的工商户、无证幼儿看护点进行清理拆除，进行人口疏解。A村的空间实践是北京市疏解流动人口的一个缩影。

## 二 空间疏解整治机构：综合整治指挥部

当前，我国城市管理体制"条块"矛盾仍突出，难以有效整合资源。例如，虽然我国城市管理一直采取的是"条块结合、以块为主"的管理模式，但在具体落实过程中，工作机制不完善，导致城市管理中"条"与"块"之间不能有效衔接。同时，因"条"与"条"之间联动机制不健全，针对执法过程中的顽瘴痼疾，不能形成合力，导致执法效果不佳。尤其是当问题涉及多个部门时，往往因首要责任人或最终责任承担者不明确，陷入"谁都有责任，谁都可以推卸责任"的怪圈，致使一些问题成为管理中的"真空"地带出现了管理部门之间的漏洞。这亟须在城市管理中加强综合服务管理平台建设，有效整合"条块"各类管理资源，形成城市综合管理合力，解决城市管理中事项边界不明、责任不清的突出问题。②

进一步来讲，长期以来，街道、乡镇面临权力、责任、资源不匹配等体制性障碍。街道、乡镇承担属地责任，但其缺乏执法权，而部门虽

---

① 陆小成：《疏解整治促提升要深刻把握"三个适应"》，《前线》2018年第4期。
② 董幼鸿：《大城市基层综合治理机制创新的路径选择——以上海城市网格化管理和联动联勤机制建设为例》，《上海行政学院学报》2015年第6期。

有执法权却鞭长莫及，难以触碰基层问题，这种状况被形象地称为"看得见的管不着，管得着的看不见"。因此，中国城市政府面临着复杂的城市问题的挑战，横向权力过度分散的部门式设置是导致城市社会"碎片化"治理的关键性因素。

面对"有限能力"和"无限责任"的悖论，城市政府要创新治理方式，提升跨界整合治理能力，实现各项治理目标；城市管理要从多头到统一、从被动到主动、从单兵出击到协同作战，创新城市治理体制和方式是提升城市治理能力的重要方式。①

就 A 村而言，建立了综合整治指挥部，即为了能够提高行政效率，及时有效地执行政策，完成疏解整治目标、任务，由几个相关单位、部门联合执法成立的部门。政府通过"权责清单"方式，对条条执法部门职权范围、依据等进行梳理与界定，明确执法边界与法定权限。此外，采取以块统条的方式，对条块关系进行规范，将公安、消防、城管、规划、工商、交通等职能部门的机构和执法人员下沉，街镇乡承接并统合职能部门下沉资源，建立基层综合执法模式。②

一般而言，联合执法是指多个执法部门联合组成执法机构，统一对相对人进行监督检查，但分别以各自的名义对相对人实施处理或处罚的活动。联合执法具有以下几个特征。一是联合执法机构作为临时机构，是执法者的集合，各执法机关分别负责联合执法机构的人员和经费。二是联合执法机构不是一个独立的行政主体，不是由一个行政机关行使多个相关行政机关的职权，在联合执法中，只能以各行政机关名义执法，并以各行政机关名义作出处罚。③ 三是联合执法即由区或镇政府牵头，各部门派工作人员联合组成执法队伍进行执法管理。这样一来，在执行疏解任务时，加大了执法力度和提高了执法效率，缓解了一些职能交叉、重复执法的矛盾。因此，具有执法权的职能部门执法人员下沉到基

---

① 陈水生：《超大城市空间的统合治理——基于北京"疏解整治促提升"专项行动的分析与反思》，《甘肃行政学院学报》2019 年第 4 期。

② 孙柏瑛、武俊伟、周保民：《大城市的现代治理之路与治理政策走向——基于北京市"折子工程"的文本分析》，《南京大学学报》（哲学·人文科学·社会科学版）2019 年第 4 期。

③ 贺荣：《北京市综合行政执法有关问题的探索和思考》，《法学杂志》2010 年第 10 期。

层，为街乡村推进疏解整治工作提供了执法资源，从结构上提高了条块联动的效率，改变了整治过程中多个部门各自为战、分散治理的碎片化治理局面，具有综合化、系统性治理的特征。

就 C 镇 A 村来讲，联合执法队伍的主要任务是对不同区域内（村、街道）出现的各种违法事项、违章建筑依法进行处置。在 C 镇成立了整体改造的指挥部，主要包括城管、核查队、卫生、安全生产以及食药所、工商所、派出所等单位。这些执法单位全部选派专门力量到每一个村。执法人员每天驻在那里，逐家逐户检查商户，对违章建筑、农田里的出租大院建立台账，逐户清理。同时，还对一些违法的牌匾进行拆除。总的来说，联合执法队伍主要对违法建设、治安秩序、消防隐患、安全生产违法行为、违法经营、环境卫生、食品药品安全、违法出租房屋等九类突出问题进行专项整治。建有日报的台账、会议纪要，包括照片、进度表。为完成疏解任务，镇级科室工作人员全部在指挥部现场，"五加二""白加黑"不停地工作。

从访谈 11 可以看出，在疏解整治过程中，取缔无证无照商户报批手续烦琐，关停商户、清理流动商贩反复性较强，执法难度大，执法成本高，需要相关部门联合起来综合执法。

访谈 11：张某，男，42 岁，城管队执法人员

问：您能介绍一下综合整治指挥部的疏解整治情况吗？

张：疏解整治规模比较大的，可能起码有三四个阶段，有大的行动的时候，其实镇里从去年就一直在做这些工作。从镇党委来说，可能都是一天一值班，每天都有人在查，我们这号称五加二，白加黑，就是没有休息日，不分黑白天，都在工作。但是（疏解整治）反复这种情况，你真得盯住了，盯不住立刻又反复，所以说了半天，全是治标不治本。

问：这个工作中有没有其他什么难点？比如今天执法把他清理了，然后过几个月又回头了。

张：不用几个月，过半天就回来了。但是我们一般按程序做，就比如说像无照商贩，很简单，我们在现场一般进行规劝，一次两次，因为咱们也是人性执法，不要跟群体发生冲突，规劝一次两

次、三次，甚至有的到四次，才会进行处罚。因为我们要履行手续，一开始笔录，进行登记保存，然后我们要报批，报局里审批，你看这一套程序下来，快也得两三天。他的经营工具，我们要进行先行暂扣保存，让他在这期间没法经营。而且一般出现这种情况，我们还是派人去盯守，大部分人员就是很辛苦地去盯守。在这个过程中，一是成本很高，人力成本投入太大，我们这个区域就别说 A 村，其实其他地区都有，包括社区里面。周边这种流动摊贩非常多，应该说任务量非常大。咱们中队现在 16 个人，我们是按照人口的比例去配比的，但是要管的范围特别多，方方面面的。我们因为涉及 14 个（部门），任何部门都可能跟我们有衔接，总共 14 个（部门），大大小小有三百多项的处罚。所以说要用这么有限的人力达到整治效果，对他们来说应该是很难的。就真要做到那样，不睡觉也完成不了，所以整治工作难度太大。尽最大努力克服吧，我们现在有一套联合执法，城管和我们综治，包括我们下面这个巡防队，就雇有保安，包括刚才吴科长那儿的劳动监察。我们这里还有安全管理办公室，包括我们的工商，属地的工商所，还有食药所，驻镇食药所，这些部门只要有执法权限的，包括我们管理部门，大家联合执法。通过联合出击的这种手段，起码到这一家管这一家，就起到作用。不是说告知你，可能今天你告知他，他明天又跑到另一个地方，就没什么效果，通过联合执法，包括一些集中执法，能够起到一定的震慑作用。他可能在这方面有问题，或者没有执照，或者食品卫生没达标，或者说牌匾没有在咱们城管备案，不管哪一方面，只要有一方面不符合我们管理规定，我们就可以进行联合执法来对他进行整顿和整治，或者说进行教育，就这个效果比单打独斗要好，我们还是本着多部门联合来做这个事情。

### 三 A 村空间疏解的任务分工及实施阶段

#### （一）方案确定阶段

按照基层政府要求，C 镇 A 村主要借鉴采取多种工作策略。一是时序工作法。镇党委确定疏解整治促提升年度任务后，成立疏解整治工作领导小组，全面梳理任务清单，将人口疏解、违建拆除等任务指标拆分落实到村居，签订《疏解整治促提升承诺书》和《工作推进表》，约定时序节点、阶段目标、责任人等具体内容，村居定期汇报整治成果。二是次序工作法。将党员干部群众按照村党组织书记、村委会主任、村党组织委员、村委会委员、农村党员、村民代表和普通群众等7种身份进行划分，困难面前正序动员，党员干部先行先试。三是"一村一策"工作法。坚持具体问题具体分析，各村根据商户民众的多元化需求，制定个性化的措施。

村党支部、村委会是这次空间疏解的主体，负责根据村里实际情况制定疏解整治方案，召开村民自治"四会"形成决议。村里成立疏解整治领导小组，村党支部书记、村委会主任为第一责任人，分成若干个小组，做到责任到人，分工明确。综合整治指挥部要配合村委会开展工作。村党支部、村委会要对整治成果进行后期监管。

（二）调查摸底阶段

该村因为历史和政策发展原因，空间疏解整治任务重、难度大。如历史遗留违章建筑较为普遍，主要集中在挂账平房村，出租大院和公寓多，几乎家家户户都有违章建筑，安全隐患突出；人口倒挂严重，村内各类环境秩序和水电等生活资源负担较重，造成交通拥堵、环境脏乱等问题；地铁线路开通，导致大量流动人口涌入村落，增加了疏解整治工作的难度。

村党支部、村委会开展调查摸底必须坚持务实、细致、民本、尊重历史与现实原则，根据本村村民会议通过的《疏解整治方案》，对村域内集体土地上的出租大院、公寓及门店、私搭乱建、侵街占道经营、安全隐患、卫生死角等情况进行检查、摸底、造册，适当借力综合整治指挥部开展工作。

（三）工作开展阶段

村党支部、村委会，根据本村的《疏解整治方案》开始入户宣传、动员工作，通过张贴公告、发放致住户的一封信、悬挂横幅等方式广泛宣传动员，要求房东自行清理人员、物品，返还租金，自行拆除违法建筑。综合整治指挥部用足职责权限，依规完成相关程序，积极协助村党支部、村委会开展工作。党支部梳理违法行为频发的重点地区，建立工作台账，加大治理频次和惩处力度，跟踪整治情况。突出重点，召开支委会分析违法行为高发的时间节点、季节节点和地域节点，开展突击式和长期性的专项治理行动。

（四）联合整治阶段

对未完成自行清理人员和拆除违法建设的，C 镇政府将组织联合执法，协助村党支部、村委会依法、依规对人员强制清退，对违法建设房屋进行强制拆除。产生的一切后果、经济损失、责任事故由当事单位和当事人负责。建立奖惩机制，将疏解整治促提升成效与年终绩效考核相挂钩，激发干事创业的动力，镇纪检办对疏解整治不力的基层党组织负责人进行诫勉谈话。

## 第三节　基层管理者空间疏解任务的落实

### 一　压力型体制下的空间权力实践

基层管理者的治理政策和治理能力影响空间治理的效果。部分基层管理者的治理理念、能力和手段还不能满足现代城市治理的需要，且其制定的公共政策无法有效解决各种城市问题。尤其是在面对复杂多元的城市问题时，基层管理者往往倾向于采取简单、直接、粗暴的禁止性和限制性政策，这些政策往往仅在短期内压制问题而不能从根本上解决问题，甚至致使问题激化，增加解决难度和成本。[①] 因此，这样的治理行为是在限定时间和资源的约束下，采取特定组织形式完成的短期性任务。通过技术性的目标设定与管理，实现治理过程的形式合理性，在某种程度上摒弃了人格系统所赋予的实在意义，忽视了其价值理性。尽管在某种意义上有利于达成城市发展的目标，却在某种程度上侵犯了村民的空间权益。

A 村依据《中华人民共和国建筑法》《北京市城乡规划条例》《北京市安全生产委员会关于开展安全隐患大排查大清理大整治专项行动的通知》《海淀区 2017 年"疏解整治促提升"专项行动与人口调控工作方案》《严厉打击违法用地违法建设专项行动目标责任书》《北京市房

---

① 陈水生：《超大城市空间的统合治理——基于北京"疏解整治促提升"专项行动的分析与反思》，《甘肃行政学院学报》2019 年第 4 期。

屋建筑使用安全管理办法》《北京市食品安全条例》《村委会自治章程》《C 镇 A 村环境综合整治工作方案》等的相关规定，按照 C 镇党委政府的统一领导，周密部署，各方通力合作，联合作战，形成严密的工作网格；进一步来讲，"疏解整治促提升"专项行动以纵横行政发包、目标量化、绩效考核过程为核心。首先，专项任务以"发包"的形式，横向对市级分管领导发包，由其统一、协调、安排分管的专项任务；纵向落实属地责任，各区区长签署"责任书"负总责，区政府全面负责本区域内的任务细化、责任落实，承担政治责任，并要求顺利实施推进。其次，按照精细化治理目标，在既定时间节点内对专项任务予以量化、细化，为绩效考核提供可操作化途径。最后，专项任务考核中要求相关部门对专项任务记录在案，并引入第三方独立评估机构对其进行考核。①

这种层层压实目标责任，制定详细的任务台账和清单，精准到每个点位，落实到每个岗位，实行更加严格的上账销账动态管理。同时，从横向上，各部门联合执法，加大查处打击力度，保证不讲条件地完成任务。基层管理者为了能够完成中央和上级政府下达的疏解目标任务，总想赶进度，追求政绩，往往采取"一刀切"的方式，拆除违章建筑，清理公寓，取缔无证无照商户，以改变和压缩流动人口生产和生活空间的方式，增加流动人口的生产生活成本，使之离开北京，进而达到疏解整治的目的。因此，基层管理者在压力型体制的束缚下被动地执行国家政策，完成行政指标、成为了行政附庸。具体来讲：

2016 年，A 村集中整治期间，共开展联合执法 80 余次，共出动执法人员 5000 余人，车辆 480 辆，规范门前三包 600 余家，关闭取缔无照经营餐馆 48 家、其他六小门店 400 余家，拆除非法广告牌匾 1480 余块，清理店外经营 1310 家，取缔无证幼儿看护点 20 家，关闭有形市场 4 家，关停公寓 4000 余间，拆除违法建筑约 7 万平方米。②

2017 年，A 村集中整治期间，共开展联合执法 585 次，出动执法

---

① 孙柏瑛、武俊伟、周保民：《大城市的现代治理之路与治理政策走向——基于北京市"折子工程"的文本分析》，《南京大学学报》（哲学·人文科学·社会科学版）2019 年第 4 期。

② 数据来源：调研 A 村提供的内部资料。

人员 7800 人次，执法车辆 730 车次，疏解人口 7056 人，拆除违法建设 70000 余平方米，关停存在安全隐患出租公寓 1166 间，规范门前三包 622 家，拆除违规广告牌匾、灯箱 797 个，拆除私装地锁 158 处，清理店外经营 574 家、堆物堆料 527 处、无照商贩 87 个、露天烧烤 15 家，关停废品站 2 家、洗车房 2 家，查扣不合格煤气罐、煤炉 271 个，张贴违法停车告知单 813 张。①

农用地大棚房大多聚集最低端的产业、最贫困的流动人口，在拆除清理时，流动人口将面临无就业、无居住的生存危机。同时，这也将会中断本地村民以租房为收入的经济来源，触碰到村民的根本利益（见访谈 12）。租赁经济使房租成为本地村民的主要收入来源，村民与流动人口之间因而变得休戚相关，成为利益共同体。因此，人们的生产和生活的物理空间与人们的社会权利和社会利益空间紧密相连。无论以何种方式改变物理空间格局，都会改变他们的空间权利，直接影响村民及流动人口的核心利益，将会引起村民与流动人口对执法人员改变空间行为的反抗。即哪里有权力，哪里就有反抗，反抗内在于权力关系之中。

这种要求在规定时间内完成上级政府下达给下级政府的各项疏解指标和任务，并以政治经济奖惩为动力杠杆，将压力层层加码，向下渗透的行政决策和执行模式，给基层疏解治理带来一些负面影响。特别是物质化的评价体系对基层管理者既有激励也有压力。如果按时完成任务，就会获得奖金、职位晋升等，极大地提高了官员完成目标任务的积极性。如果没有达到重要的"政治性"的任务指标，会受到"一票否决"，即一旦某项任务没达标，就视其全年工作成绩为零，不得给予各种先进称号和奖励的惩罚方式。这种运动式治理，仍然按照传统的官僚体制的权力链条、领导特点、执行方式和奖惩结构，其即时性效果、指标化任务、强控制性和激励性管理能够促使管理者和执行者形成合作，取得预期效果。然而，这种非法治化、高昂成本以及民意表达缺失等弊端也暴露无遗，因此，在这次空间疏解整治过程中，其方式方法也遭遇了不少质疑，实质上并没有跳出传统运动式治理的窠臼，未能提供一种

---

① 数据来源：调研 A 村提供的内部资料。

有别于运动式治理的新模式。①

具体而言，这种压力型体制致使基层管理者高度紧张，不敢去触碰那些"高压线"。他们一味追求考核目标的达成，热衷于强迫动员，赶着群众往前冲，忽视村民、流动人口大量具体化、多样化的民意诉求，自下而上的社会参与与民意表达机制与功能严重弱化。在这种情况下，村民、流动人口在疏解治理中的主体地位往往难以保障与实现，就会造成一定程度的官民疏离，这也是疏解过程中干群矛盾等问题的一个重要体制性根源，为社会稳定埋下隐患。

概言之，尽管北京市"疏解整治促提升"专项行动制定了总目标和分目标，但是整个实施、评估过程都缺乏民意基础，换句话说，目标制定并没有充分征询、吸收民众意见。专项行动的出台与执行过程缺乏科学的论证、民主的协商和社会参与，致使决策过程、执行过程与广大利益相关者产生了偏离。② 因此，这种"指标化"与"任务化"的空间权力实践方式，往往在空间管制过程中，容易引发民众反感和反弹，激化官民矛盾，进而产生各种冲突，影响政府形象。

> 访谈 12：郑某，男，52 岁，A 村村委会委员
>
> 问：您能介绍一下依法清理公寓、农用大棚等的情况吗？
>
> 郑：现在损失比较大的可能是公寓，它肯定要收入减少。房间减少一半，就是你有一百间房子，必须得给空出五十间了，大概是这个比例。并且因为我们这块比较严格，我们时常都要检查，封了这二十间房，我要见着二十张封条，要少了，那说明你租出去了，租出去你就赶紧清，你不清，我们就按条款处罚。这个矛盾比较容易激化。
>
> 还有对农用地违建进行清除，就是所有农用地承包地违章建筑必须清零。大棚这一块房子不少，2000 多间，但是人数不太多，一千六七百人，因为有一部分是存东西、放东西，有些他们做买卖

① 陈水生：《超大城市空间的统合治理——基于北京"疏解整治促提升"专项行动的分析与反思》，《甘肃行政学院学报》2019 年第 4 期。

② 陈水生：《超大城市空间的统合治理——基于北京"疏解整治促提升"专项行动的分析与反思》，《甘肃行政学院学报》2019 年第 4 期。

存一些货，大点的一个公寓可能就把村里将近 200 亩地的所有人都装下了。所以疏解的是最低端的，也是最贫困的，疏解完了矛盾可能最激烈，它伤着的是一百个村民的切身利益，他们很直接的就能到我们这儿来发声。由于成因比较多，矛盾激化比较严重，可能这个事完了，将来一个月到两个月我们就没有别的工作，就是调解、说服，没有别的方法，因为涉及面太多了，少说要一百多户老百姓，这一百多户一家三个人有两个人发声的话你就解决不清了，天天上这儿来，而且种地确实挣不到钱。其实，咱们集体经济、集体收入也有不少的损失。

## 二　刚性的空间执法方式

基层管理者，在关停无证无照商户、拆违建时，往往不能严格遵守法定程序，实施强制执法。例如，强力查处、关停无证无照经营店面，以及对广告牌匾的清理；对集体土地上的违法建筑强制切断水、电供应，执行任务时常出现"冷、硬、横"现象，这种方式简单，操作容易，但易燃起被疏解方的对立情绪，从而引发执法矛盾乃至冲突。

基层管理者表示在执法中遇到言语攻击是最为平常的，甚至在人工强制拆除时，有的互相拉扯并发生肢体上的冲突，形成人身暴力攻击。违建当事人往往采取多种反抗方式，例如，以"老""弱""病""残"出面阻碍执法。事实上，基层管理者已经注意到在拆违建时，村民反抗的激烈程度。一些强制拆除将会导致村民较大的经济损失，引发村民的反抗最为激烈，所以，才会不惜采取暴力手段。另外，村民反抗拆违不公平时，村里一些干部担心事情闹大，将会承担责任，有时私下派一些黑宗势力等进行威胁、打压。

对无证无照门店、游商摊贩、无证幼儿看护点等各类违法经营行为的取缔，以及对已经取缔但存在残余门头、牌匾、提示标语标识的，或者场所内残存经营设施、工具的，组织全面清理、拆除和搬离时，执法者没有将宣传工作做到位，强制清理，这些都会遭到被取缔方的极端反抗行为。针对这种情况，基层管理者认为流动人口在疏解整治过程中以抵触情绪和消极策略予以应对，他们只能采取强制措施进行执法。C 镇综治科干部反映："现在矛盾很多，我觉得（流动人口）对于我们的工作完全不理解占多数，并且在执法过程中，就会抵触你，该签字的不签字，甚至有一些语言攻击什么的，这种情况的一般以年龄大的为主。除此之外，还有一些无证无照商户理解疏解工作的人，他不跟你吵，他绕过你，与执法人员周旋、逃避、打游击战！"（见访谈13）所以，整治非法经营长效难，很容易反弹，必须加强执法与监督。

访谈13：任某，男，42岁，A村村委会委员

问：您能介绍一下依法关停无证无照商户的情况吗？

任：前期我们在取缔黑诊所、无证无照美容美发店，小旅馆零容忍的过程中，会出现一些不配合或者抵制行为，比如一是无照无证经营的店铺多为销售水果（年龄偏大）和美容美发等生活服务型商户，店主多称不知道卖水果需要营业执照或服务人员以老板不在为借口回避营业执照问题；二是部分店铺将营业执照复印件贴在墙上作为公示使用，询问其原件却说放在房东处，房东不愿意出示；三是极少数店铺表示有营业执照但未放在经营场所，现场无法出示，甚至有关停复开的现象发生。这些情况如果不采取一些强制手段，根本无法开展工作。

基层管理者与流动人口、村民的博弈，说明了空间权力与空间权利二者是辩证统一的。传统的权力理论大致分为两种模式：即"利益—冲突模式"和"权威—合法性模式"，第一种模式主要将权力看作控制单位、影响单位的能力，第二种模式将权力视为实现集体的协同行动的能力。而福柯指出传统权力理论的缺陷在于将权力视为实体性的物，并以现代权力运作的视角理解权力，认为权力是生产性的实践，以及反抗内在于权力关系，而非压制性的外在控制。

这些抵制行为就是瓦解国家对城乡接合部这个边缘空间的控制与支配，阻碍国家权力在疏解过程中的治理逻辑，它蕴含着反抗的物质空间、象征空间（语言与符号），更多的是反抗的痛苦与希望的空间，因此，反抗是一种社会、空间实践。

### 三　空间疏解任务落实中面临的难点

在疏解整治过程中，基层管理者很多情况下并没有严格遵守法定程序，一些执法案件中不依法执法、执法程序不规范、执法业务素养不高、随意剥夺当事人权利的现象时有发生。

具体来说，首先，执法缺乏必要的程序。有的基层管理者在执法过程中不表明身份。在查处无照经营、违章建筑等过程中，有的基层管理者在现场处罚时没有出具"当场处罚决定书"，当场罚款时没有立即开具罚款收据或罚单，甚至使用自制简单的收据或者罚单。在执行任务时，事前未经法律明确规定的调查取证程序，事后也没有告知当事人享有申请听证的权利等。

其次，执法的形式不符合规定。有的执法人员随意扣押行政相对人的物品，超过法定时限等；不按照法律规定通过书面仅采取口头的形式告知相关事由等。

再次，执法手续烦琐、时间过长、调查取证难。比如，就拆除违法建筑而言，一是需要进行案件受理登记，作现场勘察记录，填写案件立案审批表（签承办人意见及依据，然后交领导审批同意后做调查笔录）。另外还需要作调查询问笔录。需要说明的是，①作笔录的时间要看当事人配合情况决定；②作现堪和笔录时，首先要亮明身份，由两人以上执法，宣布执法依据；③内容包括以下几个要素：房屋所有者是谁，违建的出资建设者是谁，房屋开工日期、房屋面积、结构（分砖混、砖木、钢架、简易棚亭披屋）等，告知其违法行为，违反什么法律条款，当事人确认笔录内容，请当事人签名。二是一个星期之后给规划部门发商请函，认定是违法建筑。三是填写案件处理审批表——签发限期拆除告知书，限期拆除到期后去核查，填写拆除违章建筑工作单——签发强制拆除决定书——签发强制执行决定书，告知其三个月内的行政复议、诉讼期——送达强制执行决定书——张贴强制拆除公告（限其七日内自行拆除，离发强制执行决定书1个月）——拟定强拆方案，组织强制拆除，制作强拆现场笔录，此时离发强制执行决定书3个月后，达到行政复议、诉讼期时间要求，整个程序长达半年的时间。另外，调查取证难。一般情况下，执法人员到现场走法律程序时，村民不予以配合或提供虚假信息，无法作谈话笔录，导致其他程序无法顺利进行。

最后，执法人员业务素养有待提高。一是有些执法人员在执行任务时，法律意识不强，不能正确运用法律依据，使用规范的执法行为和语言与当事人交流沟通，易产生不必要的执法对抗和纠纷；二是把控自身情绪能力不强，有些综合执法人员开展工作时，往往没有耐心进行说服、教育，而是直接采取简单、强制的方式进行处理，导致与当事人发生纠葛、冲突。

# 第五章　空间维存：疏解治理过程中流动人口的行动逻辑

疏解非首都功能过程中，人口疏解是必不可少的一环。事实证明，疏解非首都功能对人口疏解产生了积极成效，但同时也对流动人口的生存和发展带来了一些影响。[①]

流动人口的空间维存，主要是指流动人口要求自由进入城市居住的空间权利诉求以及维持自身在城市中空间生产、分配、交换和消费中的空间实践的生存方式。

疏解非首都功能以及城乡接合部"疏解整治促提升"等相关战略决策的实施，塑造着流动人口在城市的实践空间，也使其陷入了一种危机境遇。在我国，流动人口之所以不容易被城市认可与接纳，主要是由于流动人口的特殊身份以及所生存的"污名化"社会空间，他们生存的社会空间通常被认为是"城市动荡和罪恶的发源地"，因此，流动人口作为城市空间中的"他者"，往往被视为城市匆匆的过客，被排除在城市总体规划与现代化发展之外，一旦城市不需要他们，很容易成为政府整治和清除的对象。

然而，当他们面临危机境遇时，他们就会对城市或制度表现出冷漠及反感，或者通过采取空间的"自愿性隔离"、"逃避"、游击战术进行周旋等方式表达一种对城市规划的抗拒，以维持自己在城市中缝隙化的生存空间。这是一种弱者的抵抗行动策略，即"排斥者"与"被排斥者"的双向拒绝。[②] 由此可见，在疏解与被疏解的场域中表现为各种不

---

① 谭日辉、马钰宸：《非首都功能疏解对北京市流动人口居留意愿及其社会情绪的影响》，《城市发展研究》2019 年第 12 期。

② ［美］曼纽尔·卡斯特：《网络社会的崛起》，夏铸九、王志弘等译，社会科学文献出版社 2003 年版，第 29 页。

对称的社会空间，在其中演绎着控制与抗争、规训与退让。在社会空间的场域里，实质上是强者与弱者之间的一场游戏，是局内人进行控制与局外人求得生存所采取的策略，各个阶层或阶级通过这一策略达到各自的终极目标与个人目标。[1]

事实上，在颠覆流动人口生存空间的情况下，其反抗是必然的。因此，学者孙立平呼吁，要保护底层生存的社会生态，警惕底层生存生态的恶化，避免底层的沦陷，通过切实的措施，改善其在市场中的机遇和地位。如果一刀切，一旦社会底层群体的生存生态遭到严重破坏，其后果已不再仅仅是简单的格格不入——不能轻视下层群体的智慧。[2]

进一步来说，政府原先通过城市规划、市场逻辑塑造的流动人口的公共空间，默许流动人口作为社会秩序的"越轨者"，建立"自组织空间"，即"穷人"的社区，并与城市居民的空间隔离开来，目的是规划、管理、控制流动人口。用福柯的话来讲，是便于使流动人口成为权力矫治和改造的目标。这种空间策略的后果就是使流动人口成为亚文化群体，并将其牢固隔离在"边缘"之中。城乡接合部一直不能被政府承认，更不用说给予合法性地位，城市边缘区、老城区等流动人口寄居的空间更是一个"体制外实体"，是被城市现代化遗忘的区域，也是一个被污名化的空间。一旦城市规划战略开始改造这些空间时，也就是这些流动人口被驱赶到一个不知何为将来的新的社会空间。[3] 正如 Solinger 所分析的那样，国家通过不授予流动人口一系列正式的权利，从而使其处于边缘地位，变得脆弱。当政府不需要他们时，可随时将其逐出城外。[4] 这种社会排斥是流动人口个人、历史过程与国家相互推拉与强化的结果。

在空间与日常生活之间，流动人口面对城市政府制度和政策上的种

---

① 潘华：《"选择"中的二元秩序与二元秩序中的选择——关于农民工选择行为与日常生活秩序的研究》，博士学位论文，中国人民大学，2008 年，第 106 页。

② 孙立平：《生存生态恶化背景下的底层沦陷》，《经济观察报》2007 年 7 月 9 日。

③ 潘泽泉：《社会、主体性与秩序：农民工研究的空间转向》，社会科学文献出版社 2007 年版，第 229 页。

④ Solinger, D. J., "China's Transients and the State: A form of Civil Society?", *Politics & Society*, 1993, 21（1），pp. 91 – 122.

种限制，通过自身的一系列特有的行为方式、生存策略等予以回应，并不断地建构和创造着真正属于自己的社会空间，努力使得这一空间得以强化和日益明朗化。

# 第一节　空间压缩：流动人口的空间再生产

从空间社会学角度来看，流动人口作为异客进入城市，往往在城市社会分层里也处于相对弱势的地位，与城市社会空间互为"他"者，双方均有各自清晰的边界，尤其是城市社会空间未对流动人口充分开放，使其长期处于边缘状态。加之，当前空间压缩的背景下，流动人口则会出现生存空间低质、权利空间缺失、交往空间分隔、精神空间缺乏的显著特征。

## 一　空间生存方式的改变

感性的入场。入场首先体现出一种个体的主体性和自我意识的自愿入场，从自在自发的生存状态进入自由自觉的生存状态。在城市里，没有人能够帮助你，流动人口不得不由"自在存在"变为"自为存在"，即从传统的经验式、常识、习俗、惯例的乡村文化模式中脱离出来，进入到努力去适应一个更为个人主义、更具竞争性的世界，开创一种个人发展的新的可能性，进入自觉的生存状态。流动人口在这里进行创造性实践，实现"自为的对象化"，再生产日常生活。

具体来说，许多流动人口在对进城的生存方式、渠道和策略进行选择时依然会遵循由乡村社会的惯习"默认"的选择路径。也就是说，按照传统乡村文化、生活方式作为一个"手边现成性"的世界，这既为流动人口提供既成的先验图式和"知识库存"，并能为其行为提供一个"效力域"和"规则场"，使他们在习惯性的情境中，在现成的、历史形成的意义体系中，根据相关的先验图式来安排和整理自己在城市中的经验。[①]

一旦进入城市，意味着多种入场规则的生成，也有更多的异质性体

---

① ［匈］阿格尼丝·赫勒：《日常生活》，衣俊卿译，重庆出版社1990年版，第134页。

验的初步形成。因此，打工的选择也是一种依靠自己力量的自强策略，这种自强体现了在城市政治与空间隔离下的主体性建构以及弱势群体生存法则，存在着一种主体力量的重建，在城市主流构造的框架中寻找空间的策略。目前城市中全家人出来打工也反映出两方面的事实：一方面是收入来源的改变，流动人口以打工经济为主要的家庭收入来源；另一方面，是家庭生活方式的改变，打工者全家到城市居住生活，过上正常的家庭夫妻生活，子女与父母团圆，并且接受大城市文化的熏陶。换言之，流动人口从家乡来到城市，脱离以种地为谋生手段的生活方式，由于在传统村落，大部分居民从事农业生产，少部分居民从事手工业或者个体商业；因此，在城市虽然从事一些苦、脏、累的工作，但相对于种地，这些工作略显轻松，且每一份工作都意味着城市生活机会的增加，因此，流动人口的生活满意度还是比较高的。

## 二　心理封闭的边缘空间

流动人口进入城市，一般居住在城市边缘区，即城乡接合部，处于一种游离于农村和城市之间的境地，不同经历、不同职业、不同阶层的人们居住在一起，小区形态多元化、人口异质性强、社会构成多样化，形成了复杂的社会空间格局。流动人口与城市空间隔离开来，自觉不自觉地回避与城里人交往，社会交往网络小；尽管从外表上已经很难区分"本地人"与"外地人"，但两个群体间有不同的社会坐标，在语言、生活习惯等方面还存在较大的区别。流动人口仅仅依赖空间内部独特的社会结构和社会关系来展开自己在城市中的经济行为。这种"区域性的隔离"和"有空间的人际网络的隔离"，致使游离于城市边缘的流动人口更加处于隔绝和封闭的状态。正如布劳所说，隔离和异质性对不同群体的成员间的社会接触机会具有相反的影响，因此，对他们之间的交往的可能性也会产生相反的影响，即各阶层间的空间隔离会增强不平等对不同阶层的人们的交往所产生的消极影响。①

同时，流动人口自认仅是城市的打工者，是"城市过客"。在城市

---

① ［美］彼特·布劳：《不平等和异质性》，王春光、谢圣赞译，社会科学文献出版社1991年版，第138页。

中寄寓的空间变成了他们在城市中的"小世界",具有一种相对的"自主封闭性",缺乏明确的社会归宿取向,在社会结构中缺乏明确定位,未来归属不明产生社区的认同危机和个人身份的认同危机,这种空间在某种程度上能够产生一种有效的文化抵抗方式。根据调研情况得知,流动人口既没时间也没经济条件去了解和参与城市文化活动,主要以大众文化消费场所为主,较少光顾有文化艺术品位和个体消费特色的场所;同时,他们工作时间长,一天大约十多个小时,没有闲暇时间参加娱乐活动,例如,看电影、报纸、电视等,或者有时间也没有经济条件(见访谈14)。这样一来,流动人口总是拘泥于自己狭小的空间,具有游离的心理特征,社会网络的断裂和社会资本的缺失,不愿意与本地居民交往,就更不用说参与流入地社区的交际活动,因此,文化娱乐空间匮乏致使流动人口精神空间自由度缺失,这样,会加剧低收入和贫困阶层的物质和精神生活状况的恶化。

> 访谈 14:严某,女,33 岁,安徽芜湖人,A 村流动人口
>
>         岳某,女,49 岁,A 村村委会委员(妇女委员)
>
> 问:您平常参加村里边的这种活动吗?
>
> 严:我们不参加,外地人也没那资格啊,我们很少与本地人交往。
>
> 问:怎么没有资格啊,不让参加吗?
>
> 严:参加什么活动啊?
>
> 问:比如文化娱乐活动,唱歌、跳舞等。
>
> 严:有啊,天天有跳舞的,我也没那闲工夫,一个人也没法去,还有生意呢。
>
> 问:您要去人家也让去,是吧?
>
> 严:让去。他们比赛什么的都有。
>
> 问:咱们妇联计生工作都会涉及流动人口?
>
> 岳:对。
>
> 问:我看咱们建了新居民服务站。
>
> 岳:对,现在好多了。现在我们只是为流动人口服务,生二胎、三胎现在不怎么管了,最早要管他们,其实村里倒不

用怎么管。开始的时候我上来就是管流动人口的计生，我怎么管？只有权力轰走，现在我们也不管了。

问：都有什么服务呢？

岳：比如文化广场，他们可以玩。比如有一些亲子活动。

问：是流动人口单独搞还是都在一起？

岳：一起，他愿意来就来。现在村里人跟外地人不是分得很清楚，比如我们搞讲座，流动人口愿意来就来。

问：他们参与得多吗？

岳：不是很多，一般闲着在家的都是老太太带着孩子，你让小孩参加活动，你问问他妈叫什么、他爸叫什么，本身也是外地人，我们听不懂（方言），再说有的人也不识字。他们与本地人也很少来往，要么早出晚归，要么守着自己的门店。

## 三　就业空间与生存空间的危机

根据人口迁移"推—拉"理论解释，超大城市作为高度聚集经济、社会、文化、公共服务等资源的重要场域，所体现出的"资源高地"效应，对非均衡的城乡二元分治状态下农村与超大城市域外人口产生巨大的拉力作用。虽然我国城市化率的不断提升正逐步消减城乡差别，在一定程度上抵消其推力作用，但超大城市的机会、资本、文化、人力开发等直接或间接禀赋优势，吸引着全国乃至全球人口的集聚，对国内外不同层次人群产生磁场效应。[1]

同时，"人们的社会地位及其所拥有资源将最终决定他们以怎样的方式生活和工作在城市的哪些地点"。[2] 流动人口进城的目的就是希望通过自己的体力获取比在农村从事农业生产更高的收入，希望通过自己的劳动和勤俭改善自己或全家的境遇。

整治城乡接合部是北京 2017 年至 2020 年"疏解整治促提升"的十

---

① 木永跃：《超大城市流动人口社会风险及其治理》，《新视野》2018 年第 6 期。

② ［美］安东尼·奥罗姆、陈向明：《城市的世界——对地点的比较分析和历史分析》，上海人民出版社 2005 年版，第 72 页。

项重点工作之一，清理、拆除出租大院是该项工作的核心。据 2017 年 2 月北京市统计局发布数据显示，截至 2016 年末北京全市常住人口 2172.9 万，其中常住外来人口 807.5 万，占常住人口的 37.2%。北京这一轮人口大疏解，受影响最大群体便是这 807.5 万外来人口中的低技能劳动人口。《财经》记者走访北京多个城乡接合部，众多外来人口表示，虽然遭到清理，但他们并不会离开北京，"能在北京挣到钱的，多半都不会离开"。①

"流动人口"往往与"非正规"联系在一起，是容易被边缘化的人口，而"非正规"容易被视为对已建立的秩序的主要威胁，"流动人口"早已习惯默认自己在城市中的"非正规"地位。因此，城市综合整治、腾退空间资源，腾退的对象主要是流动人口，大部分城市居民认为流动人口数量多且文明素养较低，是城市环境脏乱差的根源；尽管也有小部分城市居民意识到本地人和流动人口之间已经形成了一种有机联系，本地人便利的生活离不开流动人口提供的"非正规"服务。

在国外流动人口同样有被逐现象。Desmond 研究指出，从他的调查发现，近三年来每 8 个密尔沃基的租客里，至少有 1 名有被强制性驱逐的经验。Desmond 还指出大部分的贫困租户要为其租金支付超过 50% 的收入。其中，有超过 25% 的贫困租户要支付超过 70%。Desmond 说；"在被逐之后，这些贫困租户家庭遇到物质困难的水平要比那些没有类似经验的家庭高出 20%。"② 在 A 村也有类似的情况，从访谈 15 中可见，出租大院被清理拆除之后，当地租房价格每月已经超过千元，楼房房租更贵，更换居所要付出更高的成本。而如果像周围人一样搬至六环外居住，房租虽便宜，但每天通勤成本会倍数增加。

在近 30 年北京的人口调控浪潮中，受影响最大的群体是低技能劳动人口，他们在城市里必须面对生活成本的攀升、工作的不稳定性，以及熟人圈的不断瓦解与重构等影响。流动人口之所以选择进城务工经商，主要是城市的从业形态比较丰富，就业机会多，收入高。例如，女

---

① 《城乡结合部近千出租大院清拆外来人口将落脚何处》（https：//xw.qq.com/house/20171117002749/），财经杂志，2017 年 11 月 17 日。

② http：//www.nybooks.com/articles/2016/03/10/evicted-kicked-out-in-America/Burawoy, Michael, 2017, "On Desmond", *Theory and Society*, 46（4）：84 – 261.

士做一些家政、保姆，收入就能高达七八千甚至上万元，男士做一些体力性工作，收入达到 1 万元的很普遍；而在农村，一亩地一年的收入 1000 元，十亩地一年才 1 万元，只相当于城里一个月的工资。如此大的收入差距，使流动人口宁愿受点罪也愿意留在城里，然而，疏解整治工作给他们的生活与就业带来了很大的挑战，压缩了他们的生存空间，同时加剧了其边缘化进程。这种主观愿望与客观困境的矛盾导致流动人口群体陷入一种在"进不去的城"与"回不去的乡"之间反复抽离和嵌入的循环状态。市场、制度与个体交互作用造成了他们的贫困化。

访谈 15：贾某，男，40 岁，山东临沂人，A 村流动人口

田某，男，45 岁，山西运城人，A 村流动人口

叶某，女，35 岁，河南济源人，A 村流动人口

问：你们觉得疏解给生活和就业带来什么变化？

贾：对于我们装修工来说，正常情况下每天早上 6 点起床，8 点到工地开工，他住在 A 村，虽然这里距离市中心二十几公里，但对于预算来说，"没有比这里更近的地方了"。因此，当面临清退时，我们并不能找到理想的位置，要么和工作地点相隔太远，要么和小孩的上学地点离太远。另外，自今年 8 月 A 村拆迁以来，村子里三分之一的人已经离开，基本回老家了，村里只剩下两家餐馆。但我还在犹豫，"下决定很难啊，回家后北京这些年积攒的客户都丢了，要重新拉关系。回去的话还会有两三个月没收入，我爸妈的岁数也大了"。

田：我是没有退路，必须继续留在北京谋生。不是我们不愿意回家，主要是老家没有挣钱机会。在老家的两个孩子每月都需生活费以维持学业。我们两人在北京交了八年的社保，如果回老家或外地，转社保的手续烦琐，外地的养老金也没有北京高。

问：你们做生意的商户对疏解有什么意见？

叶：你说现在撵得呀，你看饭店也不好办照。

问：您当时接手这个店，那人家咋不干了？

叶：人家小孩回老家上学，都走了。

问：不过我觉得您现在接手的门店有证有照的还好，旁边那些

没有照的，都不敢开门，怕被撵吗？

叶：我们反正比他们好一点。那些没证的门店都没法做生意，跟小偷似的，一会儿政策紧了就不敢开了。

## 四　居住空间的生存生态

生存生态为我们理解流动人口行为提供了一种可以发现新的社会事实的钥匙。我们可以从流动人口在城市中的生存生态或空间秩序出发，来思考这种空间的社会生态，这种空间的存在表现出一种什么样的生存生态。

流动人口作为底层的生存生态体现在空间生态景观上。一般情况下，流动人口往往居住在城市环境最差地段。在那里，往往是一些漂泊在城市时空和城市社会关系背景之下的"飞地"，是一个被排斥或隔离的空间实体。城市发展的逻辑、市场的偏好等"自上而下"地把流动人口排除在外，① 因为城市的规划与设计创造出一个完美、现代、有序、整洁的空间，凸显出流动人口的空间是污秽的、病态的和混乱的。同时，这种"污名化"过程，还来自市民的叙事和话语系统的界定，这同样营造了一种"污名化"的生存生态景观，如一些人将流动人口在城市中的社会空间描述为"垃圾倾泻场"，更为形象的是，将流动人口寄寓的空间界定为"到处都是污水、遍地都是垃圾、臭气熏天、而且还不安全"等，这种"污名化"过程是那些高密度流动人口聚居空间中不断演绎出来的以及被标签化的种种真实与非真实的叙事逻辑。总之，在大多数人看来，流动人口的生存生态是具有资源极其匮乏、环境极其肮脏、生活空间极其狭小等特征，是城市典型的脏、乱、差地区（见访谈 16）。另外，与具有先进基础设施的城市社区相比，城乡接合部社区还未拥有完整的智能监控系统，易成为不法分子"惦记"的地方。一些老旧院落和街区治安案件频发，入室偷盗事件时有发生，这些因素导致社区治安水平不高，居民安全感缺乏。②

---

① 潘泽泉：《底层生态和秩序建构：基于农民工问题的实证研究》，《湖南师范大学社会科学学报》2008 年第 5 期。

② 杨桓：《社会空间视域下的城乡结合部社区治理创新——以成都市犀和社区为例》，《社会主义研究》2019 年第 2 期。

总之，中国超大城市这种居住在城市不同区位的分异状况，使富人和穷人之间形成各自交往的网络；社会分层和断裂，致使贫困阶层逐渐远离主流社会，容易出现贫困固化和社会阶层的对立。就流动人口高密度的聚居区而言，不仅带来设施匮乏等环境问题，也引发了犯罪率增高、失业等社会问题。这种恶劣的社会经济环境，很难吸引开发机会和投资活动，最终成为城市的"灰区"和"绝望景观区"。进一步来讲，城市生态空间和城市贫困循环流之间有内在联系，这种相互作用加剧了城市空间分异的负效应。①

访谈 16：程某，女，35 岁，山东淄博人，A 村流动人口

问：您觉得人口倒挂村的环境怎么样，疏解使村里的人减少了吗？

程：以前听说这个村里有 1000 多户人，北京本地人。现在有好多外地的，估计现在 2 万人得多，比以前减少了。

问：是吗？

程：是的，以前饭店开门的时候，这路上来来回回全是人，现在就没有。

问：是不是租户都走了？

程：租户有走的有来的，来回地循环，有的搬到上班或别的地方去了，有的搬到小区里面去了，有的搬到市里去了。

问：您觉得这儿环境怎么样？

程：还行吧。

问：现在人少了是不是就好一点。

程：垃圾没那么多了，以前地上到处都是垃圾，现在没那么多了。怎么说呢，环境好不好怎么都没有老家的环境好。

问：那您觉得村里边排水系统好不好，道路怎么样？

程：排水系统不行，一下雨到处臭得不得了。

问：是吗？

---

① 王春兰、杨上广：《大城市开发开放的负外部性及治理研究》，《社会科学》2011 年第 4 期。

程：因为没有专门的排水系统。

问：那雨水、污水往哪儿流啊？

程：那不直接都流下面去了，就那个大路上直接流那边河里去了。

问：平常有收垃圾的吗？

程：有，一天好几趟，但总体上环境还是不怎么样。

　　另外，流动人口的生存生态还表现为流动人口在城乡接合部的社会生态。在 A 村疏解过程中可以发现，流动人口与本地居民各方面的差距导致流动人口出现心理不平衡，会对生活产生不满意感。同时，空虚和压抑、非理性或情绪化，以及不良的人际关系，导致其缺乏社区归属感。加之，政府针对流动人口的严格控制政策也会影响流动人口的价值观，使其失去尊严，带来人性的沦陷甚至堕落，容易诱发更多的犯罪，引发更多影响社会稳定的事件。例如，有些流动人口具有强烈的反社会倾向，往往选择通过利用不合法手段谋取利益，例如，抢劫或偷窃等，表达对社会的不满或社会仇恨。然而，在现代社会，城市生活对于社会秩序更多的需求，致使城市管理者与下层谋生者的矛盾逐渐尖锐起来（见访谈 17）。因此，人口疏解最大的风险因素在于控制一个风险的同时，往往会演变为新的风险。疏解会进一步降低流动人口的社会融合程度，这又是一种潜在的风险。

　　访谈 17：董某，女，43 岁，A 村村民

问：您说说对流动人口在本村居住的感受。

董：脏乱差，安全没保障。有一天晚上丢多少东西，我娘家那房子外来人进去偷东西，衣服抱走了，里面有手机什么都拿走了，她都不知道，一天偷八家都不知道，我们家还好有监控。

问：后来报警了吗，抓住了吗？

董：抓谁去？这么多生面孔都是外地人，不知道抓到没有。半夜 1 点偷的东西。

问：1 点钟那会人应该挺多的，是夏天吗？冬天吧？我觉得夏天这个时间人还挺多的。

董：好像刚过年那会儿。真行，你说多乱，在家睡觉都不踏实，我都不敢住这儿。我给租户贴单子写着注意锁门，防火防盗。自己屋里的门窗睡觉时关好，门窗不关好丢了东西别找我，直接报警吧。

## 第二节 空间生存：流动人口
## 缝隙化的生存策略

### 一 交换居住空间与房东社会关系的生成

流动人口在城市空间实践中生存的一个基本策略就是，重新建构社会关系网络。一旦流动人口在城市中开始工作以后，他就有机会建立更多的与工作相关的联系，因此，他就会减少对先赋性关系或初级关系即农村社会关系的依赖，而开始建立依赖于他自己的"建构性关系"，即以工作、生活为中心形成的新的社会关系。个人越是适应建构性关系，他就能认识到更多人，有更大的生活空间。

也可以说，在流动人口的日常生活实践的关系营造过程中，存在一种实践性的组合关系策略，创造出基于职业、地缘、血缘，或个人身份的社会关系网络。这种实践性关系是不断跨越"边界"和结构的宰制，在相互"异质性认识"的基础上，通过自身关系空间的积极营造，加以筛选，开拓出多维生存关系空间的可能性。[①] 而这类地缘关系除了在物理空间上存在着相邻的现实以外，是一种有助于创造信任和互惠规范的网络。

正如 A 村一些流动人口和当地居民建立了一种比较融洽的社会关系，即流动人口与房东既是租户关系也是雇主关系，相互之间信任，彼此往来也频繁，并建立了比较深厚的感情（见访谈 18）。因此，流动人口的生存策略的具体经验就是不断地建构、维护社会支持网络，以更好地维持自己在城市的生存、发展空间。

———————————

① 潘泽泉：《社会、主体性与秩序：农民工研究的空间转向》，社会科学文献出版社 2007 年版，第 317 页。

访谈 18：张某，男，48 岁，河北石家庄人，A 村流动人口

问：您在咱们这儿做生意？

张：没有，上班，房东也是我的老板，对我也比较好，还给我介绍很多人认识。

问：是吗，现在租着房子吗，您租房子贵不贵？

张：还行，600 多块钱。

问：全家人都在这住吗？孩子上学咋上？

张：都上班了。

问：上班，您看着挺年轻的，那您就在附近住是吧？

张：就在后街那边。公司也在这附近。

问：那您走路就能到。

张：对。

问：您租的房子一直在这还是也换过？

张：没有，没换。

问：就在那一家一直住着？

张：对，住八九年了，跟街坊邻居关系还不错，有事大家也互相帮忙。

问：住出感情了，对咱们村也比较了解了？

张：是的，也不愿离开这个村。

## 二　城乡的空间分配与流动人口的维存方式

长期以来，我国城乡结构实行二元分治以及与之相适应的人口管理方式，主要是以户籍制度为基础，提供与之相嵌套的就业、教育、医疗、社会保障等公共服务。这种安排对于出现人户分离状态的流动人口，事实上造成了一种制度性福利缺位与公民权利的集体丧失，即造成流动人口流入超大城市后的社会保障与社会福利消解。因此，一方面，流动人口产生流动，属于一种自在性风险行为，其触发各类风险源的概率增大，容易出现各种风险；[①] 另一方面，超大城市具有高度复杂性，风险形态叠加多变，其造成的损害极大，容易加剧其个体、家庭或群体

---

① 木永跃：《超大城市流动人口社会风险及其治理》，《新视野》2018 年第 6 期。

的风险。

当前，虽然城乡二元结构逐渐消解，以及城市在空间生产对资本的依赖下，流动人口来到生活成本较低的城乡接合部并寻求多样化的工作机会。但是，户籍制度仍然是影响流动人口空间流动的重要因素之一，人们在考量与城市空间资源分配相关的所有活动时，"户籍人口"与"流动人口""正规"与"非正规"这两对二元关系上的抗衡，总是左右着人们的思维。

进而，这不仅关系到流动人口的从业范围，也决定着流动人口在城市所享有的空间资源以及空间权益，尤其是在疏解过程中，流动人口将面临人力资本的失灵，社会关系的瓦解以及居住空间的缺失的风险。在这种城乡空间分配不均等的状况下，他们在城市中极力寻求就业、生活空间以维持生计。

（一）市场排斥壁垒下的空间生存方式

入场后的流动人口行为逻辑体现在如何完成在空间的谋划和表演，如何延续自己在这种空间中的自我生成，市场运作的内在逻辑会给流动人口造成就业风险以及不确定性。主要表现在以下方面。

一是流动人口市场信息获取弱化，缺少进入正规部门的资格条件，其被排斥到"次级劳动力市场"，只能从事非正规就业。调查显示，低端市场从业流动人口以从事营业员、个体户等职业为主，[①] 这样，流动人口总是处于没有保障、被驱逐的位置以及处于一种无穷无尽的随时面临失业和贫困的危险状态。可以说，这里的市场是一只遮蔽之手。与此同时，流动人口在市场经济中的失望感越来越强烈，感觉到好像生活在一个不受保护的孤岛上，成为城市空间中"沉默的他者"或者"另类的他者"，这种就业环境进一步加剧了贫困化，并恶化了流动人口失业再就业的可能性，造成了社会空间极化和隔离。

二是这种社会排斥的结构性力量，嵌入流动人口的具体生活情境中，使其边缘化的心理增强，生活处境堪忧。正如访谈 19 显示，流动人口被正规市场排斥后，一般会选择打工或者做些小生意，这些工作极

---

① 课题组：《流动人口疏解效果评价及政策建议——对北京市的问卷调查》，《国家行政学院学报》2017 年第 1 期。

不稳定，经济收入不高；尤其在疏解过程中，这些基本的谋生空间即将面临威胁，因此，流动人口的生活更加艰难。总之，城市流动人口在制度、政策、市场规则的调控过程中，其社会互动空间会处于一种生产与再生产的边缘化境地，由此会造成发展的困境。这种在进入超大城市后，因阶层固化与社会流动不足加剧其"边缘化"倾向，使其难以融入当地社会，进而产生重构性社会失范型风险。

访谈 19：刘某，男，53 岁，河南商丘人，A 村流动人口

问：您从啥时候来到这儿的？在这儿住几年了？

刘：我在这儿没住几年，住了几个月。

问：刚来到这个村？

刘：对。

问：您老家哪的？

刘：我老家是河南商丘的。

问：您在这儿做粮油生意？

刘：我不做粮油生意，我现在还没想到干什么。

问：您啥时候来的北京？

刘：2001 年来的。

问：一直都在北京工作吗？

刘：打工，做生意。

问：来找到这个村之前是在哪里呢？

刘：我之前在顺义待过，也在朝阳待过，我刚来的时候是在房山，在房山待了 13 年。

问：这么长时间？

刘：对。

问：当时是做什么生意？

刘：卖煎饼。也打工，也上工地，做点小买卖，反正就是维持生活呗。

问：您在这儿一个月能挣多少钱？

刘：现在挣什么钱？现在就是赔钱了。

问：现在这儿的人变少了吗？

刘：这两年也就混个吃喝。

问：不是在这儿十几年了吗？前几年还好？

刘：前几年不是说挣钱，也不是说不挣钱，就是说有一定的收入，也就是供着孩子上学什么的开销。

问：现在孩子长大了，应该不供着开销了吧？

刘：你不供着开销，你挣不着钱了。你现在做生意，甭管是干什么，你办照办不来。你像我们租这个房，一个月 1000 多块钱、2000 块钱，加电费什么的都差不多 2000 多块钱了。就是说你挣来的钱搭上房租、搭上吃喝，也没剩下多少钱。

问：那就想着还是比在咱们老家挣的要多一点？

刘：说实在的，也是说在哪儿待惯了，待了十多年了。对环境也熟悉了，你要说比在老家强，目前一疏解也不好说了。

## （二）新生代农民工职业改变的生存本领

当前我国的流动人口主要以"80 后""90 后""00 后"新生代为主体，他们仍具有"低学历，低技能"的特点，从风险分配的角度，因所处的社会地位与财富分配情况，流动人口更易被转移更多的风险，加之流动人口聚居空间的分异化、文化区隔化、对流入地管理的不适应化等，容易导致其阶层固化、社会不公平感和剥夺感，激发社会不满或社会仇恨等非理性情绪，从而易出现社会对抗冲突与社会反叛等风险性行为。[1]

具言之，疏解过程中，流动农民工在城市空间实践中如何发展自己的策略，如何营造自我主体性空间，如何在"夹缝"中生存，寻求主体自强策略，体现了弱势群体的多元化生存方案。新生代农民工作为流动人口的重要组成部分，也在城市空间极力寻求自己的生存途径。他们早已摒弃父辈传统的务农思想，然而，由于主观和客观因素的影响，在日常生活的空间实践中仍处于弱势地位，从事一些技术含量低的工作。其不仅遭受政策与社会制度的排斥，经济状况和社会地位较低，而且受自身教育背景和技术水平的限制。调查显示，从业流动人口的受教育程

---

[1]　木永跃：《超大城市流动人口社会风险及其治理》，《新视野》2018 年第 6 期。

度普遍偏低，其中大多数为初中学历，且占比最高为 40.3%，高中学历为 38.3%，大专及以上学历仅有 13.6%[①]。一方面，由于他们在农村所能得到的教育资源数量有限，接触良好教育的机会较小，而教育已成为经济中劳动力附加值的重要资源；另一方面，政府又缺乏相应的培训措施，不能对其进行有效的实用技能培训，因此，新生代农民工的技术隔离和边缘化，导致他们缺乏获得信息和科技的能力。从访谈 20 中可以看出，这种资源配置的不合理性与不公平性致使新生代农民工处于边缘化境况，因此，人们的经济收入、社会地位和政治参与权利是相互关联的。健康状况不佳和缺乏教育导致其无法顺利地进入劳动力市场，进而使其无法获得更多的收入。

访谈 20：孟某，女，56 岁，湖南郴州人，A 村流动人口

孔某，男，55 岁，湖北荆州人，A 村流动人口

问：您儿子、儿媳为什么不在老家附近找工作？

孟：家里边没有什么工作找。在农村里你知道，除非城边的差不多，我们农村偏僻，偏僻的地方不行。

问：以后他俩打算一直在这儿工作？

孟：对，他们打算在这上班，回家干吗？种地啊？现在年轻人谁给你种地？

问：那您知道他们一个月挣多少钱吗？

孟：打工也就两三千块钱、三四千块钱嘛，也够花，挣不了多少。

问：他们都是大学毕业吗？

孟：哪儿大学毕业，小学毕业。要有文化就好了，就是因为没有文化靠打工也挣不了多少钱。

问：请问您的子女都在北京吗，工作怎么样？

孔：两个孩子在这儿，一个孩子回老家了，二闺女高中毕业在那个饭店当服务员。老三给人家卖手机，一个月都挣两三千块钱，

---

① 课题组：《流动人口疏解效果评价及政策建议——对北京市的问卷调查》，《国家行政学院学报》2017 年第 1 期。

也就除了房租，除了吃喝也不挣钱，也顾不了我们。

问：要是在老家的话，一般情况下他们不是也能拿个两三千块吗？

孔：在老家，就像我们孩子，一个月能拿几百块钱就不错了，一千四五，收入就算高的了。去年俺老大在这儿打工还 4000 多块钱，回老家上班卖衣服一个月八九百块钱。我儿子现在这儿卖手机，一个月两三千块钱。

问：他也可以自己学修手机什么的，回去自己开个店？

孔：现在这孩子在老家能做得来吗？他受不了苦，你叫他去学修车他不干，他嫌脏，他说一天洗八遍手也洗不净。

## 三　边缘空间集体消费不足：流动人口随迁子女入学难

吉登斯说："在前现代社会，空间和地点总是一致的，因为对大多数人来说，一般情况下，社会生活的空间维度总是受'在场'支配，即地域性活动支配的。"[1] 而现代社会，我们的流动性和角色范围，就如同人们对自然和社会的控制那样，更大也更宽了。[2] 在现代化的中国，流动农民工已然成为城市空间中不可缺少的一个群体，然而，由于国家制度、市场空间的双重排挤，流动人口没有被纳入社区公共服务体系，产生"服务不到位"的问题，例如，流动人口的空间集体消费即社会保障，供给缺位。尤其是城市户籍制度的限制，一些流动人口更是无法享受到城市市民的平等待遇，同时，流动人口在城市缺乏足够的社会关系网络资源，又没有较高的社会地位。在现实中，其生活步履维艰。就流动人口随迁子女入学而言，其子女就近入学无法享受正常的公共服务等资源，要缴纳所谓的教育补偿金或借读费，受到不同程度的排斥和歧视。因此，他们在城市空间中又居于"他者"的位置。

从访谈 21 中可以看出，流动人口子女在 A 村就读需高达 10 万元的借读费，这么高的借读费使流动人口望而却步，这也反映出社会排斥、

---

[1]　［英］安东尼·吉登斯：《社会的构成》，李康、李猛译，生活·读书·新知三联书店 1998 年版，第 79 页。

[2]　［英］安东尼·吉登斯：《现代性的后果》，田禾译，译林出版社 2000 年版，第 249 页。

不公平现象。所谓"社会排斥"这一概念最早是由法国学者拉诺尔提出的，主要是指没有受到社会保障的保护，同时又被贴上"社会问题"标签的不同类型的"受排斥者"，如今已经越来越广泛指那些无法实现其社会权利的公民。在我国城市治理的过程中，这些无法实现社会权利的"受排斥者"的大量存在，将直接考验城市政府治理的效果。从长远来看，这已不仅仅是教育的问题，如不及时解决，这种排斥还会在不同的领域间互相传递、不断积累和再生产，甚至会引发他们在城市中的反叛心理，诱发不同程度的认同危机和心理危机。

就此而言，优质居住空间配置的市场竞争机制和公共住房分配政策的社会排斥机制，造成了空间权益分配上的不平等和空间教育格局上的非均等化。空间作为社会关系生产的容器，也决定了不同群体在不同区域获取教育资源方面的差异。事实上，城乡接合部的底层社会同样有追求优质教育资源的强烈愿望。如果城乡接合部学校之间的不均衡状况持续存在，极有可能助推"社会极化"和阶层区隔，甚至可能导致"城市的分裂"和社会的不稳定。进一步而言，教育的不均衡不只是硬件上的，更为重要的是软件上，如师资水平、教育观念、教育方式等，而软件的改善更需要统筹谋划，有序推进予以实现。①

另外，流动人口多方面的社会保障诉求远未得到充分满足。根据调查结果，近一半的流动人口希望在住房（49.37%）和就业（43.64%）方面获得政府更多的帮助。除住房和就业外，认为北京市政府需要加强医疗卫生（30.57%）、子女教育（30.28%）和基本社会保险（25.94%）的流动人口比例也都超过了1/5。② 由此表明，政府对流动人口子女教育、卫生健康和相应的社会保障方面供给不足。

因此，由于"人—户"分离造成的制度"区隔"，以及流动人口享受的非均等化的公共服务，使其只能从事苦、脏、累的行业或职业，形成身份与职业固化，而且加剧阶层分化，致使社会分化突出，社会冲突与矛盾累积并加剧。③ 同时，这种超大城市以"户籍"为手段进行人口

---

① 邬志辉：《大城市郊区义务教育的空间分异与治理机制》，《人民教育》2014年第6期。

② 数据来源：根据A村内部调研资料。

③ 木永跃：《超大城市流动人口社会风险及其治理》，《新视野》2018年第6期。

调控，以及"制度不公"的理性偏好选择，会加剧其资源与风险的逆向分配结果，加上流动人口的覆盖与基本保障不足"风险兜底"的最后屏障的缺失，使其处于被动式高风险境地。由此，超大城市生成"规制主体—风险行为主体"的双重错位型风险。[①]

概言之，改革开放以来，虽然城乡二元结构的壁垒被打破，为人口的城乡流动提供了一定的空间。但以户籍制度、就业制度、教育制度和社会保障制度等制度性障碍和制度惯性依然存在，他们与本地户籍居民之间的差距并没有消除，不能享受城市居民同等的公共服务、经济政治权利、权益保障方面的待遇，被排除在城市的社会财富再分配体系之外，只能进入城市次属劳动力市场，城市社会融入度低，形成了所谓的城市"新二元结构"，这样会导致其对城市社会缺乏认同感和归属感，并存在一定的社会隔离，而隔离的背后潜伏着危机[②]。（见访谈21）

> 访谈21：白某，女，38岁，湖南武冈人，A村流动人口
>
> 问：这个村有小学吗？
>
> 白：有。就在西边，红婴小学，375车站那边，你们刚才不是去了吗？
>
> 问：那以后你小孩能在那儿上学吗？
>
> 白：进不去，得花钱，一个学位听他们说加上借读费好像10万（元）。
>
> 问：这么贵啊。
>
> 白：听说反正那个学校不好上，但我不知道今年是什么样。

## 第三节　空间抗争：流动人口的多维形态

当前我国社会治理强调多元主体，民众也是治理中重要的力量，尤其是流动人口，在空间整治过程中，空间权利必然与空间权力产生摩

---

① 木永跃：《超大城市流动人口社会风险及其治理》，《新视野》2018年第6期。
② 郭秀云：《特大型城市流动人口的社会风险及其治理》，《探索与争鸣》2014年第8期。

擦；从历史上而言，国家与社会的边界在变动过程中产生了无数的或明或暗的冲突和矛盾。城市空间中权力结构的变动也必然引发各种利益纠纷，而空间权利在利益受到威胁时，其直接表现形式便是维权，无论这种维权是"法理模式还是情感模式"，① 其中隐含的社会风险是不言而喻的。

## 一 流动人口底层化意识加剧

所谓"底层化意识"，指流动人口不仅处于社会底层，而且从意识上认为难以通过自己的努力改变其社会底层地位。② 在对 A 村流动人口的访谈调研中可以发现，他们对疏解的态度是比较消极的，认为疏解导致他们生活来源的中断，经济状况不断恶化，并抱怨当初外出务工经商挣钱、改善生活的梦想破灭，只能蜗居在被隔离、被异化的空间，成为城市中的"局外人"。更为严重的是，随时面临被驱逐的危险，使自己在城市的边缘化处境不断被激发和放大。这样，强化了与城市疏远的心理状态。同时，对自己与子女合理向上流动、改变命运的渠道和机会也不抱希望，这在客观边缘化与主观边缘化相结合的情况下，进一步加剧了其"底层化意识"（见访谈 22）。甚至会造成流动人口不求上进，产生"宿命论"的思想，自暴自弃。

> 访谈 22：刘某，男，53 岁，河南商丘人，A 村流动人口
>
> 问：您现在还是卖煎饼吗？
>
> 刘：我们现在不是说还是卖煎饼，现在什么都没干。现在这个时候敢干吗？敢干东西没了。
>
> 问：那就在这儿等着吗？
>
> 刘：在这儿等，怎么办？找点活干找不着。
>
> 问：那为什么找不到？您是没找，要找也是能找到的吧？
>
> 刘：不好找，现在工作不好找。像我们这岁数的，都 50 岁了，

---

① 管兵：《愤怒与理性：模式切换与维权结果》，《中山大学学报》（社会科学版）2013 年第 3 期。

② 王春光：《警惕农民工"底层化意识"加剧》，《中国党政干部论坛》2006 年第 5 期。

谁还要？

问：不能回家吗？

刘：你说回家面朝黄土背朝天，就那一人几分地能够吃、喝吗？连自己都养活不了，你说我们回家干吗去？我们家现在每人四分地，我们老家现在拉平了也就合七分地不到，你说我们回家能干啥去？

问：其实您也可以在附近的小城镇打工、做生意吧？

刘：就是说上附近的小城镇什么的，那跟老家有什么区别？它没有那人口流量，能卖出东西吗？你做生意就得靠人口流量，咱们说的都是实话，是不是？况且你上老家，1000 多块钱，你去打听去，有会手艺的能多挣点钱，不会手艺的你就押着脖子待着，你就那几分地，你说它能种出金子来吗？你说像我这样的，手艺也不行，腿还有毛病，如果能干的了，谁还搁这儿待着？曾经还跑到天津，半天见不着个人，你卖给谁去？够吃、喝的吗？还得交房租。现在没法说，如果能松点我们就干点。反正别管怎么说，挣个吃的就在这儿，但是现在大背景、大环境就是这样的，我们也没办法，那就在这先待着吧，回家也是待着，回家就地里那些活。

问：家里的地您可以承包给村里边？

刘：谁要？俺自己种着咧。就是承包一亩地给 200 块钱，200 块钱的承包费，你说能干吗？一年一亩地 200 块钱的承包费，现在没办法。

问：反正我们当时去外地的时候，人家感觉对现在生活满意度还是挺高的，但是我看您这一说，感觉……

刘：我们不挣钱，现在就像我们这个岁数的，上有老，下有小，你说不挣钱老人吃什么？是不是？租这房的老太太几乎都走了，以前我妈也跟我住着，这儿住不开。跑到我弟弟那儿去，我弟弟那儿也是一间房。你说你要再租多了，租不起，现在房租也一个劲儿地涨，所以谁也猜不准待多久。

## 二　流动人口采取游击战术进行空间抗争

流动人口在城市疏解非首都功能主流框架中，寻找空间作为弱势群体的一种主体抗争方式，以便维持自己的生计，主要的行动策略有逃避、不配合、捉迷藏游戏或一种直接的对抗。事实上，下层群体的隐蔽语本不是在前台表演的公开语本，大多是在后台操作的反抗策略。在调研中发现，他们大多自发地、零散地、随机地避免与权势者直接冲突，而在外围或暗地进行策略性的空间实践。这就说明，弱势群体表面上公开接受了政府为他们规划的合理现实，然而，私下并没有丧失"能动主体意识"。正如斯科特（James C. Scott）的"弱者的武器"的运用，即作为底层群体的流动人口在日常生活中，公开地以违规来表达弱者对社会游戏规则的不合作。例如，采取回避、拖延、嘲讽及抵制等不合作和抗拒行为，这是"弱者的权利"，是一些社会弱者不得不采取的、成本最低的也是最常用的手段；然而，这些"不合理"行为恰恰是一个理性农民的合理选择和理性行为。①

从流动人口的言语中（见访谈 23），我们可以发现，在流动人口的逃避过程中，可以获得一种逃避的快感。这种快感不仅仅是逃避，其本身也是表达对某种强制性的社会行为的抵抗。

流动人口采取"躲猫猫"游戏躲避疏解，例如，海量的常住外来人口在应对综合整治指挥部联合执法时的策略是"你来我走，你走我来"，形同"躲猫猫"游戏，这将导致传统的联合执法费时费力，治标不治本。根据调查，未来三年内，选择继续留居北京的流动人口仍然占大多数，比例为 54.3%，根据情况而定的流动人口占比为 20.3%，回老家或者准备去别的城市打工的流动人口占比共为 25.5%（见图 5-1）。由此可见，大部分流动人口仍然希望继续留在北京生活。同时，根据对海淀区常住人口的调查，大部分被调查者认为周边流动人口的数量没有变化的占比为 18.7%，被访者表示流动人口不减反增的为 34.9%。②

这些不愿离开北京的流动人口大多从事低端服务业，他们宁肯长途奔波也不愿意离开大城市，除了能够赚到钱之外，也与城市对低端服务

---

① James C. Scott, *Weapons of the Weak: Everyday Forms of Peasant Resistance*, New Haven and London: Yale University Press, 1985, p. 234.

② 课题组：《流动人口疏解效果评价及政策建议——对北京市的问卷调查》，《国家行政学院学报》2017 年第 1 期。

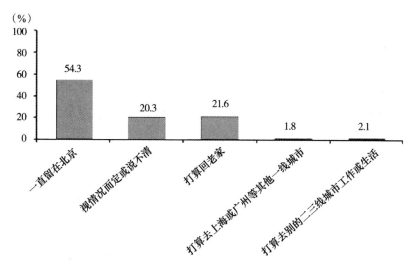

图 5 - 1　流动人口未来三年内的打算

业的刚性需求有关。有需求就有供给，这是很常见的经济学常识。由访谈 23 可以看出，流动人口对疏解的集体抗拒，主要表现为他们与执法人员进行周旋，以沉默、消极的方式，采取"规模比较小的、零星式的迂回游击战术"，以"对策"来对抗"政策"，寻求空隙化生存空间。

由此可见，传统应急式、被动式的管理模式主要是重"专项"、轻"常态"，重"突击"、轻"管理"，这种模式短期内效果较好，但缺乏长效性，往往出现"整治—回流—再整治—再回流"循环往复的怪圈。同时，由于专项整治和突击治理模式见效快的特点，部分职能部门偏好于等着专项整治来推进工作，并将更多精力放在事后的处置上，缺乏空间治理的长效机制建设，难以满足现代化城市全过程管理的需要。①

苏格兰裔的美国地理学者尼尔·史密斯（NeilSmith）提出的"复仇主义城市"（Revanchistcity）的概念，描述了一些采用相关政策旨在恢复公共秩序并将矛头对准被边缘化的人群的城市。这些政策涉及对城市中心的再开发、对公共空间的管控以及对待流动人口等举措。② 事实

---

① 董幼鸿：《大城市基层综合治理机制创新的路径选择——以上海城市网格化管理和联动联勤机制建设为例》，《上海行政学院学报》2015 年第 6 期。

② ［美］马克·戈特迪纳、雷·哈奇森：《新城市社会学》，黄怡译，上海译文出版社 2018 年第四版，第 490 页。

上，我国的许多城市也有着"复仇主义城市"的倾向，主要体现在对待流动人口的方式上。流动人口常常在大多数城市管理者与城市居民当中被认定为对已建立的城市秩序的主要威胁。

在这个充满权力斗争和表达的场域，须有效平衡"冲突—反抗"和"协商—妥协"。强者的合法性取决于弱者的认同，因此行动者必须将"游戏"置于一个共同认同的"规则"内。

访谈23：刘某，男，53岁，河南商丘人，A村流动人口

程某，女，35岁，山东潍坊人，A村流动人口

问：您搬了多少回家了？

刘：自从赶人我俩月搬了三回家了，光搬家费都不少，来回地搬。原来我挣钱，现在我还赔钱，我还掏老本呢。我都在借，我都有饥荒了。

问：您之前是在哪里呢？

刘：在房山13年，住的时间最长。

问：您为什么13年都在那儿，现在不在那儿了？

刘：就是因为不让做生意嘛，就搬到了这个村，搬过来的时候打听这儿不紧，能干，谁知道来到这儿不能干了。刚来那时候能干，干了半个月也不敢干了。这个村原来说，我们用煤污染，用气不保险，让用电，这全都改成电的了，改成电的了又说房不合理又拆了，拆了我们这儿，租合理的房了，租了合理的房又不让办证了。

问：您有什么打算？不能老这样耗着？

刘：躲着、拖着完了再说，没办法，过一段时间再说吧。

问：您了解现在本村的疏解情况怎样，人都去哪儿了吗？

程：昨天抄的青年公寓，还有两家饭店、理发店，不过人都没走，前天抄了一家烤鸭店，还发生了争执，老头儿不同意人家搬东西。

问：就像你们这个有执照的店，他们就不会进来了吧？

程：不会，现在大部队每天都来，南街、北街，这几条街，来回地转。

问：来回地转，他就是怕给你拆了你再开始经营是吗？

程：那就是想在这边撵人，他撵人先从店里撵，他也不是撵这里居住的人，先从市场、菜市场开始，将它们关了，然后从店面，店面就是看你有证没证。从实施到现在也就一个多月，差不多一个月。

问：那您觉得现在租户减少了吗？

程：这村里的减少了，不过有跑到别的村去了，走的不太多，谁说走就能走，那不可能，他只能说先去转一个别的地方，先避一阵儿那意思，反正现在先在这儿待着，先观望观望，这资源什么都好，都不舍得走，你回去之后都没什么干的，这外来人大部分是农村的。

## 三 流动人口的主动退场

"退出"这一概念是赫希曼针对经济活动提出的，主要指当一个人对某些物品、组织或制度安排感到不满时，就会选择离开它。一些学者也认为，当人面对不利于自己的资源分配和制度、规则安排，而自己又不具有制度、规则的修改权时，他们还会采用退出、逃避、变通和表达等策略。就此而言，在社会排斥之后的竞技场域中，存在流动人口迫于无奈选择主动退场的空间实践。

场域是一种权力关系，是一个强者或弱者抗争的舞台、一个博弈的游戏空间；也是各种势力的复合体，且这些势力关系通过持续不断地相互抗争、改变或颠覆对方的过程，即不同的权力运作或不同的关系组合的过程。就此而言，基层政权以疏解非首都功能的国家战略为依据，通过各种策略手段实现在场域中的绝对支配权，并以制度性安排在不同群体之间设置各种符号边界，将流动人口隔离在外。而流动人口仅仅利用自身极少的资本在场域中占据位置，这种支点随时可能消失，因此，只能要么退而维持，要么远离游戏。

与此同时，对于流动人口来说，进入城市打工只是他们人生阶段的一段旅程，他们具有"临时性"特征的劳动力群体，是城市的"匆匆过客"。从访谈24中可以看出，当这一群体完成了其在城市中的工作之后，一旦城市不需要他们的时候就会把他们踢出去。加之，流动人口没有权利保障、没有情感的归依，退场便是一种自我保护的生存策略，也是一种底层群体的抗争策略。

事实上，大部分人回流也只是弱者的一种最后选择，即从城市空间中撤退，他们把心留在了城市，带回农村的只是无法愈合的伤口，且退"场"也体现在自我的屈服，即空间策略变换所导致的城市生活的断裂。这也是一组从抵抗走向屈服的矛盾。

访谈24：陈某，女，55岁，湖北黄冈人，A村流动人口

问：您在这边一直住着吗？

陈：我们才搬过来。

问：您老家是哪儿的？

陈：我们是湖北黄冈的。

问：你们来北京有多长时间了？

陈：没多久，在这儿住了半年多，要回家了。

问：为啥不在这儿了？

陈：这里撵得这么厉害，在这儿干吗？啥也干不了，得租房住，现在租不起，太贵了，之前住的别的村正好拆迁。

问：那你们现在住的是多大平方米的房子？

陈：这个我不清楚，这个地方最多也就十多平（方米）吧，一般就十多平（方米）到二十平（方米），我不知道多少。

问：现在你们一个月房租多少？

陈：房租七八百块，最便宜的，你要是住公寓的话很贵，住这些平房就便宜，不过这也支付不起了。

本章主要研究了流动人口作为被疏解的对象，他们面临被驱赶时，会采取相应的应对方式，为继续存活于城市社会，建构起属于自己的生活世界。由于强弱势力对比悬殊，流动人口并没有发动规模化社会运动予以反抗，而是选择逃避、"捉迷藏游戏"等行为逻辑予以回应，在狭小的缝隙中寻找自我生存的空间策略。尽管他们面临多重压力，例如，在疏解力度不断加大的情况下，对他们来说，租到一个够住的房子是他们经济上一个很大的负担，但是他们还是尽可能地采取默默忍受的方

式，进行消极的、无声的抵抗，这似乎也是中国底层社会对待自己处境的特点。

北京市疏解流动人口的政策及其行动的决心和力度是空前的，空间已经成为社会治理的重要工具。政府通过一系列的政策对流动人口进行控制。然而，一部分流动人口在一定程度上具有了"城市人口"的特征和长期居住在城市的意愿，他们通常举家迁徙，从事城市非正式经济，大多数不会因为疏解整治离开城市，而是在城市其他地区寻找可以满足生产和生活一体化需求的、合适的生存空间，城市底层群体对城市底层空间的需求具有客观性。例如，2010 年，北京的唐家岭作为著名的"蚁族"聚居区被拆迁。根据一些学者的调查，唐家岭的拆迁反而致使北京西北部房租明显上涨，受制于租金压力，"蚁族"不得不向周边类似空间迁移，产生"新唐家岭现象"，即后续的"空间效应"。①

这主要是因为北京作为特大城市占据"天时地利人和"的有利条件，具有高就业率、高收入水平、低消费支出的特点，对流动人口有着巨大的吸引力。② 因此，如果完全不顾流动人口的合理需求强制进行疏解，可能会带来一系列社会问题。比如，如果一味对城乡接合部的违建、出租屋进行清理整顿，但是后续保障跟不上，一些新生代农民工就可能出现"农村回不去、城市留不下"的"流民"困境。事实上，随着互联网经济的快速发展，流动人口快递从业者数量已经相当大，将他们赶走，不仅会损害他们作为公民的正当权益，也会给城市正常运转带来麻烦，而这与人口疏解的宗旨是相悖的。

因此，在分析超大城市空间治理实践的功能性时，必须意识到其具体规范具有多种功能的可能性，应按照治理结果来考量其功能性。而超大城市的空间治理可能产生"正治理"与"反治理"的不同效果。

表面上看，这些空间治理行动的"主观动机"是通过制度化的手段，依据政策、规定进行整改，对不合理的功能与人口进行清退，以达到城市环境与秩序改善的目的。但是，如果规划治理不能结合实际情

---

① 顾朝林、盛明洁：《北京低收入大学毕业生聚居体研究——唐家岭现象及其延续》，《人文地理》2012 年第 5 期。

② 谭日辉：《北京特大城市人口治理的现状、原因及其对策研究》，《城市发展研究》2015 年第 11 期。

况，就易导致"反治理"的效果，会制约城市公共空间的活力多样性、城市功能的复合多样性。因此，城市空间治理功能替代的可能性必须在功能分析中加以考虑，必须承认城市空间治理行动的正功能、正效应和反功能、反效应的双重后果；尽管"主观动机"是有益的，但是"客观后果"才是最主要的，有些功能后果是与行动者主观动机相一致的，也有一些功能后果是没有被参与活动的人们意识到的，是潜在的、隐性的，这种潜在的、隐性的功能对社会的协调可能有利，也可能不利。就此而言，超大城市的空间治理就其功能结果而言面临着终究将是"正治理"还是"反治理"的挑战。①

另外，在超大城市的空间治理过程中，应注重多元治理主体，改变以往传统的自上而下的"强政府"管理模式，各个主体都面临着自我定位的重新认知，当然，政府及其下属部门的权力仍然在治理过程中占主导地位，但居民、社会团体以及流动人口的参与是必不可少的；否则，流动人口可能被置于"农村回不去、城市不落脚"的"流民"境地，加剧反治理的效果，因此，从战略高度出发，探索包容性治理新方式，使其按一定比例在城市安定下来，确保社会大局稳定。否则，在流动人口治理问题上如若缺失大局意识，缺乏风险意识，"按下葫芦浮起瓢"的现象将始终无法避免，最终是否导致社会风险爆发亦难以确定。②

---

① 黄怡：《超大城市空间治理的价值、挑战与策略》，《学术交流》2019 年第 10 期。
② 李程伟：《超大城市流动人口治理政策建议——基于北京四个区问卷调查的分析》，《人民论坛》2016 年第 33 期。

# 第六章 空间维权：疏解治理过程中
# 本地村民的行动逻辑

基层社会治理难点是新的社会发展阶段主要治理矛盾的变化，即民众增长的生活需求与僵化的政府治理方式之间不协调矛盾的体现。就此而言，在疏解非首都功能过程中，主要表现在民众追求公平正义的需要与政府利益平衡意识和能力不足之间的矛盾；是人民群众日益增强的主体意识、公共参与意识与基层政府"为民作主""一言堂"的管理思路和方式之间的矛盾；是社会价值日渐多元化与现代政府"标准化的政策和程序"之间的矛盾。无论是基于"治理绩效的有效性诉求"，还是基于"政策认同的合法性诉求"，增强基层政府对多元化、差异性需求的回应能力已成为紧迫任务。①

对城乡接合部村民来说，空间维权就是指本地村民按照自己的意愿维护使用空间、参与塑造空间的权利；维权的衡量标准是其空间权利是否得到公正和非歧视的对待，这里主要表现在经济和社会两个维度的权利：一是以经济关系为核心的空间权利维度，主要是指土地（宅基地）、财产（房屋等）的权利；二是以社会关系为核心的空间权利维度，主要指村民的话语权、知情权、参与权等权利。因此，村民在空间生产、分配、交换和消费中的实践与空间正义密切相关。

疏解整治促提升，打造和谐宜居的生活环境，从长远来看，对本地村民而言是有益的。然而，从眼前来看，疏解流动人口将会对本地村民的现实利益产生一定消极影响，例如，中断本地村民以租房为主的经济

---

① 鄯爱红、孔祥利：《多措并举破解超大城市基层社会治理难题》，《中国党政干部论坛》2018 年第 8 期。

收入来源。因此，在此过程中，本地村民常常不支持、不配合疏解整治行动，甚至拆违建执法程序不规范、强制执法以及拆违不公平等引发了本地村民的集体反抗以维护自身的空间权利。本章试图从微观层面，以拆除违建为例，分析疏解非首都功能过程中本地村民的行动逻辑。

# 第一节　空间权利的产生：违建的缘起与演变

## 一　宅基地上违法建房的溯源

空间既是社会行动的容器，亦是其产物。在空间实践场域，村民通过自己的行动，随意进行违法建设，重塑空间形态。也可以说，城乡接合部的空间格局是村民追逐利润的结果。缺乏城市生存技能的本地村民在建房出租的巨大收益推动下，置规章制度和法律法规于不顾，建设了大量的违法建筑（简称"违建"）。

### （一）在自家宅基地上搞违建

随着城市化进程的不断推进，城乡接合部是快速城市化过程中出现的一种空间现象，是一个既含有城市韵味又具有农村文化的独特的社会样态，发挥了重要的承接功能。一方面，承担了城市政府无力为非城市人口提供的生活居住空间，另一方面，又解决了城市化、工业化所需要大量低成本的土地问题。具体而言，在 A 村由传统村落转向现代村落演变的过程中，资本涌入农村改变了村民和生产资料的关系，将一部分农村集体的土地征用作为商业资本，将村民变成产业工人。刚开始的时候，住房作为空间的生产资料的价值并没有凸显出来，村民也没有以占有住宅空间而获得更多的利益。随着周围高科技园区、各种大型企业的建立，A 村的地理位置优势、租房价格低廉等综合优势显现出来，使村民意识到住房空间成为一种创造价值的新的生产资料，将房屋租赁给在社会空间中处于更为边缘的外来人口，直至村落新的规划方案或新农村改造，或整体拆迁腾退的推行。在这个过程中，A 村大部分村民受流动人口租房需求量大以及经济利益的驱使，在宅基地上乱搭乱建现象比较普遍，高达90%以上。① 一是通过各种方式改造自己的宅基地，擅自将

---

① 根据 A 村内部调研资料。

平屋改建楼房，将二层楼翻建成三层楼，甚至更高。二是在政策审批严格的情况下，还有村民占用房前屋后空地、行人通道建房。村民在顶楼"种房"出租，既有效避免了漏水的空间风险，又实现了一定程度的"资本积累"。这一乱搭乱建的行为尽管造成公共空间的萎缩，但利益驱使造就居民争相模仿。三是不扩大也不加高，在自家住宅里打隔断，把一个房间分割成更多的小房间，以适合不同的租住群体需要，增加自己的收入（见访谈25）。这样，房东与租户楼上楼下分开居住，上下楼的楼梯也是分开来的，或楼下混合居住。一个村民的住宅被分成不同的空间层次，除了日常生活的一些必要来往，如房屋基础设施出问题，需要维修等，他们之间没有更多的交集与互动，房东与租户只是冷漠的利益关系，形成社会空间隔离的局面。

访谈25：王某，男，45岁，A村村委会委员

问：咱村为什么会出现这么多违章建筑呢？

王：全村现在的主要经济状况基本上以租赁收入为主。甭管是集体也好，村民也好，村民是租一些房屋，集体可能租一些房屋或者土地，但是主要收入全是租赁。我们老百姓往上加了五间房，一间房租500（元），一月2500（元），一年3万（元），现在这一疏解，没有了，我们老百姓福利又低，不靠租房，根本无法满足家人的日常生活开支。

作为村委会委员，目前，扩建宅基地的自建房这种情况，我们现在是有，但是我们一直在遏制，遏制的效果还是可以的，但是没法从根本上杜绝，村民的愿望很强烈，就是腾退，在腾退达不到的情况下，他要扩大他自己的收入来源，那就是自建房。我们村里面各方面措施都在想，也经常下来巡视，但是他主要的做法就是不扩大也不加高，他里面隔断房间，利用这种方式，以多个房间进行出租来扩大自己的收入来源。这样综合来说，他们的做法就跟我们各方面政策和要求是相抵触的。疏解是上面的政策，必须疏解，不疏解肯定人口就要多，早晚也得疏解，强制也得疏解。但是，村民说没有权力拆我民房，政府也绝对不可能拆他的民房。

另外，现在我们一直在控制，不但我们村子控制，我们镇也控

制，包括区里边也控制，区、镇、村三级我们联合控制。控制什么？不能再盖一间房了，现在村子这样，平房居多，如果不控制，估计六层、七层都起来了，安电梯了都。没办法，这个村的租房市场太火爆了，没办法，没有空房。所以，造成了老百姓家自己越住越少、越租越多这种情况。

### （二）宅基地上违建的原因

访谈结果表明（见访谈26），宅基地上存在违建的原因分为：一是政策规划因素。尤其是新土地管理法实施以后，农村宅基地归区级政府审批，但是土地政策前后调整不一致、政策僵化，规划滞后，导致农村呈现无序建房状态。二是村民住房刚性需求远未满足。由于拆迁腾退、新农村改造等政策的限制，村民建房用地暂停审批，政府人为冻结了建房审批手续。然而，一些已达法定婚龄的青年要分户建房，一些困难户的住房是危房，刚性需求无法得到满足，导致违法违规建房现象严重。三是村干部法治意识不强，宅基地管理不严，对村内出现的私搭乱建行为，没有进行及时劝阻、严厉制止，有的还出于人情关系疏于监管。另外，与上级部门协调配合不力，村干部没有将村内乱搭乱建行为及时反馈给上级部门，这种"默许"会演化成一种"纵容"，导致任其发展。

　　访谈26：徐某，男，42岁，A村村委会委员
　　　　　　赵某，男，49岁，A村村委会委员
　　问：您觉得大量的违章建筑是由哪些原因造成的？
　　徐：比如，1998年我当兵退伍回来之后给宅基地我没钱盖，攒两年钱，我钱够了，能盖了，政策改了。也有些人是后来宅基地值钱了人家回来了。
　　赵：按照政策是能批的，但就是不批。
　　徐：现在又没房又没地。
　　赵：为什么村里大量的违建？二十年一代人，原来国家招工这人走了，国家给他地、给他房子了，他家里就不要地了，比如说兄弟两个，这个人招工走了，是国家工人了，国家给他房子，家里的

院他就不要了，现在地值钱了，他还要，不值钱的时候不要，现在又回来了，就回来要地租房，还有一些原来没有房源的，比方说就像我是七口人分一份宅基地，可能三亩地，不到四亩地。

徐：我们三家基本上差不多，都是兄弟两个一个院子，一个人不到四分地。

问：当时的政策是按人分还是按户分？

徐：按人分。

赵：没有孩子时我要地，不批，等有了孩子，我孩子都18了，马上就要结婚了，还没给地，那你说应该怎么办？我们还挺规矩的，还没有盖，就算我盖5层你也说不过去啊，你不给我地，你给我地的话我可以。所以造成的原因是什么？首先，政府这一块动态的调整政策没有，僵化，一下就给你僵在这儿了，有的人有好几份宅基地，但是子女都出去了，在外面工作，不需要宅基地，但是人家还占。还有就是部队当时早就说征地，就占了这俩村，然后，十几年什么都不许动，整个就处于一种过渡状态，不能建设不能生产，什么也不能干。更为严重的是，一些村民的老房都已经成危房了。总之，像村民想办个执照不批了，宅基地批不了，再建厂子也不可能了，老百姓意见也大。人家自己想自谋职业、想干点什么事都办不了。

## （三）违建的具体行动策略

各种城市规划、对公共空间的界定，是防止其被侵犯。但日常生活中村民空间权利的缺失，致使其无法对再置空间中现有的各种城市规约形成集体认同。根据对村民的访谈可以发现（见访谈27），村民在揣测空间规划者的意图后，以时间换取空间，进行零散的、躲避式、突击式的违建房屋，赤裸裸地捉弄空间规则的制定者。在政府严禁盖违建的情况下，一些村民利用周末、节假日冒险突击行动，在很短的几天内迅速建成，主要是建造一些结构简单、成本低，施工难度小的违章建筑。当有关部门发现时，已经建造成形，令相关执法部门措手不及，村民之所以投资盖违建又承担这么大的风险也是考虑到肯定会有稳定的收益。其实，在A村，出租房屋的确成为村民唯一生活来源；但是，也不是人们想象的那么富裕，例如，18 家租户的房东，每户每月合计的租房收入也只是几千元。

访谈27：李某，男，56 岁，A 村村民

问：在管理这么严格的情况下，怎么盖房子呢？

李：它一直压着不让盖。

问：是从啥时候不让盖的？

李：2009 年让盖，我就盖了，二层我住，一层我出租。到 2010 年就不让盖了，不让盖也盖，你看这还这么多，原先没这么多，去年有80 多户新盖的。

问：80 多户？那不是顶风盖吗？投资时候冒多大风险？

李：有的就是在这儿盖着，核查队开着车满街转，去楼上把电动工具、铁锹给抢跑了不让盖，所有的电动工具都给你拆了。这样顶着风盖的，或者晚上偷着盖，趁着节假日，抓紧盖几天，建的一般是比较简易的钢骨架结构的那种。

问：板房是吧？

李：对，但是安全问题肯定没有。关键是不让盖老百姓没得吃怎么办？

问：嗯。按说宅基地里边也是根据宅基地面积盖的房子？

李：对。我当时借了十多万（元）盖的，就盖一层。

问：那租了几户？

李：12 间，单间的，都租得便宜，几百块钱一间。

问：几百块钱，按说一个月也能租几千块钱？

李：现在生活消费水平这么高，你说你得养育一家子人，所以顶风冒险也得盖。

## 二 农用地空间违建样态的演变

"私文化"深深影响着村民的思想。费孝通的差序格局便是"私"文化的根源。"私"是从自己的利益出发、爱占便宜、不考虑大局或他人，是空间违建的隐含条件。另外，传统的土地情结，也是促使村民违建的重要因素，即中国传统的"圈地"意识使村民热衷于圈占"私有

空间"来捍卫领域感、主权感和存在感。对土地的依赖和眷恋，已成为一种持久的社会文化，激发他们在一定的时空中控制和处置土地的本能，作出"违占公共空间"的行为。[①]

根据对村委会委员的访谈（见访谈28），起初 A 村村民在农用地集体搞大棚经济，之后经过村民二次承包开始种植农作物。但由于农业灌溉用的水源跟不上，种树种果都不好活，而且销路不好，成本高，收益低，就开始盖大棚搞违建。与此同时，由于附近建了一个农贸市场，从业人员在村里租住房屋，让村民尝到了"瓦片经济"的甜头。很多流动人口聚集于此，形成了一个很大的消费市场。每个月二三百元就能租到一间小房的城乡接合部成了这些流动人口的新目标，村民开始在农用地上大面积地建设违章建筑。一些流动人口甚至借租用土地种植蔬菜果树为名长期租赁，承租户陆续硬化地面，也自建房屋。有的甚至租下违建当作厂房，做起了食品加工、快递物流、废品回收、五金等各种生意或者当作生活居住。村民几乎每家都在这片农用地上盖了违建，绝大部分用于出租，拆掉这片违建，就相当于切断了村民的一部分经济收入来源，村民有很大的抵触情绪。然而，环境脏、乱、差，给消防、治安等带来重大安全隐患，疏解整治拆违建势在必行。

> 访谈28：郭某，男，48 岁，A 村村委会委员
>
> 问：您能介绍一下农用地怎么都变成了大棚房、厂房了吗？
>
> 郭：其实，从 2005 年分地到 2014 年刚见成效，之前是种果树，边上盖点房，出租点房。我拿着租房养这块地，去年投入到现在为止只能说持平。
>
> 问：咱们刚开始是经营果树的？
>
> 郭：是的，2005 年承包给个人以后我们种的都是桃树，经济价值太低，陆陆续续又改了，现在大部分是改成种樱桃，但是樱桃好吃树难栽，今年我地里头有 100 多棵树都结果了，最后又死了 20 多棵。

---

① 孙其昂、杜培培：《城市空间社会学视域下拆迁安置社区的实地研究》，《河海大学学报》（哲学社会科学版）2017 年第 2 期。

问：2005 年果树有多少亩？

郭：821 亩。

问：现在还有多少亩？

郭：600 亩。

问：盖房子的占了三分之一？

郭：因为河北边我们有 352 亩地，那是基本农田，他们不敢违章。所以那里还有一大部分。

问：也就是那个保住了。

郭：那个盖一回拆一回。

问：基本农田占 5 亩就可以判刑，剩下的都已经改变用途了？

郭：那 300 多亩肯定不能改变。

问：然后种葡萄，后来又种别的？

郭：后来又种草莓，老百姓也不会种，这样，后来就陆陆续续盖房子了，现在流动人口多，老百姓现在整体是吃房租。我们村有种一棚子（草莓）的村民，一年下来还不够给人家打工的呢，还浪费一年的辛苦，不如租房挣得多。

问：您说说疏解吧？

郭：拆违建，2005 年分的地这么长时间政府也不是看不见，现在你把违建拆了我没意见，这是国家政策，但是老百姓吃什么、喝什么？你给我的地是承包 30 年，如果他们种的樱桃政府定价销售也可以，我们的樱桃卖 20 块钱一斤都不好卖，人家卖 50 块钱一斤都好卖，我们还得自己找销路自己卖，什么补贴也没有，我们不盖两间房子怎么办？我当时花 2000 块钱盖一间房子，他一间房子一个月给我 300 块钱，我一年就挣 3000 多块钱，现在政府说这个地不合法。现在把这个地给我们了，我们盖上房子了，这是"瓦片经济"，但是村委会往外租地也是"瓦片经济"，政府盖就合理合法，老百姓盖就不合理合法。谁都有怨言，倒霉的就是老百姓，老百姓得吃得喝，我们工作怎么做？刚才你也听见了，村集体收入一年 800 多万块，一个人合 1 万块钱，现在生活成本高了，根本满足不了基本的生活需求。

# 第二节　空间权利的剥夺：由利益
# 受损到新贫困产生

基层管理者拆除违章建筑，在一定程度上剥夺了村民的空间权利。如果后续保障不到位，尤其是基层管理者以 15 万元赔偿金与村民同意拆违征地进行空间交换，村民认为这种交换极其不合理，空间权益受到侵犯，而且会使家庭出现新贫困。具体来说，一方面，尽管拆除违章建设是基层管理者依法进行的空间实践行为，然而，对于以租房为主要收入的 A 村村民来说意味着经济收入的中断，生活水平下降，甚至他们的生活也将失去着落。基层管理者准备把拆违后的土地进行集体流转，一亩地给村民 15 万元的征地补偿费，虽然能暂时缓解失去土地给村民带来的压力，但是有限的补偿费用也不能给村民带来长期的生活保障。由于 A 村村民长期依赖房屋出租，自身受教育程度低和技能水平不高，在失去土地之后无法进入城市劳动力市场，自身也缺乏创业能力和条件，相关的社会保障不完善，这都有可能导致贫困程度加深。因此，传统生产空间的丧失，空间利益分配不均衡，空间交换补偿标准不合理、长效社会保障机制不健全等，就会引起基层政府与本地村民之间的冲突与矛盾，使土地的直接受损者最终沦落为空间利益分配的受害者。

## 一　基层管理者拆违建任务实施

在落实疏解整治方案过程中，基层管理者全面梳理拆违建任务清单，将任务指标拆分落实，签订《疏解整治促提升承诺书》和《拆违建工作推进表》，约定时序节点、阶段目标、责任人等具体内容，定期汇报拆违建成效。同时，坚持横向到边、纵向到底，推进网格化管理。一是纵深推进，主要是镇村两级联动。基层管理者形成上下联动、协作攻坚的强大合力。二是横向联结，深化相关部门联合执法。实行每日检查、每日执法、每周例会，确保拆违任务的完成。因此，在任务导向型拆违建过程中，村民的空间权利难免会受损，且如果后续保障不到位，将给村民的生活造成极大的影响。

## 二　经济收入中断

A 村农用地被拆违后，对村民的经济利益造成直接的冲击，使其收入无门路，部分村民无法顺利实现产业转换，支出无保障，例如，一些失地农民由于自身受教育程度和技能缺乏等问题，无法在其他非农产业中实现就业；一部分人习惯于依靠收房租和集体分红为生，如果失去这些"不劳而获"的收益，他们的生活也将失去着落。尤其是相当一部分 20—30 岁的年轻人，由于没有接受较好的教育，又缺乏父辈吃苦耐劳的精神，其生存状态堪忧。①

根据调研结果得知（见访谈 29），一旦村民失去生活的经济来源，国家提供的社会保障等相关配套措施又不能满足需求，不仅会严重影响村民的正常生活，还会影响子女教育和看病就医等问题。加之，村民们大多数长期依赖集体经济和"瓦片经济"为主要收入来源，自身文化素质与劳动技能较低，年龄偏大，再就业意愿不强，因此，拆违以后经常会出现集体上访等状况。

访谈 29：马某，男，60 岁，A 村村民

石某，男，65 岁，A 村村民

刘某，女，49 岁，A 村村民

问：您家里边现在能租多少租户？

马：我们家也没租多少房。

问：我们今天一上午去了村里几个地方，商铺也去了，有的一家能租十来户、一二十户。

马：人家有楼房，你看我们没有楼房，两间平房，啥都没有。主要我们在大马路边，根本就不让你盖，只是里面偷偷摸摸盖两间。其实，不是我要盖房，我没办法，我的草莓是千禧 1 号，就是2000 年，那是不是最新品种？种完以后我买的塑料布等，投资了很多，最后血本无归。

---

① 杨桓：《社会空间视域下的城乡结合部社区治理创新——以成都市犀和社区为例》，《社会主义研究》2019 年第 2 期。

石：您知道，现在我不知道政府部门一个人一年的工资是多少钱，老百姓的工资是多少钱，说人们生活水平按现在的基础上要翻倍，老百姓没有基本工资，我们老百姓也可能是200块，200块钱翻成400块，我就问问您400块钱能养活一家人或养活一个人吗？我跟您说，拆完我们村这个地，我们村老百姓的生活水平就要下降了，如果说拆了地，拆了这块说我们违章，脏乱差，说政府治理这个东西，我们老百姓拥护。但是有一点，不能下降老百姓的生活水平，得满足我们的基本需求。如果现在把我们大棚房拆了，政府给老百姓补贴多少钱？一个人甭多了，一年补助2万块，我赞成，拆就拆了，虽然说违章建筑没有补偿，但是我们以后得生活，得有个着落吧！

马：还有村委会是给我们点集体分红，但是现在这点钱根本解决不了我们的生活问题，二分三厘地分2000元多点，这点钱能干吗呢？镇政府很清楚，我们村现在到每个人手里的钱有多少，刚才他们都说了，什么联防，什么绿化队，绿化队从过了年到现在，我不知道开工资了没有？前两天还上村委会去找了，七八个月已经不给工资了。绿化队，说是镇政府，还是区政府给钱？不清楚。你说就指这点生活费，如果没有出租房、没有违建我们没法活，真没法生活了。

问：是觉得咱们现在也没有收入来源了？

马：没有，哪有什么收入来源？我们是没有退休钱，再一个就是退休有几百块钱，够干吗的在北京？我们以前就靠土地多租点租金？也就是以房养人。

我们这儿流动人口多，都是倒挂村。再说上班一个月挣多少钱，辛辛苦苦上班，开着公交那么累、那么苦，还担着风险，一个月挣五六千元、六七千元，那租五六间房就顶一个公交司机，所以大家能不租房吗？还有一些老年人根本就没有就业能力。

石：老百姓如果有钱了就能安居乐业，全都不闹事，他如果没有钱，能不闹事吗？反正我的想法就是这样。拆了没收入。没有经济来源了，比如他有十间房子，一间房子300块钱，一个月3000块，一年30000多块，他能自己踏踏实实地干点什么，这一拆什么都没了。

问：您有多少亩地？

刘：我有二亩二分地，我和我孩子的地，我孩子现在念大学，我那天跟镇长说了，我爹妈 70 多岁了，一年吃药就得将近 2 万块钱。我孩子念书，学费是 5500 块，昨天刚打完电话。我说这个事，没钱的时候自谋生路。今年我满处借钱去。我们家孩子考得还算不错，是考的二本，5500 块。我说要三本的话，我就真没钱给孩子念书了，那得 1 万多块钱。而且当时我就靠这点地，一个月给我们家孩子 2000 块钱生活费，在外地，在河北涿州分校，我不说别的，我老农民。能供应上，那时候。我那天跟他说，现在你自己看着办，反正老妈已经这样了，对不对？原来有房子的时候凑合着给交学费，现在大棚房没有了。

## 三　空间集体消费供给不足引起新贫困

卡斯特尔将社会保障称为集体消费。所谓集体消费是指"问题的特点和规模使得消费过程的组织和管理只能是集体而不是别的什么人"①。集体消费的公共性要求只有通过国家直接或间接控制与管理才能提供集体消费资料。比如，教育、医疗、社会保险、住房等公共事业，劳动阶级希望政府增加集体消费，而资本家则要求把大部分资金投入到扩大再生产的基础设施建设上，因此，城市成为资本积累与社会分配之间、国家控制与市民自主之间矛盾和冲突的集中地。就本书而言，集体消费资料供给不足不仅可能导致新贫困，而且会激化利益相关方的矛盾。

社会保障作为现代社会中的一项重要制度安排，是保持社会稳定的安全阀。比较健全的社会保障体系应保障民众在"国家基本经济与政治权利上的平等分配"，从而使每个公民都能享有平等的生存权，减缓现代社会给每个社会成员所带来的各种风险的冲击，达到社会总体和谐发展的目标。然而，长期以来，我国农民主要是依赖土地为生存来源，对土地具有特殊的依恋情结。直到今天，尽管大多数农民可以享受一定

---

① Manuel Castells, "Theory and Ideology in Urban Sociology", in C. Pickvance (eds), *Urban Sociology: Critical Essays*, London: Tavistock, 1976, p. 75.

的养老保险、医疗保险等，但是，仍然存在保障不充分的现象。同时，即使是"失地农民"可以从政府那里获取少量的补偿费和享受所谓的"以土地换取的低保"，也不能使"失地农民"有足够的安全感。因此，就此而言，大量失地农民由于自身原因、市场竞争激烈、补偿费不足，多重风险叠加会使部分人再次陷入"返贫困"的境况。当城乡接合部大量失地、无地农民遭遇这些风险时，就会作出过激行为，到市政府、区或镇政府的上访，或者直接抵制、不服从政府的相关政策，要求重新返回到依靠土地为生存保障的状态。①

笔者调研中得知，A 村拆违征地后，村民失去了最基本的收入来源，并且村级集体经济能力较为薄弱，难以有效保障村民的正常生活，易引发新贫困；尽管政府许诺每亩地补偿 15 万元，村民们还是顾虑很多，思想情绪不稳。就业、养老、医疗保障是村民最担心的问题。在这些方面，政府没有尽到应有的职责，对农民的医疗、养老、救济等社会保障性的公共服务供给不到位。因此，正是这种"种田无地、就业无岗、低保无份、生活无着"的困境，激发了他们对土地财产权利被侵害的反抗意识（见访谈 30）。因此，集体消费的缺失表现在村民发展权的缺失。教育、医疗、社会保障福利等发展型社会资源建立在空间分异基础之上，处于底层的社会成员，被隔离出享有城市权利的行列，被剥夺发展的机会和资源。

访谈 30：纪某，男，53 岁，A 村村委会委员

宁某，女，49 岁，A 村村委会委员

问：咱们村民一般有工作吗？都有收入来源吗？

纪：没有。收入是这样，我们这个村老人有征地转居的，但现在我们村还有几百个人没转居，没转居这些人也就意味着没有退休金。现在村子里边，我们解决了一部分，这一部分人每月 800 块钱，村子里给他们，这叫退休，是村民自治，自己决定的退休。然后，这些转居的人，他在医疗上、退休工资上都有保障，那国家负

---

① 史云贵、赵海燕：《我国城乡结合部的社会风险指标构建与群体性事件预警论析》，《社会科学研究》2012 年第 1 期。

担了，一个月 2000 多块钱拿着，然后看病的时候有医保卡。但是，没转居的这一部分人有吗？什么都没有。现在政府的政策我不清楚你们知道不知道，叫遇到征地才有转居，就是征地必带转居，那没有征地，就没有转居。现在，剩下的就这几百人转不了居，我们也着急。

问：那咱们村这 700 名居民是什么时候转的？

纪：前几年征地转居的。没有 700 人吧？有 400 多人。最近的一次转居就是今年，是我们村东占了 54.4 亩地，54.4 亩地有我们 26 个指标，现在还没完，马上这 26 个指标就转完了。就现在正在操作当中的这 26 个不够，260 个人都不够，我们就着急把老百姓都转了。现在农户还有 700 多人，我们的压力有多大。要是转居了就好点了，起码有退休金。我转居完了有 1000 多块钱退休工资也能过，现在我要是明年退休了一分钱也没有，就全指着这房子生活，要真的没有房子，就真的没法生活了。还有我们的压力也在于老年人，年轻人还可以自谋生路，但是老年人年龄大根本就没有就业能力，刚才怎么说，看病都看不起。

问：咱们村原来每年有钱吗？

宁：有，原来平均下来一个人将近 12000 元，一年。现在这个钱没了。原来发钱的时候，人家"两委"的一年挣 4 万多块钱工资，现在村民一分钱不发了。为什么老百姓上访？就是因为没有收入了。

问：您转了吗？

宁：没转。

问：您今年多大年纪？

宁：49 岁。

问：那您这卡着 50 岁，马上就超转了。

宁：对，说得是，快急死了。现在超转一个人太贵了。所以就这拆迁一系列问题都解决了。拆迁了就把这人员全转居了，医保也有着落了，我们现在医保都没着落。现在生病，真的看不起，真不说瞎话。我们家闺女前两天在协和医院刚做的手术花了 18 万元。

问：您拿的医保卡还是 18 万元呢？

宁：没报多少，我花了 10 万元，就报了 8 万元，她是学生，学生跟我们新农合差不多，比例低。脊柱侧歪，真的花不起。真的要拆迁了就转居了，转居了我们医疗也有保障了，我们现在真的什么保障都没有。

问：转居的多少钱呢？

宁：大概可能 1700 元。具体我不知道他们多少钱，再说 1000 多块钱现在够干吗的，人家老太太腿疼都不敢去瞧病，说等我医疗卡下来我再去瞧病去，都这样。还有就是未转居的老头儿老太太，他们都是奔 70 岁的人了，不敢有病，真得好好照顾好自己，万一生病拿什么瞧病？村集体分红，2000 多块钱这点生活费，加上过年 3500 块，共 5000 多块钱，并且我们这岁数上有老、下有小的，我们村还有孩子上学，上一个托儿所就得 3 万块。你说多大的压力。

## 第三节　空间权利的维护：本地村民集体反抗的行动逻辑

任何一个社会不管其制度与政策如何完备，都不可避免地会产生各种各样的矛盾与纠纷。正因为有矛盾，才使社会在解决矛盾的过程中不断向前发展。当前由拆违征地而引发的社会冲突主要表现为村民与其他利益集团的矛盾。[①]

列斐伏尔把城市比喻为潘多拉魔盒，里面装满了一系列的矛盾对立关系。一个镜像是把城市视为地域，是堕落、疾病、衰退、腐败的温床；另一个镜像则是延续柏拉图对希腊城邦理想的传统，把城市视为文明诞生的摇篮和美好新生活代言的诞生地。这种对立关系在城市中形成了多个异质空间，尤其在发达城市广泛存在的城中村这些空间之间和空间内部充满了对立的关系。而这种对立体现在拆违征地中则呈现出一种分裂图景：一面是大规模的公寓建设，另一面是各种各样的私搭乱建，

---

① 孙玉娟、赵琳、赵丽媛：《社会冲突视阈下失地农民利益表达的错位和缺失》，《福建农林大学学报》（哲学社会科学版）2008 年第 6 期。

富人区和穷人区的分界越来越明显。A 村呈现的正是这种二元冲突的图景，但它不是对国外经验的简单复制，而是叠加在中国自有制度基础上的一个变形。①

就 A 村而言，拆违征地冲突中也包含着这种二元景象，并呈现出不同利益主体博弈的动态画面。正如庄雅仲所言，社区必须被看成个人与群体挣扎的场域、一个权力斗争与社会想象的混合体，完全和谐、没有矛盾的社区是不可想象的。② 这些社会行动者主要有镇政府、村集体、开发商和本地村民。在拆违过程中，他们之间既有合作，也有竞争、冲突，彼此博弈，形成特定的社会空间。在强政府力和弱社会力的张力之间，自上而下的权力实践与自下而上的空间诉求产生断裂，呈现"对抗型"的"离散"特征。如何平衡本地村民与开发商、村集体之间的矛盾，局部利益和整体利益的矛盾，切实保障本地村民的空间权利和自由，确保拆违征地顺利推进是政府亟待解决的重要议题。

## 一 拆违程序不规范引发空间权利抗争

拆违征地相关制度与政策不完善，拆违过程缺乏公开性，程序设计不规范引起村民空间权利的反抗。正当程序是法律为了保障个人权利所规定的政府行使权力必须经过的步骤、应当采取的方式。农用地违章建筑是不合法的，其拆除具有强制性，但这并不构成剥夺土地所有者表达权的理由。

从对村民的访谈结果得知（见访谈 31），拆违过程中村民只收到一张白条纸，通知要在指定时间内拆完，拆违的用途是什么、谁来决定的、拆违时间、有哪些保障措施等都不透明、不明确。并且往往是先斩后奏，大多数村民在缺乏协商、匆忙被告知的情况下就要对农用地上的违章建筑进行拆除。村民如果不接受，政府以停水停电的强制手段进行拆除。村民只能被牵着鼻子走，被动接受。

拆违过程中缺乏群众参与性。拆违之前，与空间社会权利密切相关

---

① 胡毅、张京祥：《中国城市住区更新的解读与重构——走向空间正义的空间生产》，中国建筑工业出版社 2015 年版，第 125 页。

② 庄雅仲：《五饼二鱼：社区运动与都市生活》，《社会学研究》2005 年第 2 期。

的村民缺失公共政策的话语权，有效参与不足，甚至根本没有机会来了解与自身利益有关的信息。然而，现行法律也没有规定必须跟村民签订协议，拆违过程没有建立有效的监督反馈机制。整个过程中村民始终处于被动地位，缺乏表达自身利益的权利空间。因此，村民表示要集体去村委会讨个公道，村干部怕说不清，天天逃避，然而，村民表示不会善罢甘休，要追究到底，这给疏解拆违工作增加了难度。

总之，由于村民长期被排除在城市空间治理的决策体系之外，加上此次疏解整治相关法律依据的缺失和制度性程序的不足，利益表达渠道不畅通，缺乏必要的知情权、参与权和决定权，科学、合理的征地补偿机制尚未完全建立，部分村民的空间利益得不到有效保障，这将必然引发一定的抵制行为，甚至会造成群体性事件。因此，基层管理者应认识到协商空间是联结权利诉求和权力实践的重要场域。空间再现虽然是强者的话语空间，但是在空间实践过程中，包括拆违前和拆违过程中，不应仅将村民视为"非理性"与"决策能力不足"的个体，应建立村民协商参与机制，重视村民的主体作用，让他们充分发挥自由选择权和决策权，去除"自上而下"单向决策的弊端，解决主体性缺失的问题。①

同时，空间疏解整治应采取柔性化、人性化治理方式，其长官意志应纳入治理的科学性、法治化和程序性的规约中，尊重城市治理的多元、民主、公平正义等价值，实现治理的民本导向与生活导向；而不能为了治理绩效而忽略治理的本原目标，进而最终应实现空间疏解整治绩效与城市发展、与民众需求的统一和协调。②

访谈 31：周某，女，58 岁，A 村村民代表

问：您对农用地拆违整治有什么看法？

周：现在把我们的大棚拆了，这是强行的，16 号开的村民代表会，第一次。25 号开的第二次，16 号开了村民代表会就给我们

---

①　黄岩、杨方：《审议民主的地方性实践——广州垃圾焚烧议题的政策倡议》，《公共管理学报》2013 年第 1 期。

②　陈水生：《超大城市空间的统合治理——基于北京"疏解整治促提升"专项行动的分析与反思》，《甘肃行政学院学报》2019 年第 4 期。

发了单子，发了白条，连个公章都没有。老百姓不认可。但是我们是村民代表，那时候还没开代表会，我听见那个信了，我就跟租户说你们在我这里住好几年了，你们得提前赶紧找房子，我是提前告诉你们，你们要提前做好思想准备，我们明天就要开村民代表会，一开会就公布了。

开会时就给我们一人发一张白纸，连个公章都没有，就要25号之前把房子自行拆除了，可能吗？您说说？9天的工夫，让租房的找房子，租房的也得有个思想准备，你找一个房子还要赶到礼拜六，还都上着班，人家得下了班吧，不上班的时候，礼拜六、礼拜天，赶上这个时候可以出去找个房子搬搬家，这么着，25号让我们自行拆除，我们25号没拆成。26号又开一次村民代表会，有的人就反映，你给我们发的白条管用吗？连个公章都不盖？人家要公章，没有公章。

周：16号给我们发的单子，让我们给村民发，我们不是村民代表嘛。给一打儿纸，让你挨户扔，有的去了就撕了，有的干脆就不要，人家说这叫什么？写个白条就让我们拆家、就搬家？怎么也得有个公章。

问：没开个听证会讨论讨论这个问题？

周：没有，哪有那事？没说嘛，先斩后奏都是。26号老百姓都有这个反映，26号又开一次村民代表会，又发一回，盖了大队一个公章，你说大队有这些权力吗？让老百姓这么折腾？应该是由政府，甭管是区政府、市政府，得有一个政府文件、通知。就只是我们大队盖的一个公章，让我们搬家，到25号就停水停电，你不搬也没法生活了，就是必须得强拆了，你要不拆26号就开始强拆，26号没有来，28号过来的，他们这给拆的，这才几号？你看看我们这一片。就这么三两天，你看把我们整个这一片好几百亩地就给我们平了，我是最后一家，急得我嗓子说话都变声音了。我们大伙儿商量好了要去村委会评评理，哪有这么干的？现在村干部都躲着我们，每天去都没人，我们打算天天去。

## 二 基层管理者强制拆违引起村民抗争

空间疏解整治的唯绩效导向致使基层管理者为了追求政绩指标采取"一刀切"的执行方式，不计任何成本，导致治理过程缺乏人性化，形成冷冰冰的"指标治理"，这样易引发民众反感和反弹，激化官民矛盾，影响政府公信力。①

在访谈中得知，基层管理者也很为难，称这是国家政策，上级任务都有时间节点，完不成就要追责。且拆违时，村民不理解，各种拖延，不配合，关键用说服、教育的方法根本无用，如果不采取强硬一点儿的方式，根本无法开展工作。再说如果走程序很烦琐，进度特别慢。因此，村民反映（见访谈32），基层管理者对于个别不愿意搬迁的村民，不注意方式方法，拿出"行政强制执行"的挡箭牌，以非常态的方式实行强制拆违。这样暴力拆违致使村民产生极大的不满情绪，有的村民甚至将基层管理者说成是流氓，并打算以上访的方式进行反抗。

由此可见，在基层管理者执法方式中，与执法对象双方的互动关注形成具有某种特殊含义的符号。符号主要指引发冲突的物品、羞辱性言语或者不尊敬的动作，这种符号与基层管理者执法方式过程中产生的负向情绪能量相关联，成为个人认知记忆中的线索，并会在今后类似的互动方式中借此符号激活之前积累的负向情绪能量。换言之，执法冲突方式中的负向情绪体验会借助情绪能量和符号得以增强。例如，基层管理者与执法对象曾因暂扣某一物品发生冲突，那么此物品就成为该执法方式创造出的一个特殊符号，之后再次因此物品发生冲突时，参与者会借此符号迅速激发先前互动所积累的负向情绪能量，并与当前冲突产生的负向情绪能量叠加强化，从而加剧当前的冲突程度。②

　　访谈32：陈某，女，63岁，A村村民
　　问：你们是觉得执法行为有些强硬吗？

---

① 陈水生：《超大城市空间的统合治理——基于北京"疏解整治促提升"专项行动的分析与反思》，《甘肃行政学院学报》2019年第4期。

② 赵晨、付悦、高中华等：《城管执法冲突的微观互动过程、诱因与结果——基于互动仪式理论的民族志研究》，《公共管理学报》2020年第4期。

陈：昨天，你看我这个锁，你看见没有？流氓撬的。昨天来了，我卖废品去了，没在家，他们来了把我的门锁砸开了，你看地下的锁，把门砸开了，把我里边的东西给弄到他们那儿去了，就是昨天下午弄的，昨天早晨起来把我的东西都给扔了。扔了我就不干，我不让他们拆，我说你不能拆，我说我的东西还要。他们第二天早上工人帮我把这些需要的东西弄一下，我说我一个人收拾实在是没工夫，我没办法，这不是我家儿子媳妇礼拜六、礼拜天休息了，赶紧过来帮我收拾一下，弄一弄。

## 三 村民维护空间权利的话语策略

虽然基层管理者与村民在疏解整治过程中存在对立、矛盾，但是其冲突的程度有很大差别；在大多数情况下，这种冲突的烈度比较低，不会引起严重的暴力冲突。对于村民来说，他们主要在冲突中假装作出一些过激行为，以此在情绪能量上战胜对方，但他们并不追求在执法过程中占主导地位，只是希望中止仪式并能彻底退出。对于执法者来说，由于执法过程是需要与村民长期合作的，偶尔出现一次冲突只要在可控范围内也是不可避免的，因此，这种可能出现的冲突性结果大多是温和的。具体表现为：基层管理者执法冲突会从辩论升级为争吵的过程，一般情况下止步于言语冲突而不再加剧，双方虚张声势一番后局势慢慢趋于缓和。即便出现推搡或拉扯等肢体冲突的极端执法仪式，双方尤其是基层管理者出手时也会非常谨慎地控制伤害程度。①

正如村民对话语权的不对等感到极其不满，福柯指出"语言、知识、权力"正是通过这些"话语"来实现的。权力通过自己的知识和控制的资源（如媒体、法律政策）将塑造空间的要求不断合理化，转化为权力实施的工具，将空间的再现即自己头脑中对空间的理解，通过各种方式植入大众对空间的理解之中。就此而言，A村空间重塑是在"新农村改造""疏解非首都功能"等特有的话语背景下实施的，

---

① 赵晨、付悦、高中华等：《城管执法冲突的微观互动过程、诱因与结果——基于互动仪式理论的民族志研究》，《公共管理学报》2020年第4期。

权力也正是将这种"话语"通过政策性文件、会议、媒体的传播植入大众的日常生活，使空间重塑成为实现这些"话语"的合理实施途径。

而在空间权力实践过程中，基层管理者不能够设身处地为村民着想，总想赶进度创政绩，采取"一刀切"、简单化的方式处理问题，致使村民产生被政府欺骗、抛弃、无助的感觉。村民对空间有自己的利益需求，在这种不断被强化的话语背景下出现一种反经济、反发展的行为。正是这种话语权的不平等，以及当今自下而上利益诉求表达渠道与机制的不畅通，使得村民的话语权只有通过不正义的方式来引起关注；从下文对村民的调研访谈中得知（见访谈33），村民将采取抗争性话语，从天然的传统的生存话语（老百姓是生活在社会最底层的人，他没有发言权），转到了体制内的国家话语（共产党就是为人民服务的），再到利用现代的"人权"组织话语（我们现在都没有人权了）等外来的体制外的具有抗争性的话语，将这种正当的空间权利诉求演变为一种新的表达。因此，权力和知识可以通过正规的主流渠道表达经济政治诉求，而村民所处的弱势地位决定其只能通过"非正规""非正式"的形式表达空间权利。

访谈33：齐某，男，67岁，A村村民

问：您对疏解拆违执法有什么看法吗？

齐：咱们老百姓生活在社会底层，没有多少发言权，上面说要疏解非首都功能，轰走低端人口，说环境整治，我们老百姓都举双手赞成，我们出行都方便了，但是不能一刀切，老百姓还得生活。

问：应该提前征求意见是吧？

齐：征求意见，给老百姓的大脑来一个缓和。

问：缓冲的时间？

齐：给他时间。在大的政策文件下，一点点逐渐实施下面的政策，让老百姓适应了，不能一刀切。共产党就是为人民服务的，但管理也得按顺序，不能一下咔嚓，中央政策是好的，有些和尚不会念，给念歪了。这种行为有点太过激了。

### 四 村民维护空间权利的灰色博弈

当前，城市空间权力结构碎片化，尽管给经济发展、社会空间成长带来了很大的正效应，但其也隐藏着大量隐形的社会问题。而且这些社会问题相互交叠、嵌构，致使公共风险加大，尤其是私人权利在城市空间的扩展。①

在私人权利不断发展过程中，个体行动并不是孤立的，多数个体会通过各种利益或关系集聚成相互关联的群体，而在这种群体中"无意识在我们的所有行为中作用巨大，而理性的作用无几"②；换言之，在城市空间权力结构碎片化后，尤其在执法过程中私人权利意识高涨，形成了一种缺乏理性的无意识集体行为，当然也并不排除少数群体的理性行为，而这种集体无意识行为极易在煽动或蛊惑的情境下发展成与政府相抗衡的力量；无论这股力量是大是小、有组织或无组织，其在某种程度上总会扰乱社会秩序。因此，权力碎片化并不可怕，可怕的是缺乏理性的权力碎片化。③ 尤其是当紧张情绪持续过长，意识不受控制，冲突很可能由象征性转化成实质性，具体表现为下文中的失范行为。

根据上级农用地拆违的要求，基层管理者通知村民限期拆除农用地私搭乱建的违章建筑。起初，大多数村民处于被动、观望的状态。而当基层管理者进行强制拆违时，村民则采取一系列灰色博弈的策略予以反抗。例如，以"胡搅蛮缠"的方式保护自己的房屋不倒在铲车之下；充分利用"作为弱者身份的武器"，以拆违将中断经济来源、威胁生存权等话语进行博弈，或者由老、弱、病、残人员出面，以增加筹码并降低风险；少数钉子户采取"缠""闹"之术进行抵抗。更有甚者当政府采取强拆行为，涉及少数或单个家庭的时候，村民则倾向于摆出以命相搏的姿态，这样，很容易使拆违冲突演化成暴力流血事件（见访谈

---

① 李利文：《中国城市空间的治理逻辑——基于权力结构碎片化的理论视角》，《华中科技大学学报》（社会科学版）2016 年第 3 期。

② ［法］古斯塔夫·勒庞：《乌合之众：大众心理研究》，冯克利译，中央编译出版社2004 年版，第 4 页。

③ 李利文：《中国城市空间的治理逻辑——基于权力结构碎片化的理论视角》，《华中科技大学学报》（社会科学版）2016 年第 3 期。

34）。有的村民还借助网络和社会力量，如网络、舆论媒体、非政府组织等，将政府的不恰当拆违行为进行曝光，以形成对政府的威慑力（见图6-1）。

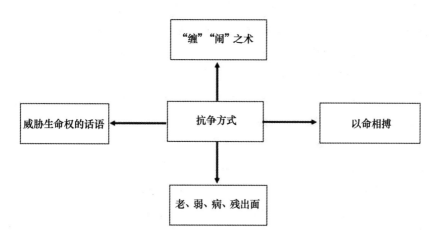

图6-1　村民多元的抗争方式

这正如互动仪式理论所描述的，随着基层管理者采取具体措施，与村民的注意力相互聚焦，双方从相互交谈转变为争执，冲突性紧张感不断增强，同时，这也会吸引一定数量的群众围观，当围观群众无法抵御场域内高强度的情绪能量或者产生情感共鸣时，也会激发他们进入场域共同抵抗基层管理者；尽管基层管理者作为互动仪式中的命令发布者，在互动中处于支配地位，但当其正常执法活动受到对方干扰时，不断增强的紧张感容易引发基层管理者的权力性愤怒。这种愤怒来源于公权遭到挑战，权力所有者希望通过愤怒形成威慑来迫使对方服从；之前由于村民的势力也不断增强，情绪不断高涨，原有双方的能量对比发生改变，可能缩小差距而使双方更加势均力敌，从而使冲突升级，甚至转化为暴力。①

Henri Lefebvre 认为，"只有立足于最接近我们的秩序——即身体秩

---

① 赵晨、付悦、高中华等：《城管执法冲突的微观互动过程、诱因与结果——基于互动仪式理论的民族志研究》，《公共管理学报》2020 年第 4 期。

序，才能对遥远的秩序起源问题作出解释"。① 福柯则进一步明确提出，身体是权力在空间中的铭刻，也是构成社会关系的一部分，体现在社会关系之中。② 当村民的权益受到侵害导致精神崩溃时，说明他们的无助，也是他们"底层"和"弱势"地位的集中体现。因此，拆除农用地违建这种边缘性的空间生产，以及不遵守社会规则近乎"无赖式"的空间维权方式，对国家空间生产的深层结构产生影响，反映出村民作为底层社会面对强大的国家公权力的无奈与无助。这也正是我国的体制、结构和政策环境长期以来没有给村民提供一个公平、自由表达、维护自身利益的机会，才导致一部分人以不合作的方式参与社会空间权利的维护，这也是对空间权力的反作用。然而，村民的空间维权行动并没有带来预期的结果。不过，应当看到的是，空间生产的逻辑不仅仅是权力、资本的再生产，更是公民空间权益的再生产。如果不考虑这一点，那么 A 村拆违将面临一种无组织的、趋利的、相机行事、越轨式的空间抗争。

访谈 34：丁某，女，58 岁，A 村村民

　　　　　辛某，男，55 岁，A 村村民

问：您的农用地在哪儿呢？

丁：这块是我的承包地。

问：承包地？这就是承包地上盖的房子？

丁：对，我这地要拆，不让他们拆，我这就一溜儿房。

辛：看你老丁家了，就你这窝还留着呢。

问：您当时租了几间，租了几户？

丁：就那几间是租的，这几间是自己住的。

问：这都是农用地吗？

丁：都是农用地。其实我们要说一亩地你哪怕留个两间房，我们种点地，歇了有个地方去。这个一点都不给你留，一间都不给留，都不知道什么意思。为什么？你说谁种地不搭个棚子？卖瓜还

---

① Henri Lefebvre, *The Production of Space*, *Translated by Donald Nichiolson-Smith*, Oxford & Cambridge, USA: Blackwell Press, 1991, p.405.

② ［法］米歇尔·福柯：《规训与惩罚》，刘北成、杨远婴译，生活·读书·新知三联书店 1999 年版，第 30 页。

得有瓜棚子。现在给我留不留不知道，反正现在都拆了，目前为止没人找我，也没准明天给我全拆了，反正只要是把我的全拆了，我就跟他们玩命。

　　辛：我跟你说，那个老贺，这几天给气得什么似的。他们家最老实一个，78 岁的人。那天跟这儿拆的时候都要打那个保安了，他还躺到地上，不让拆。还有的村民实在接受不了，都快得神经病了，话又说回来，你拆也好，我们犯法也好，犯法是不是还得检查检查审完了，是不是？反正你要这么拆我们都不服气，拆就拆了，我们拧不过政府。我们支持政府，但是这个做法不对。

## 五　拆违不公平引发的空间权利抗争

　　城市生活事实上与隐喻的空间界线构成主体认同的空间向度。当今，城市空间的生产和再生产，暗含着各种各样的利益角逐，其中拥有资本和权力的一方对空间占有具有主导力量，能够获取更多的空间资源；另一方则处于弱势地位，只能获得少量的空间资源。但无论如何，双方都希望在对个体生活空间和公共空间的争夺中获得最大的利益，进而引发了种种复杂的社会矛盾与冲突，最终出现了各种各样的空间剥夺、挤压、隔离和分割等现象。换言之，由于所有的城市生活以及各种社会活动都是在特定的空间之中展开的，且不同的社会阶层、群体、组织的社会权力关系都会嵌入其中。这样，由于其空间资源的有限性，各个主体为更多的争取空间界限与社会相抗衡，因此，空间越来越成为一个斗争的场所，蕴含并生产着一切社会关系。正如列斐伏尔所指出的："空间里弥漫着社会关系，它不仅被社会关系支持，也被社会关系所生产。"①

　　由此可见，空间资源分配的根源在于不同的社会权利的争夺与再生产的社会关系，其中蕴藏着有关城市空间分配与再生产的正义与非正义之分；在有限的城市空间范围内，各种类型的空间非正义性，空间分配不公是导致社会冲突的源泉。就此而言，空间的开发及利用不应以追求利益作为唯一目的，否则，拥有更多权力和资本的精英阶层就占有更多

---

　　①　文军：《空间正义：城市空间分配与再生产的要义——"小区拆墙政策"的空间社会学》，《武汉大学学报》（人文科学版）2016 年第 3 期。

的空间资源，结果造成不同社会阶层空间隔离与分割，进而形成强势群体对城市底层群体的空间挤压和排斥，最终形成社会空间割裂和空间碎片化的局面。①

同时，空间是政治的，空间政治在社会空间重塑过程中的影响结果是社会阶层的空间分化，空间的等级化与空间隔离，等等。② 根据调研资料所知，基层管理者和开发商合谋建造规模化公寓，且以改变土地用途的名义规避拆除，引起了村民空间权利的极力反抗。村民还反馈，村集体与开发商之间有比较复杂的利益勾连（见访谈35）。因此，由于城市资源的稀缺性和各利益主体行为在对其竞争和博弈中的非平等性，必然产生许多社会不平等问题。

（一）空间分配不合理：权力与资本合谋的空间生产结果

空间权力和资本合谋的独特优势，垄断了大量的空间资源，而村民只能获取极少的一部分，造成了空间分配的不合理。按照哈维的资本循环理论观点，相对于资本进入产业领域的改革发展进程（资本的第一循环），资本注入空间、空间的商品化和市场化发展是哈维所述的第二循环。然而，地方政府（镇政府）、村集体对空间资源的垄断，使得其对第二循环中的资本流动干预大大超过了对第一循环产业资本的干预能力。特别是我国现有的土地政策和土地产权制度，如农村集体土地所有权的转变只能由镇政府、村集体负责，在这种条件下，集体土地的市场价值被严重低估，使得土地之上的空间成为被干预最多的空间。A村的空间样态是由行政机制和市场机制同时发挥作用的结果，市场机制推动了资本的升值，而行政机制又维系了资本的力量，致使本身就被市场力量削弱的空间资源再分配机制通过不正义的权力实施过程得以加强。③因此，只有将特定社会形态下资本与权力的运作轨迹与社会过程中各利益团体的行为动机结合起来，才能全面地分析空间样态的形成，认识各

---

① 文军：《空间正义：城市空间分配与再生产的要义——"小区拆墙政策"的空间社会学》，《武汉大学学报》（人文科学版）2016 年第 3 期。

② 景天魁、何健、邓万春、顾金土：《时空社会学：理论与方法》，北京师范大学出版社 2012 年版，第 129 页。

③ 林毅夫、蔡昉、李周：《中国的奇迹：发展战略与经济改革》，上海人民出版社 1994 年版，第 201 页。

利益主体矛盾的根源。按照此观点，A 村的空间样态是一种社会建构或特定的关系丛，是由基层管理者、开发商、村民这些不同行动者共同塑造的，尤其是基层管理者与开发商这两种强势力量将资本与权力合谋，共同创造空间样态，而这正是村民空间权利反抗的主要原因。

这种权力和资本的精英阶层对于城市空间资源的不公平分配会导致"城市空间剥夺"现象。城市社会有两种引起竞争的稀缺资源，主要包括经济商品和地理空间位置，这两种资源所引发的竞争和适应过程，构成了动态的人类城市社会关系。同时，"被操纵城市"假说认为，城市形态是被精英利益团体和权力联盟有意识操纵的结果。绝大多数城市政治行为包含着对空间再分配机制的控制和利用。[1] 由这些行为而引起的城市土地利用变化会有利于城市权势阶层；进一步来讲，目前中国城市空间剥夺现象主要体现在权贵阶层利用权力和资本的力量对于城市公共资源的大量占有，而弱势群体在空间资源分配中则由于空间疏解、征地等原因而被剥夺和边缘化。[2]

正如下文调研访谈所得出的，在空间资源的分配中，房地产开发商往往利用财富资源的力量，对政府相关政策施加影响，甚至与政府合谋，共同从中获得有利于自身的城市空间利益。因此，基于政治、财富精英相关利益者相互联盟的态势，空间重塑将更成为社会资源和财富分配的武器，而底层社会弱势群体的公共利益则可能被侵蚀。

1. 基层管理者行为分析

基层管理者在土地流转过程中掌握着很多权力，为实现利益最大化可以利用特殊权力的优势和土地管理的漏洞与开发商合谋开发类似小产权房等大量违章建筑工程。首先，镇政府寻租。美国经济学家安妮·克鲁格在《寻租社会的政治经济学》一文中提出"寻租"，指出政府寻租主要是因为政府对市场经济进行过多的干预和管制，政府部门、官员谋求额外收益，经济体制的不健全不完善，这样会导致市场秩序的紊乱、资源浪费和对公民的不公平。因此，为了寻租，镇政府在征地过程中非

---

[1]　Harvey, D., *Social Justice and the City*, Baltimore：The Johns Hopkins University Press, 1973, pp. 73 – 206.

[2]　王春兰、杨上广：《大城市开发开放的负外部性及治理研究》，《社会科学》2011 年第 4 期。

法批地、随意征地。

其次，农村集体经济组织在农村基层社会治理中与农村基层社会自治组织职能相似，具有分配土地使用权、安排土地承包经营、审批宅基地等权力。具体来讲，他们有权对所有村民根据一定的分配规则统一发包土地承包经营权，控制和管理集体所有建设用地、村民宅基地的使用与审批，以及兴办集体经济等生产、经营活动。因此，村集体经济组织通过这些权力可以从开发商那里寻租。

A村的"小产权房"就是一个典型例子。这些房屋是在集体土地上建造的，但未经政府部门批准，使用权转让时也未缴纳土地出让金，向非本集体成员的第三人转让或出售。这种住房不是由国家房管部门颁发产权证，而是由乡政府或村委会颁发。由于国家法律规定在农村集体土地上建设的房屋只能在集体成员内部转让、置换，将房屋出售给其他人员不受到法律的认可与保护。这种"小产权房"没有国家发放的土地使用证、房产证等。农村集体经济组织为将房屋出让给开发商，采取各种形式避开这些规定，如签订长期物业使用权转让协议等，获取高额利益，这些都属于违法行为。

2. 开发商行为分析

开发商为获取土地进行开发得到巨额利润，常常以支持当地经济发展或者为村里谋福利的名义，向镇政府和村集体提供一些好处。为了能够快速获得土地进行开发，他们有时越过镇政府，直接与村集体进行联系。有时他们为了减少投资，规避投资风险，先与村集体签订共同开发土地协议，目的是低价拿到土地，盖公寓后进行出租，再办理征用土地的手续。有的土地建立起工业厂房、公寓后，依然没有办理土地征用手续，只是提高土地的使用金而已。[①] 开发商的种种行为只是出于自身利益的考虑，而很少考虑违法征地所带来的一系列后果，并将这些问题留给镇政府、村集体和村民自己去解决。

3. 权力与资本合谋

"资本的集中趋势是一个规律"，城乡接合部空间生产当中，基层

---

① 倪军昌：《北京城乡结合部征地和失地农民问题研究——以亦庄开发区为例》，硕士学位论文，中国农业大学，2004年，第11页。

管理者充当城市空间垄断人的角色，与开发商联盟，共同主导着 A 村空间生产过程。在这样的情况下，权力一旦出现寻租行为，便会加强对特殊空间资源的占有。政府与开发商形成利益共同体，公然打着"公共利益需要"的旗号，通过各种途径绕过农用土地流转限制等规定，以合法、非法或隐蔽等手段低价征收村民土地，然后通过建造酒店、规模化公寓进行出租获取巨额利润，并且以改变土地用途的名义规避拆违，这些行为反映出权力与资本决定着空间生产的样态。

（二）利益参与主体权力的非均衡

列斐伏尔认为，空间的形式、结构和功能与权力相关，空间中心往往也是权力中心。权力和资本的力量在我国空间形塑过程中影响巨大，但同时，也造成很多空间发展不平衡、不充分的问题，进而引发的空间资源使用的社会冲突也大量增多。[1] 换言之，城市化资本积累的主要是利用权力和资本的双重力量，在既有的建设用地征用制度下垄断土地开发权利和剥夺土地增值收益，引发一系列社会矛盾。就此而言，在 A 村引起冲突所涉及的利益相关者中，政府拥有政治权力，开发商具有经济实力，无疑镇政府、村集体和开发商在特定情况下保持各自在空间领域的优势和特权，会占据更多的空间资源以及增值利益，决定空间的功能定位和物质形态。正如帕尔所言，城市资源的不平等分配模式并不是由空间或区位决定的，而是那些在社会系统中占据重要位置的城市代理人行为的后果，他们决定着不同人群所占有资源的多少。权力与资本的联合构成了集体土地出租的利益格局，是对弱势群体空间利益的剥夺。正是由于这种不平等现象的存在，城市才会出现社会冲突。

相比较而言，村民处于弱势地位。一方面，村民对土地使用权不具有完全市场主体地位。因为我国法律规定村民不拥有土地的所有权，而只是拥有一定时期的土地使用权，在土地处置方面农民不能私自改变农业用地的使用用途。因此，农民的土地使用权只能算作残缺的用益物权，它是依附于土地所有权的，并不具有独立性。[2] 这样，就会导致村

---

[1]　刘继华、段斯铁萌：《新马克思主义空间理论对我国大城市空间治理的启示》，《城市问题》2019 年第 2 期。

[2]　宋广盛、王康伟：《城乡结合部失地农民利益的维护与保障》，《中国商界》2008 年第 4 期。

民土地处置权的被动地位并且只能得到极少的土地流转补偿以及集体分红。另一方面，村民在政治上缺少发言权，经济实力也十分有限，缺乏法律知识，在政治和经济上不足以与强势群体抗衡。

这进一步证实了优势群体在转型过程中继续维持着他们的优势地位，并在市场化的条件下得以强化。针对 A 村案例而言，疏解拆违暴露出了原来拥有政治资本、经济资本的强势阶层继续保持并巩固了其对稀缺空间资源的占有，还预示如果后续工作不到位，原有的贫困、环境、居住等社会问题，将会致使被边缘化的村民面临着比先前更加边缘的处境。[①]

（三）村民由沉默不语转为极力反抗

空间分配不合理会引发村民有意识的集体抵抗与实践，访谈可知，村民正作为一个重要的力量参与空间资源的争夺之中。具体而言，基层政府主导的城市规划与建设，一味地追求利益而过度开发空间资源，只关注城市的空间交换价值带来的利润而忽视其使用价值，且不考虑村民的生存和发展需求。因此，当资本与权力共同主导的城市规划影响到村民自身利益时，村民则抵制二者进行空间抗争，最终实现其空间权利和空间诉求；随着公民权利意识不断提高，基层管理者不得不作出让步，这样，自下而上的空间利益诉求会带来空间结构的变化。[②]

调查发现，由于权力与资本的合谋，A 村历任村干部都直接或间接地参与到违章建筑的建设和交易当中。村民反映（见访谈 35），村土地买卖、房屋建造都要经过村干部，处于桥梁位置的他们可以从中谋利，将村民的土地"低征高卖"给开发商，或者与开发商共同开发，"很多会搞的村干部因此捞了不少的好处，赚了大钱"。村干部利用农村产权不够清晰的漏洞，从中获取巨额利益。在拆违过程中，开发商又以追求经济利益最大化为目标，以与村集体签订合同为由，要求政府给予很高的赔偿，或者与村干部合谋规避拆除，这就形成了村干部、开发商之间非常复杂的利益勾连。笔者在调研中得知，这些村民们看在眼里气在心

---

① Yanjie Bian, John R. Logan, "Market Transition and the Persistence of Power: The Changing Stratification System in Urban China", *American Sociological Review*, 1996, 61 (5), pp. 739 – 758.

② 潘泽泉、刘丽娟：《空间生产与重构：城市现代性与中国城市转型发展》，《学术研究》2019 年第 2 期。

里，对村干部颇有微词，对这些行为极其不满。

村民心里不满是与镇政府、村集体、开发商之间的利益冲突爆发的原因之一。村民一般情况下对以往镇政府、村集体违法征地流转选择沉默不作声。然而，如今已经触碰到了村民的核心利益，例如，拆违中断村民以租金为主要收入的经济来源；同时，政府拆违后，土地被流转，村民得到的补偿标准较低，补偿费远低于市场价格。根据村民反映，村集体以一亩地15万元的补偿金，让村民把土地流转给村集体，根本无法维持基本生活。何况对北京这种特大城市的城乡接合部而言，更是难以满足村民的生活需求。因而，无法从根本上保证村民的生活水平不因拆违征地而下降，这致使村民感到失去保障，没有安全感，从而引起村民对村集体与开发商合伙建造的大规模公寓规避拆除表示不满，使其联合起来与村集体、镇政府抗衡，要求一并拆除违建。他们称如果规模化的公寓不拆的话，打算越级上访，并去法院讨公道。显而易见，从空间和土地来看，优势地位群体有更多机会占据并维护更多的社会空间，弱势群体则被排挤到社会空间的边缘，具有很少的话语权。

村民们反映他们的处境很危险。基层管理者为避免给自己带来麻烦，如果发现哪些村民经常去闹事，就会私下派一些黑社会势力、乡村混混、强宗大族等进行威胁、打压。然而，村民们表示，大伙儿商量好了，一起去闹，不能个别行事。一些村民去堵村委会大门，去镇、区上访，甚至计划越级去市里、去中央告状，他们相信总会有解决问题的地方。

国外学者詹姆斯·斯科特根据对东南亚农民生活情况的研究，提出了"生存理论"和"道义经济"两个概念，认为当村民感受到生存道德和社会公正受到侵犯时，他们便会不顾一切进行反抗。这与A村村民对镇政府、村集体的土地寻租、拆违征地的不平等而感到不满，进而采取非制度化的抵抗行为进行空间维权较为接近。

然而，从A村拆违来看，居民的反抗效果是有限的，即使取得了暂时的胜利，还是难以阻挡权力和资本对空间的操纵。福柯这样说过，空间及其规训往往具有压迫性的力量。在此环境下，微观的抵抗往往只是暂时性、局部性的微小胜利，它不能取代资本和制度的影响。村民对空间生产的抵抗，是与空间的商品化生产以及与更广泛范围的"反市场"

"反资本"密切相关的。村民表面上是为了争夺自己的空间使用权益；然而，本质上是面对日益扩张的资本力量和不正义的空间生产表现出的一种反抗。

村民在国家力量的推动下，由传统差序空间转变为城市重塑空间，这一空间变迁过程是疏解非首都功能背景下政府和市场共同作用的结果，呈现较高的"离散性"。同时，在强政府力和弱社会力的张力之间，自上而下的权力实践与自下而上的空间诉求产生断裂，呈现"对抗型"的"离散"特征。

### （四）空间权利贫困的制度根源分析

城乡接合部作为我国城乡社会的一个组成部分，其背后隐藏着政府制度不完善所带来的一系列制度性风险。制度性风险主要包括制度功能缺失、制度的不公正、制度修正不及时、制度规则运转不灵活所引发的社会风险等。因此，现阶段城乡接合部面临的诸多风险，其根源在于社会制度结构层面的问题。[①]

在 A 村空间疏解整治过程中，之所以造成空间利益相关者的各种社会冲突，其实质是由于空间是利益的物质载体，空间的调整导致空间利益格局的调整，进而引起社会利益格局的调整。因此，表面上简单的土地拆违冲突，往往都有着深刻而复杂的根源，尤其涉及土地制度缺陷、管理程序不完善等。

### 1. 流转征用土地范围界定不清

我国主要有《农业法》《土地管理法》和《城市房地产管理法》等几部土地征用权相关的法律。《土地管理法》（2004）中规定，如果是兴办乡镇企业、用于农村公共基础设施以及公益事业建设的，经批准可以不申请使用国有土地进行非农建设。然而，对于农村集体土地的征用中何谓"公共利益"界定不是很明确，缺乏相应的程序和标准去判断是否符合公共利益。这就给基层管理者（镇政府、村集体）和开发商钻了法律空子，他们假借兴办"乡镇企业""公益事业"和"办工业园区"的名义以低价征收土地，进行土地开发或盖公寓进行出租。这样

---

① 史云贵、赵海燕：《我国城乡结合部的社会风险指标构建与群体性事件预警论析》，《社会科学研究》2012 年第 1 期。

就会严重损害村民的利益，造成村民的极大不满，进而引发了拆违冲突。

2. 村民集体土地所有权主体缺位

当前，我国对农村集体土地产权的界定不够清晰，主体不明确，这是村民空间权益受损的根本原因。产权制度是一种基础性的经济制度，土地所有权也就是所谓的产权。产权经济学家阿尔钦指出："产权是由社会强制执行的对资源的多种用途进行选择的权利。"产权具有对资源的排他性占有和使用，其划分权利与利益的范围影响着资源的分配，产权的建构本质上就是资源的分配。[1]

一方面，我国的《土地管理法》《土地承包法》等法律都明确规定农村土地归集体所有。实际上，"农民集体"是一个"抽象的没有法律人格意义的集合群体"，是一个虚置的权利主体。"农村集体所有"的含义包括三个方面：农民集体所有（主要是由集体经济组织或者村委会统一经营管理）；乡（镇）农民集体所有；村内两个以上农村集体经济组织的农民所有。然而，在现实生活中，乡农民集体经济组织并不存在（乡镇一级农民集体的背后现在是乡镇政府），农民集体经济组织缺位。村民小组是农村群众性自治组织，无法行使农村土地处置的权力。这就造成农民集体土地所有权主体严重模糊，村干部都会或多或少地参与所有的土地征用过程。[2]

另一方面，根据我国《土地管理法》第63条规定，农民集体所有的土地的使用权不得出让、转让或者出租用于非农业建设。因此，乡镇只发土地使用权证，不发所有权证，而所有权证只发给作为村集体代表的村民委员会，对于大多数的农民集体其实名存实亡。

正是"农村集体"土地产权的主体模糊以及权能虚置等制度上的弊端，导致一些土地乱象的发生。镇政府、村级组织以土地集体所有为名义，任意划拨土地，以低价征地政策随意操纵土地流转，热衷于"低价格，长期限，大规模"地转让和租赁土地，最大限度地获取土地

---

① 阿尔钦为《新帕尔格雷夫经济学大词典》撰写的"产权"词条的手稿，转引自周其仁《产权与制度变迁》（序言），社会科学文献出版社2002年版，第5页。

② 王林等：《中国社会矛盾预警研究》，重庆大学出版社2011年版，第90页。

资本的增值收益。

另外，城乡接合部地区的土地不仅涉及国有和集体土地的分割，还有大量中央级企业、单位和部队等多元主体掌握土地，因此，在疏解过程中会产生较大困难和阻力。而村民作为个体，难以利用现有的法律与法规抵制强势的政府、村集体和开发商对其土地权益的侵犯，进而无法有效保护自己的合法权益。

3. 承包经营权规定不明确

土地流转制度指的是土地使用权流转，是指拥有土地承包经营权的农户将土地经营权通过一定的运作方式，例如，承包、转包、出租、抵押等，转让给其他农户或经济组织，即保留承包权，转让使用权，并实现土地效益经营的制度。

农村集体土地的流转可以分为农用地流转、宅基地流转和除宅基地之外的集体建设用地流转。农用地流转主要是指村民土地承包权与经营权的流转。《物权法》明确规定了土地承包权、经营权是用益物权的性质，农民对土地承包经营权享有完整的占有、使用、收益、处分权，可以采取转让、入股、抵押等形式流转土地承包经营权。[①] 而我国《宪法》和《土地管理法》规定，土地集体所有者产权不能自由转让，也就是说，农户只能依法在一定期限有偿出租其使用权，不能买卖土地产权，并且只有部分收益权和极少量的处分权，即在土地卖与不卖、卖多少价格上，农民没有发言权。显然，农民并不具备完整的法人资格，其权能是残缺的，这就给各级政府和集体经济组织侵害农民土地权益提供了条件，导致村民无法有效地保护其土地产权。

4. 土地流转缺少有效的监督机制

在我国，各级行政机关既是土地流转征用的决定者，也是执行者，因此，很容易出现权力滥用现象，而我国土地管理中又缺少对行政机关有效的监督。在 A 村由于监管不到位，一些土地流转行为不规范引发诸多矛盾纠纷。主要包括：在土地流转的过程中，土地使用性质被任意改变；转包合同不规范甚至违法；村干部利用权力低价私自发包，等

---

① 夏周青：《治道变革与基层社会矛盾化解》，国家行政学院出版社 2014 年版，第 40 页。

等。这些都会造成土地流转工作无序，致使国家和村民的利益受损，而村民对政府部门失去信任，又会影响社会稳定。

访谈35：何某，男，63岁，A村村民

林某，男，58岁，A村村民

问：村民一般流转的土地有多少亩呢？

何：我们自己流转的是二分四厘三的地，我们这边是一人一亩，同样是林地。

问：是不是咱们的地被流转了，村里边集体利用的？

何：那二分多地流转给大队了，大队同开发商签订合同也是盖的三层、四层高楼的公寓或是快捷酒店进行出租，别说不给钱，流转地是二分多，完了一年给我们1000多块钱，一亩地合1万块钱，几十年没涨过，现在物价涨这么多，地租从来没涨过。而且一说拆迁，能够赔偿很多钱。我们别说没拿钱，拿了，拿钱了，可是至于当头的入股拿多少钱老百姓不知道。

那次开村民代表会我就问了，直接问的村委会主任，我说你敢保证将来我们村占的时候，他们（开发商）盖的楼房从这儿不捞取利益吗？那是实话，他们跟大队签合同。

比如说签10年还是8年，人家有合同，如果说我们村拆迁了，赔不赔人家？后来他没言语，我们现在担心的还是这个问题。就是到时候把咱这地给流转了，它们再盖集体用房？现在我们大家心里有点不平衡的就是这些。马路东边那边，村集体精英把农用地改为工业用地，就像我们村附近盖的一个成规模工厂，也是违章，但村集体说是为了集体经济，至今尚未拆除，群众的眼睛是雪亮的，实体的东西在那儿搁着。老百姓心中很不满，同样是违章，为什么只拆除我们的。那儿比这儿多好多倍，都不拆。

问：为什么呢？

何：外地人有人横，上面有人。我们现在老百姓其实挺支持政府的工作，拆违章没有意见。其实，我不相信是横，我敢说实话，有当头儿的跟他要股份，一年给他们多少钱。当时给我们一张通知书，上面写着土地、林地拆违，我们这是属于林地，因为都是树，那边也是树，为什么那边不算违章？为什么没有拆？人家现在还盖大楼。而且我们还有一片老年绿地，都盖上楼房了，还说盖养老院和托儿所，结果现在改别的性质了。另外，就说那边也是村集体土地上盖的楼房、公寓，那边的公寓多大？上次我们开村民代表会，校办工厂就是院里投资60万元，我们大队给出5亩地，你说现在人家开发成最少得有30亩地了，他们那块，人家自己盖多少楼房，人家自己租，那是外来人的。

林：我们甭管说什么，人家都无动于衷。不知道人家有好处，还是有什么。村民盖一间平房，搭一间楼房，立马去了给你拆了，不让盖，现在我们自己家不能扩建宅基地了，也没有地儿。往上也不能盖了，盖你也盖不起来，现在你看天罗地网。你瞧人家那边多少房子？三层、五层、七层，怎么盖都行。话又说回来了，要是把这村弄好了，大家有经济来源、有得穿也愿意，可开心了，你说这一下子变成这样，我们都是眼泪，你看这一条街拆得，真的特别压抑，村民怨气很大。况且，它这个上头是往下拨钱的，可是到不了我们老百姓手里。

问：如果确权了你们是不是愿意交地？

何：咱们要拿着红本，不是更有把握了，心里不就更踏实了吗？确权咱们拿地入股。咱们第一次开村民大会还说咱们要交地。主任说，如果不愿意交地，我们就确权给你办。第二次确权就不说了，他就老提流转的事，他不说确权，头一次他提确权，他说就奔着确权给你们办理去。第二次再开会的时候，他就那么说，就说什么流转这么好、那么好，你要不交给大队，你挣不了这么多钱，他给你往这边诱导你。我们说，你爱挣多少钱挣多少钱，你不给我确权，我不交地。

问：那边违章，没有拆是吗？

何：我们现在讲半天就是这问题。为什么他那儿不拆，就拆我们老百姓的，是不是？两回拆我们的，它那个一回都没拆过。还是那句话我们老百姓要求没别的，是违章全拆，一点不留，我们老百姓心里就平衡一点。我们没有钱都认了。

问：咱们村里边生活来源不是靠租金吗？

何：对，哪儿都是靠这个。咱就说句实在的，没别的收入。你看，我们听说这地流转回去以后说要盖房子，将来他们要改成建设用地盖房子的情况下，直接冲击村里的出租房。它在外边盖，你说我们村里头，你有两间房租出去，谁不愿意住他们那个公寓呢？但是这是以后的事。现在问题是不知道它流转回去要干吗。

问：它是说给咱们村民 15 万元？

何：对。它说是流转，就是把这地收走了，给 15 万块钱。这一辈子永远我们就没有地了。而且现在我们听外面小道消息说，人家也跟领导天天打交道的人说，咱们想复耕、想种点菜，甭想，人家告诉了，你们也甭想，明年五一我们就知道了，人家这么告诉我们，透露这么一个消息。暂时不能动了这地？现在 80% 要盖房子靠谱了。

问：可能是统一建设的这种公租房、廉租房？

何：统一的，这地你不确权哪成？你不确权，老百姓，那你咋说？其实我们村，只要是有农村户口的全都吃着违法的饭。因为什么？你说了我在违法。因为什么？二分四厘三，我们已经让你流转了，流转以后，你没有给我们发挥更大的作用，只是 1 万块钱一亩。对不对？再说，给这么少的补偿费我不要，我的地不给它。

问：您是什么意思？

何：先是 1 亩地 15 万元。征地补偿是怎么补偿法？说 15 万元一亩把我的地收走了，现在租地我就问你多少钱一亩？现在北京租地多少钱一亩？2 万元行吗？18 年的合同，一块儿给我 36 万元，给我 36 万元，你属于租地，合同在我这儿，你属于租的，说以后遇政府拆迁那是另一回事。

问：另外，您就说这拆违没有缓冲时间？

何：关键是你先把那边拆了，那边的一栋楼就相当于这村的多少间房。不公平，一点都不公平。

问：您的意思就是说它那边违建拆了，您也愿意拆吗？

何：对，我们自己就拆了，不用你们机械挠。人家有的也是比较富裕的。他们最早的时候几百块钱买的地，自己就开始盖房子出租了？那边几百亩地给签字卖了。当时几百块钱收的，卖 2000 多万元，三四百亩地，老百姓一分钱也没见着。

问：卖给谁了？

何：卖给开发商了。它们也盖上公寓了，还有那边有绿化带，全归人家了。

反正就是我们村的地，他们给卖了。还有我们村最后经济转型了，它把北头一块地建成了建材市场，什么时候拆的不知道，当时投了好几千万元，说给老百姓一年可能是1000块钱。再一个就是大队投资了500万元盖的厂房。

问：里边是生产什么的？

林：原来生产风机，现在啥也不生产了，也出租给人住。这一疏解都搬走了，人家说了，这个地方不给我1亿元我不走，它就是为拆迁做好准备，这不是要拆了嘛。

问：走了是吧？

何：它上别的地方租地去了，这儿的地还继续租着，就是不开工厂了，就等着拆迁。这楼多大，这里头全是租房，公寓，这原来最早的时候是桃树和苹果树，这半边都是。1985年分地都是苹果树地，这都是农用地，一开始。当头儿的一句话就变成工业区了，我们农村有什么工业区？一开始说要拆违章，他给改变一名词，就是非耕地，他改一名词就不拆了，这回又改了，这回叫工业园区。现在其实也没啥工业，全是租的？当头儿的都有地，都占着地租着房，老百姓怎么办，你说？还有所谓老年绿地、绿化带，不让它盖房，现在都盖。

问：这一片以前都是农耕地吗？

何：对。都是耕地，原来都是苹果地、桃地。这一条道都不给留，都给封上了，封死了，都盖上了。那时候还贴着标语大干3个月，这就为拆迁作准备，承包商盖完楼，回头给村干部分红。村干部有股份，反正我们村民就想着把这拆了，如果都是违章建筑，你拆了我们了，这都得拆。其实，我们村将来两极分化很严重，也就是说富的永远更富，穷的越来越穷，因为一下给它固定了，没有动态的调整。所以，农村将来的土地规划很艰难，真有发财的，确实也有发财的，一年房租收入上百万元的也有，更别说这些公寓了，公寓一盖几百间，但是，也有基本生活难以维持的。

问：这些流转地不得给老百姓分红吗？

何：没有，一分没有。股权证都办了，就是不给。你说以前咱这村里边都是绿地、耕地的多，现在都变成这了？不论如何，你说要拆大家都拆。不拆的话，明儿弄个材料，我上法庭得了，瞅见这我气得慌。平时我们老百姓谁闹事，村干部发现就会私底下进行打压。但是如果问题不解决，我们宁愿去堵村委会大门，去区、市甚至中央进行上访，总有替老百姓说话的地方。说实话，我们老农民指什么？应该是在村干部的正确领导下，首先农民土地到今天这个地步必须得给我们确权，要不然以后我们农民都没有保障。

问：是的。现在全国也开始确权了，咱们 A 村也会启动的？

何：我们说过好几次，没人理我们这茬。明天他们有人组织要到村里开会，只要说是土地确权的事我去，说拆说复耕的事我去，把这个土地搁到我们农民手里头，我们自己能种点菜、种点老玉米、种点黄豆，心里踏实，有土地保障，这是我们最基本的要求。因为大队和任何人保证不了我们的生活，我们只能自己保证自己。

违章建筑对于村民来说，是一种既得但不是合理的利益。然而，长期以来，村民都是以此为生存来源，这次疏解造成村民的收入中断，且拆违后社会保障供给不足，使村民陷入"种田无地、就业无岗、低保无份、生活无着"的困境，这极大激发了村民对土地财产权利被剥夺的空间反抗意识。在村民与其他利益相关者的矛盾中，利益是这些多重博弈的核心。一旦拆违，村民的生存保障难以维持；而镇政府、村集体为了完成上级下达的目标任务，采取强制方式进行拆违；加之，不公平地拆违建，没有将村民的困境以及后续的生活保障考虑在内，就会引起村民的空间抗争以争夺自己的空间权利。因此，在疏解治理过程中，应秉持空间正义的理念，建立合理的执法程序，规范执法行为，完善村民的利益诉求表达渠道，给予村民相应的后续社会保障、弥补土地制度缺陷等，最大限度地维护村民合法的空间权利。

# 第七章 基于空间正义的路径设计

## 第一节 空间正义理念下的理论逻辑

罗尔斯坚信，"正义是社会制度的首要价值，正如真理是思想体系的首要价值一样。一种理论，无论它多么精致和简洁，只要它不真实，就必须加以拒绝或修正；同样，某些法律和制度，不管它们如何有效率和有条理，只要它们不正义，就必须加以改造或废除。每个人都拥有一种基于正义的不可侵犯性，这种不可侵犯性即使以社会整体之名也不能逾越。"[①] 在空间社会学的发展脉络中，空间正义是一个重要研究领域，是一种价值取向，是社会实现公平与公正的有效路径。

在社会学家看来，所谓空间正义就是指正义的空间维度，即将空间视为物质性的存在，在空间的生产和生活中应注重维护不同阶层、不同群体公平占有、利用空间来进行生产、生活的权利。[②] 由于空间与社会不仅是互动的，也是相互建构的，正如空间社会理论家爱德华·索亚所指出的，人们生来就占有一定的空间，并在一生中都塑造着空间，但同时，各种空间也在以各种方式塑造着人们的社会生活。因此，我们必须将空间正义置于决策之首，秉持空间正义的价值观，注重社会生活中存在的各种"空间差异"现象，充分考虑空间资源分配与再生产过程中可能引发的各种社会后果，避免因为空间分配的非正义性所带来的新的

---

① ［美］约翰·罗尔斯：《正义论》，何怀宏等译，中国社会科学出版社1988年版，第3页。

② 乔洪武、曹希：《新型城镇化建设必须重视空间正义》，《光明日报》2014年6月18日。

社会矛盾与冲突。①

总之，任何政策的出台、城市治理目标的确立都应基于"平等、公正、自由"等人类共同的价值理念，应该实现效率与公平的均衡。

## 一 空间正义的嵌入

在城市空间治理的宏观分析框架中，其核心焦点是空间，试图以空间作为治理的切入点来推动整个城市治理的不断提升，达到城市"善"治。空间不仅包括经济的要素，而且集社会性、政治性、策略性和时间性于一体；尤其是空间的社会价值，即在推动经济增长的同时，还要注重消灭空间异化和极化、空间剥夺、空间隔离和排斥等问题，从而建构和谐有序和自由流动的空间政治制度，由城市空间治理推动整个城市社会的发展。②

马克思主义认为不存在绝对的正义观，它受到历史的、经济的制约，并随时间和空间的变化以及相关人的变化而变化。例如，他指出资本主义所谓的正义是为了维护资本主义的生产和发展，它是与本应代表的社会整体利益相违背的，因此，本身就不存在正义，他还指出，只有在高度发达的经济基础之上消灭一切非正义的社会现象，追求全人类的彻底解放，才能实现人类社会真正意义上的正义。

新马克思主义的正义思想主要表现在列斐伏尔的城市权利。列斐伏尔 20 世纪 60 年代发表了一系列对城市权利进行批判和抗争的著作，表明他对城市日常生活被权力化的抗争，以及希望寻求社会正义的努力。列斐伏尔在 1968 年给出城市权利的定义是：城市的权利像一种哭诉和一种要求（a cry and a demand），前者是对被剥夺的权利的哭诉，后者是对未来城市空间发展的一种要求。③

然而，在城市之中，资本的力量正在借助政治权力分割着人类共同

---

① 文军：《空间正义：城市空间分配与再生产的要义——"小区拆墙政策"的空间社会学》，《武汉大学学报》（人文科学版）2016 年第 3 期。

② 董慧、陈兵：《现代性与城市治理——以国外马克思主义空间批判为线索》，《华中科技大学学报》（社会科学版）2016 年第 2 期。

③ Peter Marcuse, "City: Analysis of Urban Trends, Culture, Theory, Policy, Action", *City*, 2009, 13（2－3）：185－197.

体，并最终剥夺民众"进入都市的权利"。列斐伏尔指出："将群体、阶级、个体从'都市'中排除，就是把它们从文明中排除，甚至是从社会中排除，将那些不能分享政治特权的人们赶到了郊区。"① 因此，对城市权利的要求来源于那些被排除在权利之外的人，"哭诉者"是那些被城市疏远的人，而要求是为了生活的物质需要，目标是获得更广泛的权利来让生活满意。这些被排除在外的人包括了边缘的人群以及工人阶级中低收入和低保障的人群，政府和精英者的空间生产对"被排除人群"造成的影响最大。由此可见，城市的权利更强调的是那些在城市的空间生产中被忽略的人的权利，而这更需要去解决而不是驱除或者放任不管。这也正是列斐伏尔提出的，通过对城市权利的争取来取得城市正义，这种正义的目标包括了群众和城市居住者对城市地区的空间和时间活动的知情权、参与权，对综合服务的享用权等，他们有权拒绝外在力量的单方控制，保持多样的权利诉求和对空间的使用诉求。总而言之，"城市权利"的目标不仅是公民进入城市空间的权利，更重要的是参与空间生产的过程，使得城市及其空间的变革和重塑体现公民的意愿。因此，城市权利成为与空间正义相互交织和密不可分的概念。

哈维所关注的正义是将后现代批判理论和地理空间维度融入了对正义的批判视角，认为在后罗尔斯的正义观中正义不只是以指社会经济的公平分配问题，也体现在空间和城市生活的更广范围中。一方面，他从资本积累与阶级斗争的批判视角提出了改良主义的社会正义原则：①解放被压迫的边缘化群体；②赋予被压迫者参与政治的权利以及自我表达的力量；③消除城市规划方案与公共讨论中支配者的文化霸权等六条原则。② 另一方面，从地理学的视角，哈维将自己的社会正义界定为对"领地再分配式正义"的发展和创造，即社会资源以正义的方式实现公正的地理分配，不仅关注分配的结果，而且强调公正地理分配的过程。

苏贾所认为的"空间正义"主要是以对不正义空间的批判为视角，一是强调更加平衡、辩证的社会和空间的因果关系；二是起源于领域

---

① ［法］亨利·勒菲弗：《空间与政治》，李春译，上海人民出版社 2008 年版，第 65、37、17 页。

② D. Harvey, "Social Justice, Postmodernism, and the City", *International Journal of Urban and Regional Research*, 1992（16）：588 – 601.

（邻里、社区、城市、郊区、国家以及全球层面），认为正义应该通过对社会福利和不平衡的地理分布进行自由表达，对不正义的城市发展进行批判；三是鼓励弱势阶层以集体行动的方式获得空间正义。

直到 20 世纪 70 年代，北美与西欧的城市变迁过程中性别、阶级与族群等各种矛盾，都涉及空间与社会资源的分配问题，这也形成了城市空间正义实践的基础。因此，空间正义表达了弱势群体或者边缘群体对空间权利的争取，以及对资本力量主宰城市空间的批判。

综上所述，城市重塑的目标应包含两层含义：一层是整体的、引导性的最优效益性目标，能够有效把握经济、社会、物质和文化等目标之间的联系和矛盾，实现各利益主体所认同的系统目标；另一层是具备协调与平衡功能的公平性目标，能够解决各利益主体之间的冲突与矛盾，并在各利益主体的共同努力下实现对前一目标的深化与完善。① 进一步来讲，公平性目标则是对社会多元性和权利不均衡性的认知，促使社会、经济、文化多样性差异之间的协调发展。

## 二　空间正义的出路

从主体价值伦理角度出发，"空间正义"就是一种符合伦理精神的空间形态与空间关系，也就是不同社会主体能够相对平等、动态地享有空间权利，相对自由地进行空间生产和空间消费的理想状态。② 自由选择与空间平等构成了空间正义两个核心的内容。相对于主体而言，空间正义的价值首先体现在提供调节主体关系的伦理约束和秩序，空间正义原则要求对空间利益的获取不能损害他人或其他群体的空间利益和获取空间利益的能力与机会。当这种损害既符合目的性原则，又符合规律性原则，必须对被损害者进行适当的补偿。空间正义也体现在必须为全体主体提供普遍的发展机会，实现公正的空间效益，创造一种符合社会全员利益的社会空间价值，包括创业、就业、消费、文化生活和个人日常生活行为空间的自由选择。③

---

① 张京祥、殷洁、何建颐：《近年来中国城市密集地区规划的困境与发展趋势》，《规划师》2007 年第 12 期。

② 陈忠：《空间辩证法、空间正义与集体行动的逻辑》，《哲学动态》2010 年第 6 期。

③ 王志刚：《社会主义空间正义论》，人民出版社 2015 年版，第 47 页。

　　新马克思主义者分析了资本主义商品的生产、分配、交换和消费，揭示资本主义社会发展的矛盾以及城市空间结构变迁，指出空间正义的出路在于，通过公平正义地推动空间资源和空间产品的生产、配置、交换、消费，达到公民空间权益的社会公平和公正，即空间生产、空间分配、空间交换和空间消费的正义。

　　空间疏解过程中社会结构变迁与空间重构，是基层管理者与其他利益主体之间互动博弈的结果，即空间权力对空间的支配权和分配权与公民为维护自身空间权利的互动博弈结果。为了实现空间正义，需要以社会价值与机会在空间上的公平分配为原则，规范空间权力，避免对于公民空间权利的剥夺，保障公民平等地参与空间生产和分配，享有相应的空间权益的机会。

　　那么，如何配置公共空间，如何限制空间权力在法律范围内有序运行，如何确保弱势群体的空间权利，是空间正义研究的重要议题。具体而言，空间正义包括了空间的支配权力和分配的正义，也包括空间生存权的合法性及其保障权的正义。然而，在具体空间正义的分配和实施中，罗尔斯在《正义论》中所谈及的两个原则："自由平等原则"，每个人都应该享有充分恰当的、平等的基本自由体系，以及拥有一种平等的权利；"差异公正原则"，即在与正义原则一致的情况下，应适合于最少受惠者的最大利益，[①] 即他强调政府在城市空间资源分配的过程中通过正义的再分配政策，以差别对待的方式区分不同的社会群体，尤其是应重点保护弱势群体的利益，缩小差距。因为他们自身力量弱小，无法保护自己。[②] 这应该成为空间正义一个必要的参照准则。空间正义要求不断消减政治组织和制度安排带来的空间不正义。

　　同时，坚持以人民为中心的发展思想。以人民为中心的理念不能只停留在口头上、止步于思想环节，而应贯穿疏解与提升全过程。疏解不能疏掉了民生，疏解整治的最终目的是强民生之基、谋百姓之福；提升

---

　　① 孔明安：《空间正义的批判及其限度》，《苏州大学学报》（哲学社会科学版）2013 年第 4 期。

　　② 任平：《空间的正义——当代中国可持续城市化的基本走向》，《城市发展研究》2006 年第 5 期。

更要从群众的关切与需求考虑问题，倾听群众呼声，反映群众诉求。①
尤其是重点保障弱势群体平等参与有关空间生产和分配的机会，增强其
意见表达的能力，提高自我解决本空间内问题的能力，使其有权拒绝不
合理资本的介入和对空间单向控制的家长式统治模式。需要指出的是，
任何允许甚至合法化针对特定空间群体的社会和系统性暴力是不正义
的。例如，在空间上对特定群体的排斥甚至驱逐。

因此，基层管理者应依法、依规实施空间权力，防止滥用权力，秉
持空间正义的价值理念，改变公民空间博弈的被动地位，赋予他们平等
的参与权、表达权、知情权、监督权，促使公民平等地享有一切空间资
源的权益，拥有平等合法的空间支配权以及公民空间生活应当得到保障
权利等。正如哈维指出的，他所期望的城市（空间）权利应该将传统
认为的空间衍生权利，如享有尊严的权利，视为基本权利，即让公众充
分参与空间生产、决定空间生产事务、尊重公众的个别化空间需求，并
将这些因素与空间正义联系在一起，决策者们只有在这些方面给予公众
应有的保障，才能打破"空间重构的正当性危机"，赢得民众的广泛
支持。②

换言之，构建新的空间格局与包容性城市治理，推动城市现代性中
的多元主体协作共治，就是在现代性视域下的城市空间发展中，保持一
种公平的、平衡的发展。使不同利益群体都能有机会参与城市的规划及
管理，并且都能共享城市发展的成果。因此，基于空间的政治化过程所
带来的村民、流动人口空间权利的缺失风险，应使其参与空间规划，并
通过平等的、对话的沟通方式，达到多元利益的平衡，构建包容性城市
制度体系。③

进而，无论是城市的物理空间设计，还是城市的社会空间发展，人
的权利是不容忽视的重要因素，甚至成为其衡量标准。随着我国城市空
间治理基础的转变，城市空间的权力逻辑也应该逐渐从权力主导转向权
利主导。

---

① 董斌：《疏解与提升辩证关系的几点思考》，《前线》2018 年第 1 期。
② 营立成：《空间权利与城市治理》，《中国社会科学报》2016 年 9 月 28 日。
③ 潘泽泉、刘丽娟：《空间生产与重构：城市现代性与中国城市转型发展》，《学术研
究》2019 年第 2 期。

从宏观上讲，社会治理需要有理论指导，进入新时代的城乡接合部社会治理，无疑要以新时代中国特色社会治理理论为指导。也可以说，当前城乡接合部社会治理是新时代中国特色社会治理理论的实践应用。

这一理论强调坚持和完善"共建共治共享"的社会治理制度，建设"人人有责、人人尽责、人人享有"的社会治理共同体。"合作治理，意味着党委、政府、社会组织和民众都是社会治理责任主体。即社会组织、人民群众需要对社会治理目标的制定、政策的设计、工具的选择、实践的探索以及效果的评估等全面的参与，最终实现多元主体合作共治，促进公共利益最大化，增强人民幸福感，维护社会和谐稳定。"①

可见，新时代中国特色社会治理理论内涵丰富，包容性强，突出了人民治理、共治共享、包容整合等重要思想。这一理论势必付诸新时代中国的城乡接合部社会治理实践，赋予城乡接合部社会治理兼容性特征，具有很强的指导作用。②

## 第二节　空间权利的保障：共生理念下的空间治理

社会是由空间形塑的，然而，社会对空间也具有能动的反作用。二者是在互动中不断自我生成和再生产，且社会空间的内源性特质会促使人类不断地调适和修正不适应生活的空间结构和关系。当空间和社会不相适应时，就需要对其进行整合，以免出现社会矛盾，导致社会失序，进而影响空间和生活世界意义的生成，有碍于人的自主性的提升。简言之，只有在空间与社会的交互关系的阐释中，才能将二者的实质相互映照出来。③

---

①　卢福营：《第三类治理：城中村社会的兼容型治理》，《浙江社会科学》2020 年第 9 期。

②　卢福营：《第三类治理：城中村社会的兼容型治理》，《浙江社会科学》2020 年第 9 期。

③　杨发祥、茹婧：《村域空间转型与生活世界的流变》，《新视野》2015 年第 6 期。

前面几章主要以访谈资料为基础，以动静结合的方式对疏解非首都功能背景下城乡接合部治理问题展开研究。自上而下的空间治理与自下而上的行动主体能动性在疏解空间中相互促进与制约，展现了基层管理者、本地村民、流动人口在空间生产、空间分配、空间交换和空间消费中主体间复杂的博弈图景。这种空间实践进一步显现了底层群众维护生存空间与空间权益的弱者抗争，此种抗争游走在正式与非正式、理性与非理性的行动选择之间，既有反抗也有妥协。而基层管理者的空间权力在国家疏解政策的指导下，对于本地村民与流动人口的空间维权，既有控制也有安抚。因此，在疏解博弈过程中，城乡接合部空间实践既有正义也有非正义。为了促进空间正义，应更新治理理念，将管制型的离散化同质空间转化为多元主体性的协商空间，形成由"上下分离"走向"上下整合"价值取向的再现空间。空间资源的配置、空间利益的分配、空间组织的规划等需要尊重民众的意愿与空间需求，构建"主体间性"的沟通机制，保障公共空间利益的实现①，进而探索疏解非首都功能背景下城乡接合部的和谐共生之路。

## 一　疏解治理过程中空间生产的保障

公共产品的均等化供给，关乎民众的基本民生需求，其中，公共产品供给责任合理的分配起着决定性作用，只有明晰责任主体，才有可能保障民生、促进公平，进而通过基本民生保障的均等化来促进城市空间结构的合理化。当然，这与我们国家的财税体制紧密相关，不是哪一层级政府能够彻底解决的，然而，秉持这样的基本理念是必不可少的，在一定程度上可以改进现有的公共产品供给。

事实上，从城市管理的视角来看，大多数面临着由多个政府权力主体实施城市管理可能带来的各自为政、分散管理的局面，这种状况被称为管理"碎片化"或"巴尔干化"。"碎片化"对于城市公共产品而言，在生产上会因为各自为政、缺乏整体规划而效率低下；也会因为公共产品的"外部性"特点而缺乏生产的积极性，从而导致公共产品的

---

① 孙其昂、杜培培：《城市空间社会学视域下拆迁安置社区的实地研究》，《河海大学学报》（哲学社会科学版）2017 年第 2 期。

分配和消费不公。①

在空间疏解过程中，为了缩小城乡公共服务差距，实现公共服务供给均等化，确保空间可持续的再生产，应该加大城乡接合部基础设施建设的力度。财政支持是公共产品生产的重要保证，而政府之间合理的财政分配机制是保障政府公共产品有效供给的前提。针对目前村落基础设施薄弱的情况，相关部门要其在水、电、暖、线、道路、绿化等基础设施建设方面加大倾斜力度，解决基础设施欠账过多的问题。各级政府要加大对基础设施的财政投入，合理划分各级政府的供给责任，市、区、乡（镇）政府作为城乡接合部的管理机构，应该为基础设施建设以及运转提供必要的资金。

同时，治理意味着要建立起多元、横向的权力网络，而不仅仅是依靠单一、纵向权力来实现社会管理，这些多元主体包括私人机构，并在多元的权力主体之间建立起制度化的合作关系，从而形成多元化的公共产品供给渠道，最大限度地筹集公共资源，促进公共产品的高效供给。

因此，要建立多种投入机制，形成"政府主导、市场运作、社会参与"的多方提供机制，保障基础设施的建设。一是政府应制定相应的财政政策，在资金和税收方面予以支持。资金方面，可以采取补贴、转移支付、专项拨款等方式支持私人、民间资本的参与。税收方面，应给予参与基础设施建设的企业相应的税收优惠，适度减轻税收负担。② 二是鼓励私人、非营利组织、民间资本参与公共服务竞标，建立健全政府购买公共服务的办法，将某些公共服务事项通过委托、承包、规划等方式交由社会组织承担，创新城乡接合部基层政府公共服务提供方式，提升城市城乡接合部的公共服务水平。三是增强市、区政府，居委会，村委会的自主性财力，建立长效投入机制，使乡接合部村集体有持续的、充足的财政资金，保障本村的有效运行。四是不断提高村干部的福利待遇，激发他们的工作积极性。他们是最基层的治理主体，工作风险最大，利益理应得到切实维护。

---

① 蔡禾：《从统治到治理：中国城市化过程中的大城市社会管理》，《公共行政评论》2012 年第 6 期。

② 姜爱华：《北京市城乡结合部基础设施供给的财政政策建议——基于需求方的调研》，《城乡一体化与首都"十二五"发展——2012 首都论坛文集》，2012 年 11 月 1 日，第 109 页。

此外，疏解非首都功能是一项复杂的系统工程，构建共建共治共享的城市社会治理新格局需要居民的广泛参与，符合居民的意愿。因此，疏解非首都功能，既要考虑到北京的资源环境硬约束，又要考虑到居民的日常生活需求，不能一味地疏解，而忽略了以人民为中心的价值理念原则，给居民的生活带来不便。

尤其是目前疏解过程中，一些产业的转移，诸如部分菜市场和批发市场的拆除或搬迁，给居民的生活带来了不便，导致居民生活成本上升。因此，应及时对疏解腾退空间进行改造升级、城市更新，加快疏解后续基础设施的建立，如增加菜市场、社区便民服务中心等设施，最大限度地减小疏解对居民生活造成的不利影响。因此，面对如此超常的复杂性，超大城市城乡接合部应该建立精准化、精细化的公共服务体系，满足居民的合理需求，维持居民的获得感。

空间生产不仅是物质空间的生产，也是社会空间的生产。空间权利受侵犯是引发空间社会抗争的根源。从空间正义的角度来看，这为村民提供依法理性表达、反映利益诉求的渠道，保障公民空间权利，对于化解社会矛盾与冲突，促进社会和谐具有重要作用。正如恩格斯所说，应当"结束牺牲一些人的利益来满足另一些人的需要的状况"，使"所有人共同享受大家创造出来的福利"[①]。在兼顾国家和社会共同利益的前提下实现政府与村民合理"互动"，在既定的制度和法律范围内和谐博弈，在"对立"中求得动态的统一，促使村民利益有序有效表达。利益表达、纠纷解决机制主要包括上访、仲裁、行政复议、协商、调解、司法救济等多元化渠道。其中，信访成本低、见效快，是村民最容易选择的利益表达方式。从 A 村的典型案例可以看出，一是各级政府应高度重视拆违征地中的信访工作，一旦接到举报要按照当地谁主管、谁负责的原则，对于拆违征地中违规违法的执法人员要严厉查处；二是相关部门要对拆违征地项目集中检查，做到心中有数，消除隐患，一旦有拆违征地引起的群体性或突发性事件，应采取有效方法与措施并依法给予相应的处理；三是疏通利益表达渠道，给予村民充分的利益表达的空间，消除其在话语权上实际存在的不平等，同时加强镇政府、村干部与

---

① 《马克思恩格斯选集》第 1 卷，人民出版社 2012 年版，第 308 页。

村民之间的感情，使矛盾在最基层得以化解，以免造成越级上访事件。因此，要不断加大信访制度改革，降低村民的维权成本，切实保护村民的空间权利，尽量避免冲突的发生。

另外，应该不断完善行政复议救济程序，将村民利益表达纳入制度化轨道。行政复议是我国公民实现利益表达制度化法治化的重要方式，是对我国公权力监督的重要手段，也是一种行政救济措施。拆违双方法律地位不平等，尤其是当行政机关不当或违法拆违征地，损害当事人的合法权益引发纠纷时，就要求上级行政机关以宪法和法律为依据，用行政复议的方式加以纠正，保护村民的合法权益。

对于流动人口来说，在疏解人口的过程中他们是最弱势的群体，随时有可能面临失去居所，失去工作的双重风险。但因为实力弱小，他们大多数时候采取沉默、游击战术，当然也有直接反抗等方式予以应对，以争取缝隙化的生存空间。他们当初带着美好的希望来到城市工作和生活，然而，现实却让他们陷入空间权益的贫乏状态，有可能连碎片化的边缘空间也无法留住。在这一过程中，他们的底层意识也会被强化。因此，政府应该妥善处理城市建设发展与流动人口权益保障之间的关系，维护好流动人口正当的空间权益，使他们能够共享城市发展的成果。

进一步地，在超大城市的空间治理中，政府部门应秉持公平正义的价值理念，对"非正规"空间和"底层"空间采取恰当的治理措施，例如，在疏解整治过程中，应为低收入人口适当保留弹性的生活空间，而不仅仅简单粗暴地强制撤离。

当前，针对超大城市中"非正规"空间治理的相关政策措施还不完善，在治理过程中存在无据可依的现象。因此，应该将规则治理与模糊治理相结合，将制度化的手段与宏观目标统一起来，采取渐进主义的改革方式，柔性化地处理问题。

同时，疏解北京非首都功能应遵循劳动力结构变动的规律，而绝不能为了疏解而疏解。1900—2010 年美国劳动力结构的变动表明，随着美国整体进入后工业化阶段，随着劳动力收入水平的提高，每一个高收入的劳动者都需要更多的普通服务人员为他们提供服务。这需要我们遵循大城市劳动力结构变动的规律，疏解非首都功能要做到劳动力有增有减，这是确保北京城市活力的根本所在。[①]

## 二  疏解治理过程中空间分配的权益保障

在新马克思主义城市社会学者看来，合理的空间分配应该是各个阶层的社会群体都能够依据自身的空间偏好，自由流动，且比较公正地获取相应的空间权益。在疏解整治过程中，空间重塑打破了原有空间分配格局以及暴露出权力和资本主导过度占有空间资源，造成空间资源分配不平等。因此，应完善土地分配制度，维护民众合理空间利益，促进社会公平。

从现代化的角度来看，现代化的发展并不应该是单向的或畸形的发展，并不是不和谐的发展，也不是用一部分人的空间利益来换取另一部分人的空间权利。而应该是一种协同均衡的发展，注重多元主体的空间权利平衡，这应该是现代性要求下的城市空间治理的重要维度。概言之，应该从两个层面上创造条件。一是从空间社会学的角度上看，每个人都有权利选择和享有一定的空间环境，并在其范围内合理使用空间资源创造出价值，这种空间生产和使用不应受历史和现实条件空间发展不平衡的制约，尤其是弱势群体更应该从优质空间中获取更多发展机会和资源不断完善自己，最终实现空间生产和空间分配及使用的平衡。二是从空间机制建设的角度看，要在民主和法治上下功夫，健全参与机制和制度法规，以实现空间权利的平衡。一方面在空间资源分配的过程中，相关空间权利主体能够通过民主的利益表达渠道参与空间分配，而不是被一些政治精英与资本精英所控制，并通过不正义的分配方式制造空间差异；另一方面，应在法律法规框架下，通过法治化的处理方式，确保多元利益的协调和权利平衡，而不仅仅是打着国家利益的口号对民众实施不公平分配。[②]

从城市空间治理的主体角度讲，主要有政府、市场和社会三个多元主体。随着现代化及市场化的不断推进，城市空间的商品化使更多的人

---

①  安树伟、李瑞鹏、李瑶：《北京非首都功能疏解对居民生活的影响——基于问卷调查的分析》，《河北经贸大学学报》2018 年第 6 期。

②  董慧、陈兵：《现代性与城市治理——以国外马克思主义空间批判为线索》，《华中科技大学学报》（社会科学版）2016 年第 2 期。

拥有并使用空间，以此为财富进行交换，空间需求也日益多样化，因此，在这样一个利益和需求分化的社会中，应该不断拓宽渠道，使利益相关者共同参与空间治理。然而，在现实中，由于特殊利益群体控制着空间而忽视民众或弱势群体的空间利益，导致空间的不平衡。因此，在政府方面，要做好顶层规划，合理开发和利用公共空间；调节市场，防止由于过度追求利润而进行空间剥削；简言之，政府应构建共建共治共享的城市空间而非少数利益集团占有的城市空间。

在市场方面，要充分发挥市场在空间资源配置中的决定性作用，满足人们生产、生活等多样化的需求，通过交换和借助价值机制进行调节，而不仅仅利用空间资源纯粹地创造利润。因此，应建立健全市场体系，对市场进行有效监督，使其对空间资源均衡地开发利用，防止短视效应损害民众的空间利益。

在社会方面，城市传统的治理方式主要以政府行政手段为主导力量，而多元主体共同参与的治理格局尚未形成；城市中的社会组织、居民等社会力量没有充分发挥，且处于弱势地位，其空间权力和利益也受到某种程度的侵犯，导致城市空间问题的出现。因此，应尊重和实现社会力量的空间选择与需求，积极构建共建共治共享的多元主体城市治理新模式，有效解决城市社会空间问题，维护城市的和谐稳定。①

具言之，一方面，应该明晰集体土地所有权，让村民真正拥有土地产权。农村土地的集体所有制造成了土地产权模糊，各种土地产权的不完整、不充分、不稳定是造成土地冲突的一个重要原因。如果土地产权清晰了，让村民真正拥有土地产权，土地就能放心交由集体经济组织进行流转，从而避免因拆违征地而产生的村民维权和冲突事件。因此，明晰集体土地所有权主体，成为拆违土地征用制度改革的前提和基础。在坚持土地集体所有的前提下，完善土地使用权，坚持土地使用权的长期化，使其真正具有完整的占有、使用、收益权，特别是要强化农民的承包经营权，使得承包期内土地依法转为非农用途，承包方有权参与交易与定价，并分享土地增值，侵占农民权益的应予归还。这样，对集体土

---

① 董慧、陈兵：《现代性与城市治理——以国外马克思主义空间批判为线索》，《华中科技大学学报》（社会科学版）2016 年第 2 期。

地所有权进行确权，将集体土地所有权人具体化，就能够抑制公权力的滥用，切实地维护村民的权益。

另一方面，应赋予村民完整的土地权能。目前，土地承包经营权是农户依据承包合同获得土地使用权，具有债权的特征。但是，将其作为一种债权，会存在一些缺陷。一是法律效力比所有权低，不具有排他性，无法抗拒来自发包人（集体组织）和乡村行政组织的各种干涉、侵害。二是土地使用权转让或出租须经发包方同意，这样，集体组织就成为受益人和受补偿人，而作为承包方的村民不能得到合理的保障。因此，应将土地承包经营权赋予物权性质，由签订承包合同形式转变为设定用益物权形式（非所有人对他人之物所享有的占有、使用、收益的排他性的权利），可以有效地维护村民的承包权。另外，应补偿以土地承包经营权为核心的土地他项权利，也就是国家在对集体土地所有权的征用同时也应一并征用集体土地所有权之上所设定的承包经营权、农地使用权和租赁经营权等他项权利，否则，农地产权的结构将遭到毁灭性的破坏，农村改革以来逐步发展形成的农民的土地权利也将完全丧失。①

同时，由于权力资源、声望地位、收入水平的不同，民众处于不同的社会阶层，风险分配也不平等，强势群体往往把风险转嫁给弱势群体，尤其是流动人口群体中的农民工，处于城市中的边缘位置；如果政府在风险再分配环节不能进行有效调节，形成风险代际传递的固化态势，不同社会阶层的群体就会产生敌对心理，会给社会带来不稳定因素。② 因而，空间分配是否合理决定着不同群体占有社会资源与发展机会的多少；如果空间分配不合理，也会导致弱势群体贫困的延续。

人民城市应该坚持"让人民生活更美好"的价值理念，符合"空间正义"的基本原则。政府应该公正地分配城市空间资源，使每一个公民都能够拥有平等融入城市的机会和权利，确保代际公平。

---

① 王林等：《中国社会矛盾预警研究》，重庆大学出版社 2011 年版，第 91 页。
② 郭秀云：《特大型城市流动人口的社会风险及其治理》，《探索与争鸣》2014 年第 8 期。

　　流动人口宁愿在城市边缘的缝隙里求生存，也是为了能够分享城市空间分配的权益，分享城市的发展成果。正如列斐伏尔所言，城市空间的生产，可以视为全体人民共同劳动的结果，无论所处的空间位置如何，国家的每位劳动者都应当有进入城市的权利，获得城市收益的福利，使城市成为陶冶人的容器。① 因此，政府应进一步深入推进户籍制度改革以及各项配套政策，对有能力的流动人口分配相对公平的生存空间、就业空间、教育空间等，最大限度地消除空间分配不平等现象，促使不同社会阶层人员都能够自由、平等地向上流动。

　　在疏解非首都功能，城市功能结构转型升级过程中，立足于不断优化超大城市"五位一体"总体布局，综合研判超大城市人口发展趋势，包括城市人口构成、安置、流动政策，合理有序引导流动人口流入超大城市，使流动人口能够获取向上流动的机会；同时，政府应该不断优化公共服务的职能，尽可能地为流动人口提供均等化的公共服务、完善的民生保障制度，加强流动人口的教育与培训，使流动人口能够真正地融入城市社会，更好地满足各个社会阶层的需求。实现城市社会治理与社会服务能力和质量的提升。②

　　当前我国的城乡接合部极具复杂性和特殊性，在多元主体治理格局中，主体之间既需要相互协同，又要承认彼此的差异性。因为城乡接合部社会治理各个主体所处的地位、所拥有的资源、能力等有很大不同，在社会治理过程中所发挥的功能也有所不同。既强调流动人口平等的空间权利，又要维护本地村民基于土地资源的合法权利和相应的福利保障。因此，在城乡接合部多元主体治理协同中应明确不同主体的角色与地位、权利与责任、相互关系等。③

　　总之，居住权是城市的基本权利。空间不平等是由居住空间差异导

---

　　① 张霁雪：《城乡结合部社会样态与空间实践——基于C市东村的调查研究》，中国社会科学出版社2014年版，第170页。

　　② 孙柏瑛、武俊伟、周保民：《大城市的现代治理之路与治理政策走向——基于北京市"折子工程"的文本分析》，《南京大学学报》（哲学·人文科学·社会科学版）2019年第4期。

　　③ 卢福营：《第三类治理：城中村社会的兼容型治理》，《浙江社会科学》2020年第9期。

致的空间隔离和空间排斥现象，其实质是空间分配不公平。因此，应该从两方面着手保障公民的居住权，一是通过住房保障政策，不断改善低收入人群的居住环境，对其配备的公共资源进行优化配置，缩小不同群体之间居住空间差异，维护低收入群体的城市空间权利；二是民众进入城市就是为了更好地发展，应通过建立公平统一、可持续的多层次社会保障体系，保障低收入人群的生存权与发展权。维护不同群体空间权利的意义就是通过矫正不合理的制度安排，建立机会公平、程序公平、结果公平的社会公平保障体系，促使更多的人能够享受现代城市带来的资源与机会，以及发展的成果，进而真正实现社会的公平公正。①

此外，疏解非首都功能过程中，需要提升迁出地的吸引力，提高迁出地的经济和社会发展竞争力，吸引流动青年离京；这需要顶层规划、宣传教育和群众工作相结合的社会综合治理手段。针对留京意愿更强的青年流动人口的特征，通过宣传教育和帮扶指导，使其进一步了解非首都功能疏解政策，并结合自身发展的特点，作出更好的选择。充分考虑"来自县城的流动青年的留京意愿更强"的特征，制定有针对性的北京非首都功能疏解具体政策规划。通过宣传教育和服务指导，在帮助流动青年深入了解非首都功能疏解政策的同时，引导他们作出更加符合自身发展的选择，同时，党和政府的基层工作人员做好群众工作，应结合群体性特征的变化及不同的利益诉求，制定更合理的决策，从而能够推动非首都功能疏解的顺利进行。②

### 三　疏解治理过程中空间交换的保障

疏解过程中，农用地拆违征收事实上是国家的空间权力控制与村民的空间维权的博弈行动。村民发起的空间抗争一个重要因素就是没有实行自由、平等、合理的空间交换原则，村民的空间权益无法得到有效保障。本地村民对拆违后的征地补偿，一般会讨价还价，声称如果达不到合理的补偿与规划，是不会同意将土地交给村集体，因为他们担心一旦

①　潘泽泉、刘丽娟：《空间生产与重构：城市现代性与中国城市转型发展》，《学术研究》2019 年第 2 期。

②　徐扬、王冰璐、刘姝雯、沈宇飞：《非首都功能疏解视角下流动青年去留问题研究》，《地域研究与开发》2018 年第 1 期。

失去了土地，又得不到相应的再就业和社会保障补偿费，就没有安全感。不过，村民最终都会以妥协的方式同意农用地拆违。

因此，空间交换过程中应遵循对等原则，使不同相关主体的利益在空间重塑过程中得到维护。具体来说，就是要把"土地换保障"落到实处，实施土地征用最低保护标准制度，扩大补偿范围和幅度，使补偿富有弹性，这样，才会使村民心甘情愿地将土地交给村集体统一规划。这就需要制定科学合理的农地征收补偿利益分配方案及计算方法，逐步提高土地征用补偿标准。鼓励多元化的补偿方式，针对大多数村民在拆违失去土地后，参与劳动力市场竞争的弱质性以及农民理财的滞后性，可以采取实物补偿（如留地补偿）和债券或股权补偿等方式加以补充。① 这样，既能够真正弥补征地后村民的损失，而且能帮助他们维持长久生计。

流动人口离开了原有先赋性的社会网络来到 A 村，通过自身能力与本地村民建立信任和互惠规范的新的社会关系，为自己在城市的生存创造环境，事实上，这正是流动人口在空间交换下与本地村民的社会关系的再生产。但社会和本地村民由于对流动人口有标签化印象，对其存在很大的偏见。因此，他们之间的人际关系疏松、社会纽带松弛，流动人口仍处于隔离状态，不能很好地融入当地生活。这就需要社区管理者搭建本地人与外地人交往的平台，使其建立良好的互动关系，共同建设美好家园。同时，也应该探索社区包容性治理新方式，加强流动人口的社会融合。例如，可以吸收一部分常住流动人口加入流动人口管理队伍、社区社会组织，乃至社区自治组织，参与社区议事、决策和事务治理，适当利用部分社区服务设施项目。这样，能够实现本地人与外地人自由与平等基础上的空间交换，有效保障流动人口的空间权益。此外，培育新时代社区文化，凝聚社区团结精神；在构建社区治理共同体过程中，文化是不可或缺的组成部分，城乡接合部社区也是文明与冲突交融的区域，只有以践行社会主义核心价值观为指引，通过社区文化纽带，凝聚

---

① 李丽萍：《失地农民问题研究》，《法制与经济》2007 年第 9 期。

居民精神力量，增加居民认同感和归属感。① 尤其是改变流动人口认为社区是暂住地，自己只是过客的心态，使其主动参与社区治理，最终使社区成为地缘、业缘、趣缘的多缘共同体。通过不断完善城乡社区服务体系，加大对流动人口社会保障领域的支持力度，尤其对经济困难家庭予以重点帮扶，增加居民融入感、获得感；同时，加强心理服务体系建设，重点解决弱势群体的心理健康问题，培育自尊自信、理性平和、积极向上的居民心态。通过这些措施，营造良好的社区氛围，逐步形成社区文明新风尚，满足社区居民对美好生活的向往。②

因此，应进一步加强户籍制度改革，不断优化流动人口管理与服务模式，秉持"空间正义"的价值理念，拓宽流动人口空间参与渠道与制度，破除超大城市空间资源配置的阶层固化与流动固化现象，建立和完善城市物理空间与社会空间资源配置的民主协商机制。

通过设立"社区流动人口一站式服务中心"，加强对流动人口的动态管理，对流动人口子女入学、医疗卫生、就业服务等方面给予实质性的指导与帮助；同时，也为流动人口创建和发展自己的自治组织提供平台。这也充分彰显了社区的包容性和多样性。

总之，只有不断完善城市公共服务体系，提高城市共建、共享、共治水平，保障流动人口在城市的全面发展权利，流动人口才能获取更多的条件、机会充分发挥自身的主体性和积极性，更好地参与到社会主义现代化建设中。

## 四　疏解治理过程中空间集体消费的保障

新马克思主义者关注的是空间集体消费，即国家在民众住房、就业、教育、医疗等方面承担应有的责任，只有满足了这些基本需求，民众才能有生存的保障，才有可能维护社会的公平与正义。在疏解整治过程中，本地村民的空间集体消费（社会保障）存在很大缺口，村民对拆违征地后最担心的是无稳定的收入来源，无法照顾老人，无法支付医

---

① 杨桓：《社会空间视域下的城乡结合部社区治理创新——以成都市犀和社区为例》，《社会主义研究》2019 年第 2 期。
② 杨桓：《社会空间视域下的城乡结合部社区治理创新——以成都市犀和社区为例》，《社会主义研究》2019 年第 2 期。

药费，无法支付孩子的教育费用，尤其是未转居的村民社会保障严重不足；而流动人口作为边缘群体，更是难以保证自身的就业、医疗、养老以及子女教育等空间权益，因此，政府应维护好相关人群在就业、社会保障等方面的权益，满足最小受惠者最大利益的再分配原则以及他们的空间需求，减少疏解对其造成的空间资源的剥夺，这才能真正实现疏解过程中的空间正义。

坚持加大改善民生力度不松劲。解决民生问题，绝不能虚与敷衍，做表面文章，也不能时紧时松，搞"一阵风"，而要像抓经济建设一样抓民生工作，像落实发展指标一样落实民生任务，让发展实绩更有"温度"，让惠民答卷更有"厚度"。疏解腾退的空间主要用于增加公共服务供给，努力解决人民群众关切的就业、教育、医疗、住房、交通等问题。①

（一）激发村民就业意愿，并提供必要的帮助

空间与生活世界呈现二元辩证的关系。空间是生活世界的前提，有什么样的空间就存在什么样的生活世界。空间决定生活世界，生活世界对空间又具有能动的改造作用。空间结构的变化对生活世界的样态会产生根本性的影响。②

就业与服务是城乡接合部社区生活世界重塑的关键。拆违征地后，解决村民的生存问题是社区最紧要的任务。拆违征地时间仓促，加之村民低水平的人力资本和社会资本，导致他们缺少足够的就业时间和空间。③

因此，就业是最大的民生，就业稳，民心才能稳，就业空间的重塑主要依靠资源配置和政社联动。针对基层政府应该高度重视疏解非首都功能带来的本地村民就业困难所产生的社会问题。实施积极就业政策，注重解决结构性就业矛盾，对本地村民广泛开展职业技能培训，补齐就业短板，实现更高质量和更充分的就业，能够有效解决疏解难题。④

① 董斌：《疏解与提升辩证关系的几点思考》，《前线》2018年第1期。
② 杨发祥、茹婧：《村域空间转型与生活世界的流变》，《新视野》2015年第6期。
③ 杨发祥、茹婧：《村域空间转型与生活世界的流变》，《新视野》2015年第6期。
④ 安树伟、李瑞鹏、李瑶：《北京非首都功能疏解对居民生活的影响——基于问卷调查的分析》，《河北经贸大学学报》2018年第6期。

一是要增强村民的就业意愿，鼓励他们积极就业。村民对"租赁经济"已经具有很强的依赖性，认为没有租房收入，生活就无法维持。必须引导和转变村民改变这种惯性思维，使他们认识到"瓦片经济"只是暂时的，随着城市化进程的不断推进，他们的居住、生产和生活方式必将发生重大变化，他们将成为城市居民，其房屋也会纳入城市统一规划布局。村民的生活将来不可能总是依靠出租房屋来保障，而要依靠自己的就业创业能力和相应的社会保障维持稳定的生活。

二是要加强对村民的就业技能进行培训指导。一方面，镇政府、村委会应专门拿出一部分资金为村民提供免费的劳动技能培训，提高他们的就业和再就业能力。另一方面，政府应根据市场需求，有针对性地培训相应的技术人才，同时，为村民们提供职业介绍、职业指导、劳务输出等就业服务，创造一定的公益性就业岗位，优先提供给难以通过市场竞争获得就业机会的群众。

三是要鼓励和支持村民采取灵活多样形式自主创业。政府应该营造良好的创业环境，要在办证、税收、贷款等多方面降低门槛，尤其是对自己主动寻求职业或创业的村民应加大扶持力度，减少发展阻力，使他们能够通过自主创业增加收入（见图7-1）。

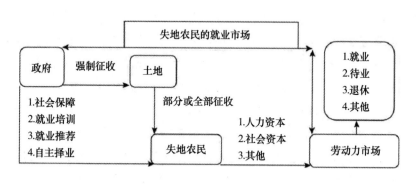

图7-1　失地农民就业机理

（二）增加集体消费（社会保障）供给

党的十九大报告指出，按照兜底线、织密网、建机制的要求，全面建成覆盖全民、城乡统筹、权责清晰、保障适度、可持续的多层次社会保障体系。因此，政府应统筹兼顾，综合施策，发挥各方面的积极性，分层次、有重点地建立健全村民社会保障体系。

第一，吸纳村民参加城乡居民基本养老保险。目前，农村养老保障制度还不够健全，村民每月领取的养老金不足以满足基本的日常生活需求，应逐步提高农村养老保障金的发放标准，要实行养老生活补助和养老社会保险相结合的办法。一是根据城乡生活的实际状况，由相关部门核定一个标准，参照城镇企事业单位退休职工的待遇，对男满60周岁、女满55周岁的拆违被征地农民，按月发放基本生活补贴。同时，以城镇职工的最低缴费基数为依据，核定农村基本养老最低缴费基数、具体缴费标准、额度，参加社会养老保险。

二是对于拆违征地后"农转工"人员，要按照将其农龄按一定的比例折算为工龄的办法，使农龄与工龄接轨，从而保障这部分人的养老保险权益。对于自谋职业人员，要为其开辟参加养老保险的渠道，达不到基本养老缴费年限的，允许一次性补缴，使他们与城镇职工享受同等的养老保险待遇；对于"超转"人员，要将其退休养老管理由现在的民政系统纳入城镇养老保险体系。

三是资金来源可以借鉴城镇统账结合的养老保险制度模式，建立养老保险的统筹账户，采取"四有养老金"，按国家、集体、个人及市场征地主体"四个一点"的办法，共同出资、合理负担，把村民逐步纳入城市社保体系，进而形成"以土地换保障，以保障促就业，以就业促发展"的良性循环。① 最终形成政府、村集体、个人、市场多方负担，有效解决村民的基本生活保障问题，确保村民"老有所养、老有所依"。

第二，吸收村民参加城乡居民基本医疗保险。一是凡是未参加单位职工医疗保险和灵活就业医疗保险的城乡居民，都可以自愿参加。二是将自谋职业补缴基本养老保险的缴费年限视同为基本医疗保险的缴费年限，由拆违征地单位一次性为"超转"人员补缴医疗保险费，按照统账结合的原则解决"超转"人员的医疗保险问题。② 三是针对村民医疗报销范围较小且数额偏低等问题，要适当扩大医疗费用报销范围，逐步

---

① 李丽萍：《失地农民问题研究》，《法制与经济》2007年第9期。
② 董克用、成得礼：《从北京看城乡结合部"失地农民"面临的困境与解决思路》，《经济理论与经济管理》2006年第3期。

提高医疗报销的比例，防止村民因病致贫、因病返贫。

第三，为生活困难的村民提供最低生活保障。村民在拆违征地无业或失业期间不再有任何收入来源，因此，应该拓宽享受最低生活保障的范围，对生活确实困难的村民，参照城市低保的做法，由本人申请经民政部门审核后纳入农村低保范围，享受城镇居民同等的最低生活保障。①

第四，采取农村集体股份制。实行集体股份制，使村集体的财产量化到人，使农民变成"股民"。坚持农民自愿的原则，按农民投入的股份多少进行分配。根据股份制的规定，农民不能退股份，要求利益共享、风险共担。这样，一方面，可以增加资金管理的透明度，消除入股成员的顾虑；另一方面，也可以保护集体成员的合法利益，实现集体资产的增值，提高村民的福利待遇和社会保障水平，使其基本生活来源得到拓展，缓解拆违征地的矛盾，从根本上维护社会稳定与和谐。

应该通过制定相应的政策保障流动人口的空间利益。不是对有能力的流动人口进行空间排斥，而是应该保障其分享空间成果，为他们提供可供选择的居住地点，改变他们被迫在边缘夹缝中生存的状况。一是针对特大城市城乡接合部人口管理与服务的特征，形成精细化的社会治理方式，降低超大城市人口居留成本。二是充分发挥政府在广覆盖、均等化公共服务体系建设中的主导作用，同时，合理引导市场化与社会化力量参与公共服务供给，形成政府、市场与社会多元协同的人口服务供给体系，更好地满足民众多层次的公共服务需求。尤其是政府管理与服务受到资源供给、组织能力等方面的刚性约束，不能全面、及时地回应民众对公共产品供给的所有需求，这就需要充分发挥社会力量，利用社会组织的灵活性、专业化能力，来补充政府治理与服务的不足。三是建立适应流动性社会的服务体系是现代社区的基本任务，尽力满足流动人口日常生活空间重建的权利，解决好他们就业、就医、日常生活和子女就学等方面的困难。应依托居住证制度的改革，将人口规模、结构、个人迁移流动信息及家庭结构等信息与税务、健康保险、福利、选举及居民服务等方面的公共服务信息结合起

---

① 董克用、成得礼：《从北京看城乡结合部"失地农民"面临的困境与解决思路》，《经济理论与经济管理》2006 年第 3 期。

来，切实保障他们的权益。在操作层面，为流动人口提供一窗式受理、一站式办结、一条龙服务，推动居民社会保险等相关服务的异地办理业务，使流动人口在社区就能享受到便捷的服务，打破不同群体交往壁垒，促进流动人口融入，提升居民参与意识。① 四是不断缩小周边地区以及其他地区城市与超大城市基本公共服务的差距，引导流动人口流向这些地区，并提供相应的服务保障。

总之，不论对本地村民还是对流动人口，都应该秉持"以人民为中心"的理念，通过循序渐进的改革，注重保障疏解前后居住、就业、服务的连贯性，满足他们的生产生活需要。

## 第三节　空间权力的制约：有限政府理念下的空间治理

疏解非首都功能作为一种空间发展的目标，应该是多数人在空间发展中共享利益，实现空间正义。因此，从动态的角度看，空间正义不是一个空间的终结状态，而是一个不断修正的空间发展方式，而这个方式是通过各类空间政策和空间方案来实现的。② 然而，绝对的、完全的正义是不存在的。

城市空间治理是以创造美好城市生活为最高目标，最终落脚点还是为了人民的幸福生活。因此，在疏解整治过程中，要不断改进和调适，既要加强内部整合，也要鼓励外部参与和加强内外统合，既要建设好城市面貌，重视管理者的治理目标，也要关怀更广大的城市居民的需求，最终实现整治、管理和服务的统筹发展；不应为了外部秩序和整齐划一而抑制城市多元文化、多元利益、多元族群的交融和生活多样性；否则，就会导致城市在一味追求现代化的同时，抛弃了传统和历史感，窒

---

① 杨桓：《社会空间视域下的城乡结合部社区治理创新——以成都市犀和社区为例》，《社会主义研究》2019 年第 2 期。

② 胡毅、张京祥：《中国城市住区更新的解读与重构——走向空间正义的空间生产》，中国建筑工业出版社 2015 年版，第 159 页。

息了城市活力，违背了民众的生活需求。①

　　然而，空间疏解过程中的空间不正义现象主要表现在：规划设计忽视社会空间正义；政府权力过大，刚性执法、程序不规范，村民参与少等。因此，需要从新马克思主义的空间生产中找到理论依据，研究在疏解背景下如何实现各类人、各类文化不会彼此替代或排斥隔离，而是和谐地共存共处。

　　进一步而言，超大城市空间治理必须立足于国家战略的宏观背景下予以考量。从整体上来看，必须把握好向外与向内两个维度，向外主要是协同超大城市外部的区域战略问题，向内主要是解决超大城市内部的问题；基于此，对于超大城市的空间治理可以从国家、地区等不同的分析视角进行解读，其行动价值判断也更为复杂。②

　　例如，在我国超大城市空间治理中，"人口综合调控"政策尽管遭到人们的一些质疑，但是对乡村振兴战略有一定的助推作用；尤其是当流动人口选择是苦留城市还是回流乡村的生存策略权衡后，加之乡村振兴战略作为拉动因素可以吸引乡村人口回流，参加乡村或特色小镇建设，一部分流动人口就会选择返回乡村。然而，在实践过程中，仍然需要灵活而人性化的具体应对措施。③

　　超大城市内部的物理空间与社会空间的差异是广泛存在的，而空间正义就是要消除空间歧视和社会排斥，保障机会公平、规则公平、基本服务和安全的平等，促使全体人民都能获得更好的生活条件，维护民众的公共利益。同时，应转变以控制和分配为核心的"管制"逻辑向参与、协商的"治理"逻辑，形成政府、社会组织、民众共同参与的空间治理格局。④

　　维权是城市空间权力结构碎片化的一个典型表现，城市空间治理过程中，由于空间权力与空间权利之间的边界不清晰，空间权力对空间权利的侵犯时有发生，而"一个国家的整个集体性抗争方式，以及一个

---

　　①　陈水生：《超大城市空间的统合治理——基于北京"疏解整治促提升"专项行动的分析与反思》，《甘肃行政学院学报》2019 年第 4 期。

　　②　黄怡：《超大城市空间治理的价值、挑战与策略》，《学术交流》2019 年第 10 期。

　　③　黄怡：《超大城市空间治理的价值、挑战与策略》，《学术交流》2019 年第 10 期。

　　④　黄怡：《超大城市空间治理的价值、挑战与策略》，《学术交流》2019 年第 10 期。

国家中某一具体的集体性抗争事件的动态，在很大程度上取决于国家社会关系以及以此关系为基础的国家对集体性抗争事件的制度化能力"①。因此，城市空间治理应建立规范的制度结构予以应对维权所带来的社会风险，具体来讲，应从法治型城市政府、回应型城市政府和责任型城市政府，三个"城市政府"着手。法治型城市政府建设主要是规范政府公务员的执法行为和民众的懂法、守法和用法行为。回应型城市政府建设的重点是建立常态化的政府回应机制，及时回应多元主体的利益诉求。构建一个责任型城市政府强调政府应以维护民众权利为核心，明确各部门责任、建立归责机制和提高责任意识等对城市空间的维权行为负责，维护民众合理的空间权利。

## 一　构建基层党组织建设，完善运行机制

面对城乡接合部空间主体结构和利益关系日益复杂的状况，必须提升基层党组织的领导层次和领导能力，以更好地引领带动多元主体共同参与社区治理。② 一是在基层党建的基础上，按照加强和创新社会治理的要求，更好地发挥领导核心和政治核心作用，是超大城市基层治理的有效路径。专项治理的重点难点也在一线。基层党组织处于一线，是疏解对象的领导者、管理者和服务者，是整个专项治理中矛盾汇集、利益交织的关键点。面对专项治理要求，利益相关方党员应"主动拆""劝家人搬"，做好身边亲戚家属的工作，增强配合专项治理的主动性，产生引领示范作用。对于其他党员，要在日常教育管理中，纳入对"疏解整治促提升"专项治理的教育和培训，扩大专项工作的宣传面。③ 同时，各级基层党组织围绕专项治理任务，采用"干部包片""党员承诺""志愿服务"等方式，创新工作方法，形成系统高

---

① 赵鼎新：《社会与政治运动讲义》，社会科学文献出版社 2012 年版，第 303 页。

② 王璐：《城乡结合部基层党建工作现状与对策研究》，硕士学位论文，重庆医科大学，2018 年。

③ 李永海：《区域协调发展中的超大城市治理——以党建引领北京疏解提升工作为例》，《甘肃社会科学》2018 年第 5 期。

效的工作机制。[①]

二是城乡接合部区域化党建是衡量基层党建工作成效的重要标准。区域化党建强调要打破辖区内党组织和党员隶属关系的局限，以街道党工委和社区党组织为核心，按照"组织联建、资源共享、党员齐管、活动互促"的原则，以共同需求、共同利益、共同目标为纽带，把热心社区共建、愿意提供服务和有影响力的辖区机关企事业单位党组织负责人、"两新"组织党代表，各类市场、工业园区等地域型流动党员、居民党员代表、在职党员代表等吸纳进社区党组织，整合党员队伍的合力，以凝聚辖内党组织和党员力量，共同推进社区治理。[②]

三是通过定期或不定期召开城乡接合部联合党委会议、区域化党建工作联席会议，统筹研究解决疏解整治工作推进中遇到的新情况、新问题，遵循系统治理的原则，倒逼体制机制改革，推动问题处理流程再造，着力解决基层治理的难题和群众反映强烈的难事。坚持线上与线下相结合、主动与被动相结合，实时梳理分析网格内动态信息。对群众反映的需求，网格党建指导员第一时间分配网格资源，分类投送居委会、共建单位、物业企业、志愿团队等各类组织，由网格党支部书记牵头开展精准服务，及时回应和处置居民需求。网格内解决不了的，建立"群众吹哨、街居响应、部门报到"机制。区直部门对街道的"吹哨"事项，构建扁平化快速响应机制，打破常规议事流程，由部门主要负责同志直接负责；对需要召开协调会或现场办公的，主要负责同志或者分管负责同志要现场协同街道解决问题，不能现场解决的要限期办理反馈，做到快接收、快办理、快落实。[③]

实现党建资源、党建力量、党建品牌的有机整合，调动各方面力量有序参与到空间治理中来，最大限度凝聚各方共识，关切各方利益，整合和调动各方资源，形成基层治理的合力。疏解整治促提升专项治理始

---

① 李永海：《区域协调发展中的超大城市治理——以党建引领北京疏解提升工作为例》，《甘肃社会科学》2018 年第 5 期。

② 王璐：《城乡结合部基层党建工作现状与对策研究》，硕士学位论文，重庆医科大学，2018 年。

③ 汪碧刚：《构建"一核多元、融合共治"社区治理体系》，《中国民政》2020 年第14 期。

终坚持"群众合法利益最大化"的原则，重新科学布局空间秩序与资源秩序，体现出党组织和党员干部开展工作的贴心与"温度"，让广大群众充分享受到政策的红利，更好满足人民群众多样化需求的前进方向。疏解北京非首都功能的目的，是为了增加群众的获得感，疏解的各项工作，也围绕着这一目标来展开。

另外，制定涵盖城乡接合部地域的、统一的党建工作考量标准、考核体系，将驻扎城乡接合部的各种类型的基层党组织、基层党建放到一个大盘子中去综合考量，强化党要管党、从严治党，建立党建责任清单，各级基层党委（党组）书记要认真履行第一责任，将职责量化到岗、明确到人、具体到事，保证基层党建各项目标任务有效落实的必然要求，在相对宏观层面上推动形成基层党建创新的局面。①

总之，城乡接合部基层党建是贯彻习近平新时代中国特色社会主义思想的重要领域。应着力探索城乡接合部党建理论创新，并努力探索实践；城乡接合部党建工作还有许多地方需要完善，尤其是在疏解非首都功能城乡接合部治理过程中更为突出，需要社会各部门密切配合，形成合力。只有在基层党建服务水平到位、工作覆盖全面的基础上，城乡接合部才能得到更好地发展和提升。②

## 二 科学规划城市社会空间

城市规划包含着价值理念、技术、手段，是为了实现一定时期内城市的经济和社会发展目标。西方马克思主义学者认为城市规划不仅仅是政策表述、技术范畴，更多体现的是上层建筑，是一种国家干预形式，并且起到规范社会秩序、维护社会公平的作用。在西方马克思主义学者看来，城市规划不单纯是为资本利益服务，也必须服从于民主社会的建构。由此可以看出，西方马克思主义学者对于城市规划的经典论著，不应只局限于物质、经济和政治范畴，例如，仅仅以生产和积累为目的，围绕改造物理环境而开展的经济活动。更重要的是，应当满足于人类的

---

① 张书林：《城乡结合部的基层社会生态、党建生态与治理生态研究》，《探索》2016 年第 6 期。

② 王璐：《城乡结合部基层党建工作现状与对策研究》，硕士学位论文，重庆医科大学，2018 年。

社会福利与公正。

因此，新时代城市规划应该坚持以人民为中心的发展思想，以满足城市大多数人的利益为出发点和落脚点；与此同时，作为国家控制、维持和发展城市以及调控公共政策的重要手段，应当在城市社会公正、公平方面发挥应有的作用。城市规划者应该以国家大局为重，以社会主义核心价值观为核心，从职业道德出发，切实认真履行服务于人民的"规划师"职责，充分利用城市规划"看得见的手"控制市场"看不见的手"，合理调控不同阶层能够公平地享有城市空间资源。①

从社会学的角度来看，空间的重构意味着空间关系的重构，其实质是利益关系的改变和社会关系的重建。因此，当今的空间重构已经成为一个日益激烈的政治经济的过程。如何在空间重构过程中，维持经济、社会、文化、环境之间的平衡，构建一个和谐宜居、公平公正的城市空间是超大城市社会治理的基本问题。②

在新马克思主义的"空间的生产"理论看来，城市规划成为权力运作的基础，同时，也是权力控制生产和分配的产物。因此，疏解首都功能背景下的城市规划也应该融入空间正义的价值观，科学规划城市社会空间，形成合理的城市空间规划体系，包括城市社会空间规划体系。

进一步来讲，城市社会空间规划体系，主要对象是以人和社会为核心主体的城市空间，是城市物质与社会空间耦合的地域。总体目标是实现城市物质环境供给与社会群体需求的协调，促进公共资源的公平分配与空间合理配置，保障不同社会群体，尤其是低收入群体和弱势群体的社会空间利益，实现不同阶层共同分享城市发展"红利"的格局。

然而，当前疏解过程中的城市规划仍偏重物质空间塑形，而往往忽视社会性问题；与此同时，在超大城市社会治理发展模式中，政府居于绝对支配地位，民众还处于缺席地位，尚未形成一个多元主体共同参与的治理格局；具体来讲，城市空间规划缺乏整体性、战略性、前瞻性思维，存在一定的不科学性与短视行为；缺乏对城市发展动态性的思考，

---

① 杨上广、王春兰：《大城市社会空间结构演变及其治理——以上海市为例》，《城市问题》2006 年第 8 期。

② 蔡禾：《从统治到治理：中国城市化过程中的大城市社会管理》，《公共行政评论》2012 年第 6 期。

尤其是没有考虑城市人口的动态变迁，对不断增加的城市流入人口缺乏系统应对，也没有为城市空间规划留白，从而导致城市空间异化，秩序紊乱，服务缺失，管理低效等问题；进而致使规划脱离了城市自身的地理、资源和人口特性，造成城市空间布局违背城市环境规律、城市发展规律和城市治理规律。① 为此，需要改进城市规划，规划要统筹考虑解决城市发展和城市社会问题，平衡城市不同社会群体的利益，尤其是要保障弱势群体的权益。第一，城市规划应结合土地利用空间布局，解决好村民的就业、公共服务设施均等化的问题。这是疏解后维持社会稳定和可持续发展的重要保障途径。第二，城市规划应对未来社会需求进行分析、判断、预测，支持公众参与协商，为各类群体提供维护利益的平台。第三，城市规划部门应该成立专门小组，负责管理与实施城乡接合部社会空间规划。同时，对城市社会空间规划的实施进行监测与评估，并及时反馈，不断完善规划，为公民提供相应的空间权利与机会。

总之，在当代城市规划中，应充分考虑到空间的物理与社会双重特性，不应仅在物理的空间容器中按照几何和美学的原则来设置，而应在不同利益群体之间寻求均衡。同时，规划不应该只是一个自上而下意志的体现，也不应只是技术专家的理想再现，还应该有政治、社会等领域专家的参与，应注重"自下而上"的权利诉求与"自下而上"的权利融合，更应该有规划所涉及的、作为市民大众的"利益相关者"参与，通过"互主体性的参与"（政府、市场、规划师、居民等利益相关者），构建出以人为中心的"主体性"空间，让不同利益群体有表达自身权利的平台，从而加强城市规划的透明度和公正性，并建立民意向上表达畅通的渠道，政府应尊重民意，并把合理部分上升为国家政策和意志，② 最终实现与城市居住社区的空间融合。③

坚持以人民满意为最高标准不降低。城市规划建设做得好不好，最

① 陈水生：《超大城市空间的统合治理——基于北京"疏解整治促提升"专项行动的分析与反思》，《甘肃行政学院学报》2019 年第 4 期。

② 杨上广、王春兰：《大城市空间结构演变与治理研究——对上海的调查与思考》，《公共管理学报》2008 年第 2 期。

③ 孙其昂、杜培培：《城市空间社会学视域下拆迁安置社区的实地研究》，《河海大学学报》（哲学社会科学版）2017 年第 2 期。

终要用人民群众的满意度来衡量。搞好疏解与提升，要把人民拥护、赞成、高兴、满意作为根本标准，着力实现疏解非首都功能与改善人民群众生活的和谐统一。①

### 三　规范政府权力

加强城市规划建设管理，主旨在于提升城市功能，改善民生和人居环境，最终满足人民群众对美好生活的需求。"建设法治政府，推进依法行政，严格规范公正文明执法"是党的十九大对新时代城市治理工作的明确要求。党的十九届四中全会提出加强和创新社会治理，完善党委领导、政府负责、民主协商、社会协同、公众参与、法治保障、科技支撑的社会治理体系，建设人人有责、人人尽责、人人享有的社会治理共同体，确保人民安居乐业、社会安定有序，建设更高水平的平安中国。可见，法治保障是社会治理现代化的重要基础，应坚持系统治理、依法治理、综合治理、源头治理，不断提高城乡接合部基层治理的法治化水平。

完善超大城市城乡接合部治理的相关制度，不断提升文明执法水平和群众法治思维水平，是继续推进专项治理必须高度重视的一个重要方面。要用好法治思维，对各方进行法治教育，增强全民的法治意识；在制度和规矩的框架内进行，推进文明执法、公正司法、全民依法办事。努力将专项工作的推进过程转变成普法、执法、遵法、守法的实践过程，促使各利益主体利用法律维护自身权益。②

第一，加强城乡接合部空间治理的法治思维。基层政府应该有意识地将治理的所有行动纳入法治框架和轨道，坚持用法治思维、方式去合理化解利益矛盾，杜绝将简单问题复杂化的现象。第二，建立健全城乡接合部基层治理的法律法规体系，加强城乡接合部基层治理的法治化建设，使治理问题有法可依，提高城乡接合部基层治理的法治化水平。第三，提高城乡接合部依法治理的能力。一要树立依法办事意识、养成法治习惯，准确把握和厘清城乡接合部治理的法理边界；二要善于运用法

---

① 董斌：《疏解与提升辩证关系的几点思考》，《前线》2018 年第 1 期。
② 李永海：《区域协调发展中的超大城市治理——以党建引领北京疏解提升工作为例》，《甘肃社会科学》2018 年第 5 期。

律法规约束治理活动，保证治理过程始终在"法无禁止即可行"的框架内进行；三要依法科学应对处置城乡接合部基层治理中的问题，切实维护城乡接合部基层治理的法治形象。①

在上下分治的体制下，基层政府往往基于地方利益考虑的行事逻辑、干部考核与目标责任挂钩、基层干部的维稳压力等因素，会因态度僵硬、方法不当而影响工作成效，甚至引发重大矛盾和冲突；这就存在与社会治理实际需求脱节的危险。因此，在实施过程中，也需注意策略和方法，注意民众的实际困难、情绪和接受度。同样是执法，对不同个体、不同群体应采用不同的方法。② 进一步规范政府权力介入方式。政绩考核也更应该走向理性化和法治化，可以制定体现民众满意度的指标体系，对干部进行量化考核，使基层政府在责任理念、话语方式和行为逻辑上更加贴近于民，促使基层政府干部与群众换位思考，寻求适应居民需要的方式来服务群众。③

对于疏解整治促提升，政府应该扮演公共服务的供给者、疏解过程的监督者和利益关系的协调者角色，保障城市空间疏解的公正与公平。然而，现有的体制和政策原本隐藏着不公平，一旦政府权力滥用，执法不当，就会侵犯个人权利，进而引发利益矛盾和利益冲突。因此，一方面，应将科学、规范执法贯穿疏解全过程。采取"事前布控、非现场执法、联合执法"工作模式，将"谈判技巧"引入执法，变"刚性"为"柔性"执法，应对执法中可能出现的各种突发的暴力抗法事件，坚持疏堵结合，减少执法矛盾，避免冲突发生。④

另一方面，必须科学划定政府行为边界、防止政府空间权力"越界"，保护个人空间权利不受侵犯。同时，必须利用法律的力量、社会和公众的力量限制政府的权力，把权力关进制度的笼子里，促使政府本

---

① 张书林：《城乡结合部的基层社会生态、党建生态与治理生态研究》，《探索》2016年第6期。

② 鄢爱红、孔祥利：《多措并举破解超大城市基层社会治理难题》，《中国党政干部论坛》2018年第8期。

③ 李德虎：《城乡结合部转型社区治理中政府角色的困境与调适》，《内蒙古社会科学》（汉文版）2016年第5期。

④ 马怀德、王柱国：《城管执法的问题与挑战——北京市城市管理综合行政执法调研报告》，《河南省政法管理干部学院学报》2007年第6期。

着公正、平等的原则，调整空间权力与空间权利的关系，化解其中的利益分配矛盾。

第一，应严格规定土地流转征用范围。我国《宪法》《土地管理法》以及其他法律法规没有对"公共利益"的内涵作出明确界定，在一定程度上导致了流转征地权的滥用，尤其是城乡接合部的土地因其巨大的空间增值收益，土地流转征地权的滥用问题特别严重。所以，应对《土地管理法》关于"公共利益"征用土地范围进一步明确。一般来说，征用土地必须是处于公共利益目的，主要限定于国防、政府投资的公共设施以及直接为人民群众服务的公用事业，如公共交通、环境保护等项目。因此，对于此类情况应规定严格的审批程序，建立由多个部门联合的审核机制，同时，为体现真正的公益性，可要求在决定征用前必须进行公开听证。只有符合以上两类公共利益，土地才能被合法征用，从而规范政府行为。

第二，建立有效的土地管理权力的监督和惩处机制。一是对于征地中存在的贪污受贿、官商勾结、以权谋私（用不正当竞争手段多头批地、超过职能范围批地等）等违法征地的情况，一经发现，要立即建立公检法、纪检监察、工商管理、财政、城市规划等部门的联合执法机制，严肃查处。

二是完善现有土地监察制度。采取互联网、大数据、地理信息技术等高科技手段对土地利用行为进行动态监控，从而构建事前预防、事中监控、事后追惩的一体化惩罚体系，加强对地方政府违法征地的整体性约束。①

三是设立专门的土地纠纷仲裁机构。应该设立独立的第三方机构，处理征地拆违纠纷，增强解决土地纠纷的公平性和权威性。

## 四　完善执法程序

城市空间治理是一项系统工程，治理成效不仅表现在人口数量的变化，还应注重对人的社会行为的影响。在城市空间治理过程中，以治理

---

① 鲍海君、方妍、雷佩：《征地利益冲突：地方政府与失地农民的行为选择机制及其实证证据》，《中国土地科学》2016年第8期。

城市问题为导向，应将基层政府权力纳入科学化、法治化和程序化的轨道中，构建弱势群体利益优先、多元、民主、公平的城市治理社会价值体系。

现代社会治理能否达到善治的一个重要标准，即能否运用法治手段，维护良好社会秩序。然而，当前，基层政府面临的困境在于基层法律体系不完备，一些问题无法可依，即便是这种情况，也应该以法治思维和法治手段化解矛盾，以免产生新的难题。[①]

在认识上，一是要破除"法律工具论"的误区，"依法治国"不仅是将法律当作工具，而且是将法律当作依据；二是走出"历史遗留问题就得用非法治手段解决"的误区。对缺少法律依据的历史遗留问题，要根据"老问题"的不同性质制定差异化的"新规"，并且用法治思维去解决，这就是需要对社会治理中的难题进行分类治理；即使是对于缺少法律依据的新问题，也应该按照程序性规定去解决；可以逐步制定"新规"，完善法律体系，在此过程中，要充分考虑到尊重人的因素，采用"协商自治"的方式予以解决。以信访为例，应分类处理，尽力帮助群众解决合理诉求；针对不合理不合法的诉求，应该严格依法处置。同等重要的是，注重培养民众法治意识、规则意识，促使民众自觉守法、遇事找法、解决问题靠法。[②]

针对城乡接合部空间治理，一方面，地方政府要建立健全法律法规体系，严格执法，避免违法或违规的侥幸心理，营造良好的法治氛围；另一方面，要加强制度的柔性化与人性化建设，建立利益相关者都能够参与其中的民众利益表达机制和法律保障机制，为民众提供多元化参与治理的渠道，开辟一条利益相关者多方参与、协调共治、充分保障权利的道路，确保社会治理制度合理且灵活适用。

戴维·米勒认为，只有确保程序的正义才能实现社会制度正义，进而实现社会正义。因此，应将程序正义贯穿对本地村民拆违征地以及对涉及流动人口的低端产业取缔的空间生产全过程。应以法律法规为依

---

① 鄯爱红、孔祥利：《多措并举破解超大城市基层社会治理难题》，《中国党政干部论坛》2018 年第 8 期。

② 鄯爱红、孔祥利：《多措并举破解超大城市基层社会治理难题》，《中国党政干部论坛》2018 年第 8 期。

据，确保执法程序公开、独立。空间权力主导者应该转变观念，治理过程中不应采取控制、命令或行政的方式，将空间弱者吸纳到共治空间；在这个充满权力斗争和表达的场域中，空间权力的合法性取决于弱者的认同，因此，不同利益主体之间应该达成共识，将"游戏"置于一个共同认同的"规则"内，促使"资本—法律（秩序）—权力"良性运转，进而生产出不同群体相生相容的空间——差异空间，有效地平衡"冲突—反抗"和"协商—妥协"。①

所谓处理不当就是没有尊重和平衡好空间弱者的权利及满足他们的需要造成的，就此而言，只有每个利益相关者都能够合理表达自己的利益诉求，并在现实中得到合理的回应，协调各方，保障各方权利，才能够有效化解矛盾，促进城市空间治理面貌的整体改善。②

具体而言，一是在公共政策执行过程中，尽最大努力争取民众对政策的认同、对政府的认可，因为政策执行除了要考虑量化指标、政策结果，还要注重政府行为的恰当性，注重情感的认同，要有温度，只有这样才能更有利于政策的顺利实施。

二是构建以化解社会矛盾为重点，政府与社会分工协作的社会治理方式。超大城市城乡接合部是各类社会矛盾的集聚地，其社会矛盾伴有成因复杂、类型多样、激化的强度和烈度高等特点。因此，在处理过程中，应实现权责重置，防范政府无限责任问题；建立社会安全阀机制，以缓解社会矛盾，降低政府主导的刚性维稳成本，增强社会自我调节、自我管理的能力，形成有效的社会利益与诉求的表达机制。③

三是增加农用地拆违听证环节。首先，拆违征地程序启动前，镇政府必须以公告的形式书面说明需要拆违征地的具体理由、时间、地点，说明如果不在规定的时间内拆违征地将产生的后果。其次，镇政府、村集体必须增加农村土地拆违征用的听证程序。公开听证拆违征地理由、

---

① 孙其昂、杜培培：《城市空间社会学视域下拆迁安置社区的实地研究》，《河海大学学报》（哲学社会科学版）2017 年第 2 期。

② 董慧、陈兵：《现代性与城市治理——以国外马克思主义空间批判为线索》，《华中科技大学学报》（社会科学版）2016 年第 2 期。

③ 李友梅：《我国特大城市基层社会治理创新分析》，《中共中央党校学报》2016 年第 2 期。

补偿标准、安置方案等，听取各方对拆违征地的意见。最后，要完善村级民主制度。通过村民代表大会讨论拆违征地的具体事项，保证拆违征地补偿能够满足村民的生产、生活需求，保证拆违征地后村民的生活水平不下降，减少纠纷发生的可能性。

四是规范综合执法程序。推行城市管理标准化执法，将执法程序固定为"行政指导、案件线索收集、执法任务的分派、立案、调查取证、处罚标准确定、作出预处理意见、陈述与申辩、作出行政处罚决定书、非诉行政案件申请法院强制执行、结案、跟踪回访"等环节。每个环节交由专人专职负责管理，形成权力链条，避免权力寻租与个人专断。

五是落实综合执法过程监督。建立综合执法过程全记录制度、跟踪监督机制，这对于防范和遏制综合执法不适当而导致的冲突具有重要作用。

六是提高综合执法人员素质。首先，把握综合执法合法、公正、公平的基本原则，对当事人要依法同等对待，树立执法人员公正文明的执法形象。同时，一线执法人员要做到处变不惊，遇到无理纠缠的行政相对人要从容不迫，不争一时之长短，更不能与其发生口头甚至肢体上的冲突。其次，提高法律业务水平，综合执法部门要开展多种形式的法治业务培训，切实提高执法人员法律素养，使综合执法人员对经常使用的法律法规烂熟于心，做到面对违法事实时适用法律法规准确无误。要明确规定协管员只能配合执法人员从事宣传教育、信息收集、巡查巡视、劝阻违法行为等辅助性事务，不得从事具体行政执法工作。

七是加强与法律部门、律师的合作。可通过购买法律服务或者聘用公职律师的方式，由专业的法律人士进驻综合执法部门，为其提供专业法律服务，定期开展法律知识与技能培训讲座，监督并规范城管执法工作细节。同时，律师或者其他法律工作人员对重大复杂疑难的执法行动应提前介入并全程跟踪，及时提供法律意见。

## 五　扩大公众、NGO 的参与

传统城市社会管理强调自上而下对城市空间的管控，行政色彩浓厚，对人的自由干预过多，这样的管理方式对维护城市空间秩序、达到城市治理目标确实发挥了重要作用；然而，随着城市空间市场力量和社会力量新的生长体的出现，城市空间私权利意识的不断觉醒，传统的管控逻辑在新时代城市空间治理中难以奏效。如果不加以调整，还会出现相关利益主体的反抗、非暴力不合作等后果，会增加城市治理难度。因此，"无论是从城市空间的内部治理还是从其外部治理而言，城市空间治理的价值逻辑应该使管控让位于合作，对社会的自治和自主空间充分尊重，构建政府与市场、社会组织、公民个体多元主体力量的共治与合作，形成一种协作治理的结构"[①]。

从空间社会学的角度来看，哈维认为，应让公众充分参与空间生产、决定空间生产事务、尊重公众的个性化空间需求。决策者只有在这些方面给予公众参与应有的保障，才能打破"城市开发的正当性危机"，赢得民众的广泛支持。就此而言，城市空间治理要顺应社会利益多元化的趋势，构建政府、企业、社会、市民等不同主体在空间权益分配层面的合作伙伴关系，建立健全"协商民主"机制，促使相关利益主体自由地表达意见并倾听不同的观点，从而作出合理选择和自主决策。这样，由于多方利益相关主体参与的空间治理吸纳了不同社会群体的意见，能够更好地协调社会关系、化解社会矛盾。[②]

总之，城乡接合部空间治理应该建立以社区党组织为核心、多元主体共建共治共享的社区治理新格局，实现政府治理和社会调节、居民自治的良性互动。即政府层面提供制度保障、政策支持，政府行政职能与社会自治功能互补，政府主体与社会力量互动，推动各个治理主体之间的有效协作，避免片面强调政府万能、市场万能和社会万能的误区，充分发挥三者的比较优势，共同治理社区公共事务。[③]

空间疏解重塑过程需要民众积极参与，村民的参与和监督是村庄疏解、拆违征地等工作的重要组成部分。然而，村庄的拆违征地都是由政府封闭式运作实现的，缺少"自下而上"的参与和监督，因此，应让

---

①　林尚立：《重构中国城市治理体系：现代城市发展与城市治理的对话》，《南京社会科学》2013 年第 6 期。

②　刘继华、段斯铁萌：《新马克思主义空间理论对我国大城市空间治理的启示》，《城市问题》2019 年第 2 期。

③　孙萍：《中国社区治理的发展路径：党政主导下的多元共治》，《政治学研究》2018 年第 1 期。

村民充分参与管理。村民参与能够改变现行的政府主导的"自上而下"的空间生产模式，有效监督政府，防止产生腐败，约束开发商的逐利行为，促进各利益主体公平地获得和使用空间资源，减少因利益纠纷引发的矛盾。正如列斐伏尔所言，将自上而下的空间建构转化为自下而上的人民大众自己管理并塑造空间。通过政府、市场、规划师、民众等利益相关者"互主体性的参与"，注重"自下而上"的权利诉求与"自下而上"的权利融合，构建出以人为中心的"主体性"空间，最终实现社区的空间融合。

近年来，国家提出建立多元化社会治理新格局，越来越重视社会团体的作用，先后颁布了一系政策规定，放宽社会组织环境。但是，总体而言，社会组织发展依然处于起步阶段，无论是村民自治组织，还是民间组织自主性都不强，尤其是村民组织化程度偏低，不能形成集体力量，表达自己的意志，社会组织还不能作为沟通、协商、谈判、表达诉求的载体。例如，在北京市"疏解整治促提升"专项行动的目标设计以及现实治理过程中，社会协同力量明显不足，这种忽略社会力量培育和参与的局面，不利于城市空间治理的顺利开展。例如，作为城市空间治理中为数众多的村民没有深度参与，企业和其他社会组织也很少参与，这样的专项行动会带来民众的认同困境，缺少理解与支持，从而增加执行成本。[①] 因此，应加强农村社会组织建设，使其作为政府与村民沟通、协商的桥梁，扩大村民的话语权，使他们能够更好地维护自身利益。要推动城乡接合部基层治理精英的代际转型。通过政策导引，吸引更多年富力强、知识和能力水平较高的年轻人到城乡接合部工作，参与到城乡接合部治理体系中去，从而不断优化城乡接合部的治理精英队伍，加快从传统经验型、威权型治理精英向现代知识型、技术型治理精英的转型步伐。并且使城乡接合部治理逐步摆脱"人为"影响力、消除"人治"因素，步入制度化、规范化、程序化轨道。[②]

总之，疏解治理过程中应实现政府主导的"自上而下"和村民、

---

① 陈水生：《超大城市空间的统合治理——基于北京"疏解整治促提升"专项行动的分析与反思》，《甘肃行政学院学报》2019 年第 4 期。

② 张书林：《城乡结合部的基层社会生态、党建生态与治理生态研究》，《探索》2016 年第 6 期。

NGO"自下而上"参与的融合。这样，民众才能监督政府不合理的空间占有与分配行为，有效遏制开发商的逐利行为，也能够更好地进行自我管理、自我服务。

　　与此同时，政府应形成以应对社会风险为重点的治理模式，提升社会风险的治理效能。一是在紧急情况下，厘清政府部门与社会组织在风险治理中的边界和责任；二是根据特大城市城乡接合部风险分布的特征，形成以政府为主导的多元主体应急联动体系；三是建立健全社会力量在风险的早期识别与分析、风险信息提取与反馈、风险处置与事后管理等阶段针对性发挥作用的支持体系与相应机制，进而形成具有战略性与可操作性的城市新型风险治理机制，最终保障人民生活有安全预期。四是加强社会治理领域法律法规体系建设，推进社会治理全过程标准化，有效解决"最后一公里"问题；尤其是在应对风险与应急处置上，形成以政府管控为主，多部门、多元力量应急协调联动的组织体制与机制，同时，完善区域间信息共享和应急协作的联动机制；需要注意的是，在风险的事后管理上，应建立严格的考核与评估制度。还要培育民众风险文化意识，从根源上消除各种复杂风险的诱因，将风险消灭在萌芽状态，限制在可控的范围之内。①

---

　　① 李友梅：《我国特大城市基层社会治理创新分析》，《中共中央党校学报》2016 年第2 期。

# 第八章　结论与展望

## 第一节　研究基本结论

### 一　"基于空间权力与空间权利的多元互动博弈"的分析框架

城乡接合部疏解整治，事实上是一个空间博弈问题。疏解过程中关停无证无照商户、拆除宅基地、农用地违法建筑等，这必然会触碰到流动人口、本地村民的核心利益，如果不能正确有效处理相关主体的利益问题，必然会引发一连串空间矛盾与冲突，为社会稳定埋下隐患。因此，本书运用空间社会学的理论观点，试图从"空间权力""空间维存""空间维权"这三个层面来建构城乡接合部治理的理论框架，"权力""权利"与"空间"有着本质的联系，空间权力具有稳定性、强制性、合法性的特点，是影响空间最重要的因素。一般情况下，空间权力会占据着更多的资源，有更大的实施力量，搞不好会侵犯公民的空间权利。因此，空间的重构就必然与空间权力、民众的空间权利等产生了关联。空间权利代表着人可以享有城市发展权利所具备的主体资格。因为无论是流动人口还是本地村民，都有在城市这个空间中获得基本居住、生活并参与城市管理等权利。一旦民众的空间权利受到侵犯，就会产生相应的或明或暗的反抗、冲突和矛盾。这就对国家的空间权力形成不同方向的张力，其直接表现形式便是维存或维权。

### 二　疏解整治工作进入治理困境

在疏解整治过程中，利益主体相关方都表现出不满意状态，整治工作面临一些障碍。一是基本公共服务的供给缺位，例如，停车空间治理成果难巩固，停车空间管控权限小，停车空间治理成本高；基础设施落后，供水量缺乏；公共财政供给漏洞大，村集体收入大幅减少，难以维持正常办公开支，这些提高了基层管理者的治理成本，增加了治理难度，降低了其治理的积极性。二是基层管理者拆违过程中，由于任务紧迫，常常采取强硬手段进行疏解，引发流动人口、村民的不满甚至反抗。村委会比居委会面临更多棘手的难题。三是"瓦片经济"的减少，村民经济来源中断。由于配套的便民配套措施不到位，村民的生活消费成本大幅提高，村民对疏解持消极态度。四是强制取缔无证无照商户后，流动人口生活成本增加，生存空间压缩，但是，他们仍具有较强的留京意愿，采取不配合、逃避甚至反抗行为，增加了疏解整治难度。因此，从空间重塑过程来看，疏解整治对社区治理各方面以及各利益主体带来了一定的负面影响，但是，这些困难和问题都是暂时的、阶段性的。疏解整治必须做好打持久战的准备，并逐步完善相应的配套措施，不断积累经验，才能实现最终的疏解目标。

### 三　疏解整治工作是多元主体非对称空间权益博弈过程

疏解整治是一项系统工程，基层管理者运用空间权力强制性、权威性、合法性的特点进行疏解，而流动人口争取在夹缝中的生存空间即空间维存，本地村民则是采取一系列行动策略进行空间维权。在某种程度上，本地村民与流动人口是利益共同体。由于空间权力与空间权利博弈的不对等性，基层管理者的空间权力实践与流动人口的空间维存、本地村民的空间维权形成了非对称博弈。三者以各自独特的行动方式进行互动博弈，重构村庄空间。

基层管理者采取单方、强制方式执行疏解任务。他们根据各种相关政策法规，强制关停无证无照商户，拆除违法建筑，尤其是为确保并提前完成中央和上级政府下达的目标任务，创出政绩，往往采取"一刀切"的方式执行任务。

在此过程中，流动人口采取迂回的空间维存策略。面对基层管理者的强硬措施，流动人口的生存和发展空间进一步被压缩时，一些流动人口积极与房东保持良好的关系，维持他们的生存空间；一些新生代农民工依旧选择打工、上班的方式在夹缝中生存；等等。然而，无论采取何种措施，疏解整治使他们随时可能有被驱逐的风险。为此，他们总体上选择躲猫猫、打游击战的方式予以抗争。一旦他们无法在本村生存就会到周边村，或者更远的村庄寻找生存空间，由此可见，流动人口为了能在城市生活，争取城市空间权利，饱尝着艰辛与痛苦。

本地村民采取非制度化的空间维权策略。本地村民将空间作为反抗与解放的手段，维护自己的经济权利与社会权利。在疏解整治过程中，村民与基层管理者展开较为激烈的空间博弈。刚开始时，村民会持观望态度；等到疏解整治严格实施时，他们转向采取一系列灰色博弈策略进行极力反抗，例如，运用话语反抗策略等维护自己的空间权益。在城乡接合部疏解整治过程中，各利益主体的空间实践演绎着村庄动态的博弈图景。

## 四　破解治理困境在于寻求各方的利益平衡

疏解整治必然会打破原有利益格局，不同主体的利益都将受到不同程度的影响，基层管理者有来自上级政府的压力，有来自流动人口、本地村民的阻碍执行任务的压力，这促使他们采取一些非常规手段开展工作，易引发一连串的冲突与矛盾。因此，上级政府部门应持续跟进疏解工作进度，根据执行任务的内容、执行的难易程度，不断修正任务指标，避免基层管理者因压力大而采取不合理的执法手段，引发矛盾。流动人口有自由迁徙的空间权利，政府部门在落实疏解非首都功能的战略目标下，应该有鉴别地、有针对性地对为城市作出贡献的流动人口给予居住的权利、就业的权利以及生活与交往的权利等；对从事与首都功能定位不相符的流动人口，应该根据不同地区、不同城市的发展需求，积极引导、有序转移，并给予相应的补偿和保障，使其合理流动。对于本地村民，政府部门应该积极引导其转变思想观念，使其认识到空间疏解重塑是为了让他们有更好的生活和发展环境。在此过程中，应对本地村民的拆违征地补偿保障、就业保障、医疗保障、子女教育保障等落实到位，消除他们的后顾之忧，争取他们支持疏解工作。最后，要将空间正义的理念融入疏解全过程，维护不同利益主体的正当空间权益。只有这样才能够高质量地完成疏解非首都功能这项国家战略任务，解决好北京"大城市病问题"，确保北京作为首都的城市定位。

概言之，超大城市空间治理的目标是维护超大城市社会空间秩序、实现高质量更有品质的城市生活。然而，良好的城市空间治理应当坚持以人民为中心的发展思想，采取灵活的、创新的、有效的行动策略，更有力地应对可以预见的和难以预见的风险和挑战。更重要的是，超大城市的空间治理要符合超大城市的特点和规律，这是至关重要的超大城市可持续健康发展的大问题。"一流城市要有一流标准和一流治理，要注重在科学化、精细化上、法治化下功夫"，注重平衡多元利益主体的关系，实现共建、共治、共享的目标。

# 第二节　研究创新点

## 一　研究视角的创新

本书试图运用空间社会学理论，对以 A 村为代表的城乡接合部治理问题进行研究，打破了以往关于城乡接合部治理的静态化、结构化、制度化研究的局限性，为城乡接合部治理提供了一个新的视野和理论工具。一是将物理空间与社会空间相结合，更多地强调空间的实践者（各相关利益主体）如何开展行动争取空间权益，同时，在他们的互动、博弈中塑造着村落的社会样态，决定着村落的空间生产。二是通过对空间的改变（疏解、净化空间）达到治理的目的。在此过程中，空间样态会受到权力、资本、文化的共同影响和作用。政府是城市空间的规划者，它通过一系列空间政策以及空间权力实施影响着社会空间的变迁，且资本也发挥着重要作用。三是城市空间重构是各阶层间资源竞争、利益角逐的结果。就空间生产而言，底层群众通过主体能动性的空间实践与社会结构化力量相抗衡，在城市空间争取自己的空间权益和生存策略。这些观点体现了空间社会学的相关理论对于本研究所具有的解释力。

## 二　研究理论框架的创新

空间社会学理论过于抽象，哲学思辨色彩较重，晦涩难懂。笔者将空间社会学元理论与实证研究相结合，以具体的案例，运用日常生活的语言，解读并运用空间社会学理论和方法，这就弥补了其过于宏观、无法测量的缺陷。与此同时，本研究尝试构建本土化的空间社会实践框架，一是笔者汲取空间与社会互构的观点，界定了 C 镇 A 村为空间疏解特定场域，描述了 C 镇 A 村的静态空间演变、空间结构与功能以及疏解过程中出现的治理瓶颈等所映射的动态空间；二是在此特定疏解场域中，基层管理者自上而下的空间权力实践，与自下而上流动人口的空间维存、本地村民的空间维权的互动博弈，共同建构着社会空间；三是社会样态与各相关利益主体的空间实践相互影响、相互制约、相互促进，并将空间生产、空间分配、空间交换、空间消费贯穿其中，重构城乡接合部的村庄空间。

### 三 研究成因机制的创新

以往关于成因机制的研究多集中在制度层面（如土地征用制度、征地补偿制度等），而忽略了深层次的国家权力问题，以及疏解非首都功能过程中出现的利益羁绊是政府力量、资本逻辑、主体的能动性实践以及主体的空间抗争等因素共同作用的结果。一是空间是政治性的和策略性的。它是一种充斥着各种意识形态的产物；政府在城市空间规划、空间生产中占据支配性地位，其行为和角色对城市空间的公正性产生很大影响。二是资本与开发商联系在一起，开发商是空间场域上的关键人物，是政府与民众之间的衔接点。资本趋利的本质决定了它是空间生产的原动力，也正是地方政府和资本的利益共谋，造成了对空间生产的垄断，才引发了诸多空间问题乃至更激烈的社会冲突。三是城市空间一直处于几种因素的较量之中，是各种力量较量、平衡的产物，这就是城市空间生产的运作逻辑。因此，就空间生产和重构而言，作为主体的民众通过主体性（能动性）和空间实践维持在城市中的生存方式，或是不断地抗争社会空间的边界，这也是影响空间重构的重要动力因素。因而，本研究的创新之处在于分析了国家意识形态、资本运作以及主体性空间实践相互交织、相互作用，构成了影响空间正义的合力。

### 四 研究解决思路的创新

本书注重对马克思、恩格斯社会空间理论以及新马克思主义空间社会学思想的深度犁耕，主要包括马克思、恩格斯对正义的批判，提出只有在高度发达的经济基础之上，消灭一切非正义的社会现象，追求全人类的自由与解放，才能实现真正的正义；列斐伏尔认为需要建立一个新的城市结构和空间关系来寻求正义、民主和平等的公民权利；哈维从空间和城市的更广范围界定社会正义；苏贾将"空间正义"界定为公平地分配地理空间、资源以及服务，获得平等的基本人权，等等；因此，本书提出坚持"差异公正的正义"与"自由平等的正义"相结合的原则，结合中国具体国情、具体情境提出一条本土性空间正义的出路，即规范空间权力、并给予多层次的空间权利保障措施，达到"效率、质量、公平"三者之间的平衡点，以更好地应对疏解过程中出现的相关利益主体的矛盾，顺利完成疏解任务，达到治理"大城市病"的目标，发挥好北京的首都功能。

# 参考文献

一 中文专著

包亚明：《现代性与空间的生产》，上海教育出版社 2003 年版。

北沙：《聚焦中国民工》，中国经济出版社 2005 年版。

蔡昉：《中国流动人口问题》，河南人民出版社 2000 年版。

陈绍军：《失地农民和社会保障水平分析与模式重构》，社会科学文献出版社 2010 年版。

程新征：《中国农民工若干问题研究》，中央编译出版社 2007 年版。

邓鸿勋、陆百甫：《走出二元结构——农民工，城镇化与新农村建设》，中国发展出版社 2006 年版。

方可：《当代北京旧城更新——调查、研究、探索》，中国建筑工业出版社 2000 年版。

费孝通：《江村经济》，商务印书馆 2003 年版。

冯锋：《关注城郊村流动人口违法犯罪问题》，社会科学文献出版社 2005 年版。

冯晓英、魏书华、陈孟平：《由城乡分治走向统筹共治：中国城乡结合部管理制度创新研究（以北京为例）》，中国农业出版社 2007 年版。

何子张：《城市规划中空间利益调控的政策分析》，东南大学出版社 2009 年版。

Edward W. Soja：《后大都市：城市和区域的批判性研究》，上海教育出版社 2006 年版。

胡毅、张京祥:《中国城市住区更新的解读与重构——走向空间正义的空间生产》,中国建筑工业出版社 2015 年版。

黄平:《寻求生存——当代中国农村外出人口的社会学研究》,云南人民出版社 1997 年版。

黄宗智:《华北的小农经济与社会变迁》,中华书局 2000 年版。

李路路:《向城市移民:一个不可逆转的过程》,李培林主编《农民工——中国进城农民工的经济社会分析》,社会科学文献出版社 2003 年版。

李强:《农民工与中国社会分层》,社会科学文献出版社 2004 年版。

廖小军:《中国失地农民研究》,社会科学文献出版社 2005 年版。

刘怀廉:《中国农民工问题》,人民出版社 2005 年版。

陆学艺:《当代中国社会阶层研究报告》,社会科学文献出版社 2002 年版。

陆益龙:《户籍制度——控制与社会差别》,商务印书馆 2004 年版。

潘泽泉:《社会、主体性与秩序:农民工研究的空间转向》,社会科学文献出版社 2007 年版。

索亚:《后大都市:城市和区域的批判性研究》,李钧译,上海教育出版社 2006 年版。

王奋宇、李路路:《中国城市劳动力流动》,北京出版社 2001 年版。

王伟强:《和谐城市的塑造——关于城市空间形态演变的政治经济学实证分析》,中国建筑工业出版社 2005 年版。

温铁军:《中国农村基本经济制度研究》,中国经济出版社 2000 年版。

项飚:《跨越边界的社区:北京"浙江村"的生活史》,生活·读书·新知三联书店 2000 年版。

徐贲:《弱者的反抗——詹姆斯·斯考特的弱者抵抗理论》,《文化研究》,天津社会科学院出版社 2005 年版。

姚一民:《"城中村"的管治问题研究——以广州为例》,中央编译出版社 2008 年版。

姚永玲:《北京市城乡结合部管理研究》,中国人民大学出版社 2010 年版。

尹焕三:《城市化进程中农村社会保障面临的困境与出路》,社会科学文献出版社 2005 年版。

尹志刚、洪小良：《北京市流动人口移民倾向和行为研究》，北京出版
　　社 2008 年版。

余钟夫：《北京城乡结合部问题研究》，北京出版社 2010 年版。

俞德鹏：《城乡社会：从隔离走向开放》，山东人民出版社 2002 年版。

俞德鹏：《城乡社会：从隔离走向开放——中国户籍制度与户籍法研
　　究》，山东人民出版社 2002 年版。

翟学伟：《中国人的行动逻辑》，社会科学文献出版社 2001 年版。

詹明信：《晚期资本主义的文化逻辑》，生活·读书·新知三联书店
　　1997 年版。

战旭英：《城郊村村民自治的绩效评估》，社会科学文献出版社 2005
　　年版。

张京祥、罗震东、何建颐：《体制转型与中国城市空间重构》，东南大
　　学出版社 2007 年版。

张维迎：《博弈论与信息经济学》，上海人民出版社 2004 年版。

周其仁：《产权与制度变迁》，北京大学出版社 2004 年版。

## 二　中文译著

［澳］查尔斯沃思：《城市边缘：当代城市化案例研究》，夏海山等译，
　　机械工业出版社 2007 年版。

［法］阿兰·巴迪欧：《世纪》，蓝江译，南京大学出版社 2011 年版。

［法］亨利·勒菲弗：《空间与政治》，李春译，上海人民出版社 2008 年版。

［法］鲁尔·瓦纳格姆：《日常生活的革命》，张新木等译，南京大学出
　　版社 2008 年版。

［法］皮埃尔·卡蓝默：《破碎的民主》，庄晨燕译，生活·读书·新知
　　三联书店 2005 年版。

［美］阿瑟·奥肯：《平等与效率》，王忠民、黄清译，华夏出版社
　　1999 年版。

［美］埃弗里特·M. 罗吉斯、拉伯尔·J. 伯德格：《乡村社会变迁》，
　　王晓毅等译，浙江人民出版社 1988 年版。

［美］道格拉斯·C. 诺思：《经济史中的结构与变迁》，陈郁、罗华平

等译，上海人民出版社 1994 年版。

［美］杜安伊、普拉特·兹伊贝克、斯佩克：《郊区国家：蔓延的兴起与美国梦的衰落》，苏薇等译，华中科技大学出版社 2008 年版。

［美］路易斯·亨金：《当代中国的人权观念：一种比较考察》，张志铭译，法律出版社 1999 年版。

［美］威廉·朱利叶斯·威尔逊：《真正的穷人：内城区、底层阶级和公共政策》，成佰清等译，上海人民出版社 2008 年版。

［美］文森特·奥斯特罗姆：《美国地方政府》，井敏等译，北京大学出版社 2004 年版。

［美］约翰·罗尔斯：《正义论》，何怀宏、何包钢、廖申白译，中国社会科学出版社 1988 年版。

［秘鲁］赫尔南多·德·索托：《资本的秘密》，李薇、邓达山译，陕西师范大学出版社 2009 年版。

［苏］阿法纳西耶夫：《社会管理中的人》，贾泽林译，知识出版社 1983 年版。

［苏］奥马罗夫：《社会管理》，王思斌等译，浙江人民出版社 1987 年版。

［英］卡尔·波兰尼：《大转型：我们时代的政治与经济起源》，冯钢、刘阳译，浙江人民出版社 2007 年版。

## 三 期刊论文

鲍海君、吴次芳：《论失地农民社会保障体系建设》，《管理世界》2002年第 10 期。

蔡禾、王进：《"农民工"永久迁移意愿研究》，《社会学研究》2007 年第 6 期。

曹广忠、缪杨兵、刘涛：《基于产业活动的城市边缘区空间划分方法》，《地理研究》2009 年第 3 期。

曹锦清、张乐天：《传统乡村的社会文化特征：人情与关系网》，《探索与争鸣》1992 年第 2 期。

车玉玲：《历史唯物主义的空间转向与当代启示》，《马克思主义与现实》2014 年第 1 期。

陈阿江：《农村劳动力外出就业与形成中的农村劳动力市场》，《社会学研究》1997 年第 1 期。

陈成文、廖文：《回顾与展望：制度社会学视野中的农民工问题研究进展》，《重庆社会科学》2007 年第 5 期。

陈海萍：《城市管理综合执法手段的合比例原则考察》，《行政与法》2005 年第 3 期。

陈孟平：《"城中村"公共物品供求研究——以北京市城乡接合部为例》，《城市问题》2003 年第 6 期。

陈映芳：《"农民工"：制度安排与身份认同》，《社会学研究》2005 年第 3 期。

陈月：《"边缘社区"的犯罪问题及其社会控制》，《郑州大学学报》（哲学社会科学版）1997 年第 1 期。

陈忠：《空间辩证法、空间正义与集体行动的逻辑》，《哲学动态》2010 年第 6 期。

成得礼、谢子平：《中国城乡结合部地区失地农民个人转型问题研究——基于北京市、青岛市、成都市和南宁市的入户调查数据》，《华东经济管理》2009 年第 3 期。

程世勇、李伟群：《国家土地征用中地方政府违规的制度性原因探析》，《经济体制改革》2008 年第 1 期。

迟兴臣：《新时期城乡结合部社会稳定问题浅析》，《中共济南市委党校学报》2001 年第 1 期。

崔承印：《外来人口对北京人口规模和分布的影响与对策研究》，《北京规划建设》2002 年第 5 期。

崔功豪、武进：《中国城市边缘区空间结构特征及其发展——以南京等城市为例》，《地理学报》1990 年第 4 期。

崔新蕾、张安录：《选择价值在农地城市流转决策中的应用——以武汉市为例》，《资源科学》2011 年第 4 期。

单瑜：《开发开放城乡结合部是促进城乡一体化的枢纽——西部地区加快农村城市化进程的思考》，《云南经济管理干部学院学报》2000 年第 3 期。

杜国明、杨建广：《我国征地纠纷解决机制的构建》，《求索》2007 年第 6 期。

段成荣：《要发展地看待城市人口容量问题》，《人口研究》2005 年第 5 期。

段文技、孙航飞：《构建和谐社会下的农村土地产权制度》，《农业经济问题》2006 年第 3 期。

冯鹏志：《时间正义与空间正义：一种新型的可持续发展伦理观》，《自然辩证法研究》2004 年第 1 期。

高灵芝、胡旭昌：《城市边缘地带"村改居"后的"村民自治"研究——基于济南市的调查》，《重庆社会科学》2005 年第 9 期。

顾朝林、盛明洁：《北京低收入大学毕业生聚居体研究——唐家岭现象及其延续》，《人文地理》2012 年第 5 期。

郭星华、杨杰丽：《"城市民工群体的自愿性隔离"》，《江苏行政学院学报》2005 年第 1 期。.

郭艳华、冯广俊：《转制社区城市化、城市社区现代化问题研究——以广州市黄埔区为例》，《探求》2007 年第 2 期。

韩纪江：《征地过程中利益主体的矛盾演变分析》，《经济体制改革》2008 年第 4 期。

何太平、黄泽勇、罗登华、蒋贤孝：《外来民工生存状态与人力资源生产》，《四川行政学院学报》2001 年第 3 期。

胡潇：《空间的社会逻辑——关于马克思恩格斯空间理论的思考》，《中国社会科学》2013 年第 1 期。

胡治艳：《重读〈论住宅问题〉——恩格斯的住房观及其启示》，《马克思主义研究》2011 年第 9 期。

黄祖辉、汪晖：《非公共利益性质的征地行为与土地发展权补偿》，《经济研究》2002 年第 5 期。

霍雅勤、蔡运龙：《可持续理念下的土地价值决定与量化》，《中国土地科学》2003 年第 2 期。

金平：《论城乡结合部》，《开发研究》2001 年第 1 期。

晋龙涛：《试论村委会与居委会的差异》，《农业考古》2012 年第 3 期。

蓝宇蕴：《城市化中一座"土"的"桥"——关于城中村的一种阐释》，《开放时代》2006 年第 3 期。

冷熙亮：《国外城市管理体制的发展趋势及其启示》，《城市问题》2001
　　年第1期。

李斌：《"社会排斥理论与中国城市住房改革制度"》，《社会科学研究》
　　2002年第3期。

李景治、熊光清：《"中国城市中农民工群体的社会排斥问题"》，《江苏
　　行政学院学报》2006年第6期。

李培林：《"理性选择理论面临的挑战及其出路"》，《社会学研究》
　　2001年第6期。

李强、唐壮：《"城市农民工与城市中的非正规就业"》，《社会学研究》
　　2002年第6期。

李晴、常青：《城中村改造实验——以珠海吉大村为例》，《城市规划》
　　2002年第11期。

李淑梅：《重读恩格斯的〈英国工人阶级状况〉——对我国城市化进程
　　的思考》，《毛泽东邓小平理论研究》2010年第12期。

李秀玲、秦龙：《"空间生产"思想：从马克思经列斐伏尔到哈维》，
　　《福建论坛》（人文社会科学版）2011年第5期。

李一平：《城市化进程中失地农民利益受损的制度分析与对策》，《中州
　　学刊》2004年第2期。

李志刚等：《快速城市化下"转型社区"的社区转型研究》，《城市发展
　　研究》2007年第5期。

梁慧、王琳：《"村改居"社区居委会管理中的问题及对策分析》，《理
　　论月刊》2008年第11期。

林密：《马克思资本主义生产方式批判的空间视域》，《天津社会科学》
　　2011年第1期。

刘杰：《城乡结合部"村落终结"的难题》，《人文杂志》2012年第
　　1期。

刘君德、张玉枝：《上海城乡结合部社区管理的考察与研究》，《上海城
　　市规划》1999年第2期。

刘卫东、彭俊：《征地补偿费用标准的合理确定》，《中国土地科学》
　　2006年第1期。

刘伟：《经济发展和改革的历史性变化与增长方式的根本转变》，《经济

研究》2006 年第 1 期。

刘宇、张敬文、阮平南：《基于演化博弈的战略网络形成机理研究》，《科技管理研究》2011 年第 4 期。

刘玉、冯健、孙楠：《快速城市化背景下城乡结合部发展特征与机制——以北京海淀区为例》，《地理研究》2009 年第 2 期。

芦恒：《东北城市棚户区形成与公共性危机——以长春市"东安屯棚户区"形成为例》，《华东理工大学学报》（社会科学版）2013 年第 3 期。

陆益龙：《户籍立法：权力的遏制与权利的保护》，《江苏社会科学》2004 年第 2 期。

罗文春、李世平：《城市化进程中失地农民与地方政府之间的博弈分析》，《管理现代化》2011 年第 5 期。

马建秋、谢宝富：《我国城乡结合部公共物品供给问题研究——以北京市城乡结合部为例》，《中国软科学增刊》（下）2009 年第 9 期。

孟庆瑜：《论土地征用与失地农民的社会保障》，《甘肃社会科学》2006 年第 3 期。

母小曼：《土地征用市场中的博弈分析》，《经济师》2006 年第 7 期。

潘泽泉、陈有乾：《底层社会与抗争性政治：农民工的生存生态研究》，《前沿》2009 年第 2 期。

彭移风：《农村土地征用过程中政府行为的失范与规范》，《农村经济》2007 年第 1 期。

钱忠好、曲福田：《中国土地征用制度：反思与改革》，《中国土地科学》2004 年第 5 期。

曲福田、冯淑怡、俞红：《土地价格及分配关系与农地非农化经济机制研究》，《中国农村经济》2001 年第 12 期。

饶小军、邵晓光：《边缘社区：城市族群社会空间透视》，《城市规划》2001 年第 9 期。

任平：《空间的正义——当代中国可持续城市化的基本走向》，《城市发展研究》2006 年第 5 期。

沈关宝：《城市化进程中农民失地的深层次分析》，《探索与争鸣》2006 年第 2 期。

施宗苗：《当前户籍制度对城市化的障碍》，《黑河学刊》2003 年第 6 期。

宋健、何蕾：《中国城市流动人口管理的困境与探索》，《人口研究》2008 年第 5 期。

孙心亮：《城乡结合部问题的根源与发展策略的转变——以北京地区为例》，《经济地理》2012 年第 3 期。

孙绪民：《对当前我国失地农民保护主体的审视与思考》，《调研世界》2006 年第 9 期。

孙玉娟、赵琳、赵丽媛：《社会冲突视阈下失地农民利益表达的错位和缺失》，《福建农林大学学报》（哲学社会科学版）2008 年第 6 期。

谭术魁：《中国频繁暴发土地冲突事件的原因探究》，《中国土地科学》2009 年第 6 期。

唐焕文、王卫：《城乡结合部经济发展的战略选择——以大连市甘井子区为案例》，《大连理工大学学报》（社会科学版）1999 年第 2 期。

唐健：《征地制度改革问题综述》，《中国地产市场》2004 年第 5 期。

田毅鹏、张金荣：《马克思社会空间理论及其当代价值》，《马克思主义与现实》2005 年第 4 期。

涂人猛：《城市边缘区——它的概念、空间演变机制和发展模式》，《城市问题》1991 年第 4 期。

王春光：《新生代农村流动人口的社会认同与城乡融合的关系》，《社会学研究》2001 年第 3 期。

王国强等：《城乡结合部土地利用研究——以郑州市为例》，《地域研究与开发》2000 年第 2 期。

王华春、金永仁、谭益民：《新形势下中国征地制度的改革与完善》，《商业研究》2004 年第 22 期。

王建民：《社会转型中的象征二元结构：以农民工群体为中心的微观权力分析》，《社会》2008 年第 2 期。

王娟、常征：《中国城乡结合部的问题及对策：以利益关系为视角》，《经济社会体制比较》2012 年第 3 期。

王荣武、王思斌：《乡村干部之间的交往结构分析——河南省一乡三村调查》，《社会学研究》1995 年第 3 期。

王圣诵：《"城中村"土地开发、"村改居"和社区民主治理中的农民权益保护研究》，《法学论坛》2010 年第 6 期。

王树良等：《试论城乡结合部的土地用途管制》，《测绘信息与工程》2000 年第 4 期。

王炜：《关于用影像记录首都城乡结合部城市建设进程的思考》，《城建档案》2013 年第 1 期。

王小映：《土地征收公正补偿与市场开放》，《中国农村观察》2007 年第 5 期。

王勇、陶忠刚、孙晓：《改革现行征地制度，还利于民》，《黑龙江工程学院学报》2002 年第 3 期。

魏立华、闫小培：《转型期中国城市社会空间演进动力及其模式研究——以广州市为例》，《地理与地理信息科学》2006 年第 1 期。

吴细玲：《交往与社会时间和空间》，《哲学动态》2010 年第 2 期。

吴晓：《"边缘社区"探察——我国流动人口聚居区的现状特征透析》，《城市规划》2003 年第 7 期。

谢根成：《关于征地制度改革的几个问题》，《求实》2005 年第 2 期。

杨发祥、胡兵：《政社合作与公共服务体制的转型》，《学习与实践》2011 年第 3 期。

杨富堂：《交易视角下农地征收的线性补偿研究》，《农业经济问题》2011 年第 5 期。

杨伟鲁：《中国城市化进程中必须重视的几个现实问题》，《经济纵横》2011 年第 4 期。

杨扬、张新：《城乡结合部土地利用现状、问题与对策分析》，《黑龙江科技信息》2012 年第 3 期。

［英］大卫·哈维：《马克思的空间转移理论——〈共产党宣言〉的地理学》，郁建立译，《马克思主义与现实》2005 年第 4 期。

［英］罗伯特·贝涅威克、朱迪·豪威尔、伊伦娜·堂：《社区自治：村委会与居委会的初步比较》，《上海城市管理职业技术学院学报》2003 年第 1 期。

于建嵘：《当前农民维权活动的一个解释框架》，《社会观察》2004 年第 6 期。

於忠祥：《论中国征地制度》，《安徽农业大学学报》（社会科学版）
　　2005 年第 6 期。

俞吾金：《马克思时空观新论》，《哲学研究》1996 年第 3 期。

运迎霞、常玮：《博弈·和谐·共赢——"城中村"改造经验借鉴及其
　　策略研究》，《城市发展研究》2006 年第 3 期。

张京祥、赵伟：《二元规制环境中城中村发展及其意义的分析》，《城市
　　规划》2007 年第 1 期。

张康之：《基于人的活动的三重空间——马克思人学理论中的自然空
　　间、社会空间和历史空间》，《中国人民大学学报》2009 年第 4 期。

张雪松、吕正华、李逸群：《城乡结合部发展刍议——以沈阳市浑南地
　　区为例》，《城市规划》1999 年第 9 期。

赵晔琴：《"居住权"与市民待遇：城市改造中的"第四方群体"》，
　　《社会学研究》2008 年第 2 期。

赵晔琴：《农民工：日常生活中的身份建构与空间型构》，《社会》2007
　　年第 6 期。

甄艳、吕康娟：《城乡结合部的地缘特性及其管理机制创新》，《世界地
　　理研究》2006 年第 3 期。

郑柯炮、张建明：《广州城乡结合部土地利用的问题及对策》，《城市问
　　题》1999 年第 3 期。

周大鸣、高崇：《城乡结合部社区的研究——广州南景村 50 年的变
　　迁》，《社会学研究》2001 年第 4 期。

周大鸣、李翠玲：《垃圾场上的空间政治：以广州兴丰垃圾场为例》，
　　《广西民族大学学报》（哲学社会科学版）2007 年第 5 期。

朱富言、李东：《北京市流动人口数量变动趋势分析》，《西北人口》
　　2008 年第 4 期。

庄友刚：《西方空间生产理论研究的逻辑、问题与趋势》，《马克思主义
　　与现实》2011 年第 6 期。

## 四　学位论文

陈继勇：《城市化进程中城乡结合部管理问题研究——兼对珠江三角洲
　　地区城市化道路的探索》，硕士学位论文，西安建筑科技大学，

2003 年。

党力：《城乡结合部流动人口管理存在的问题与对策研究》，硕士学位
论文，湘潭大学，2013 年。

邓梅：《异地农民：嵌入与空间政治——对上海 M 区 X 村某菜农聚居区
研究》，硕士学位论文，华东师范大学，2012 年。

傅宅国：《城乡结合部社会管理中基层政府协同问题研究》，硕士学位
论文，湘潭大学，2013 年。

高云红：《城市底层空间的秩序与功能——基于哈尔滨市"繁华小区"
的研究》，博士学位论文，哈尔滨工业大学，2015 年。

龚云龙：《城乡结合部地区政府治理研究——以重庆为例》，硕士学位
论文，西南政法大学，2014 年。

李亚娟：《现阶段城乡结合部社会问题研究》，硕士学位论文，山东大
学，2010 年。

林海：《福州市鼓山镇城乡结合部农村流动人口信息化管理服务模式研
究》，硕士学位论文，福建农林大学，2017 年。

刘文思：《城市边缘社区治理中的外来人口参与问题研究》，硕士学位
论文，华中师范大学，2013 年。

马学广：《城市空间的社会生产与土地利用冲突研究——以广州市海珠
区为例》，博士学位论文，中山大学，2008 年。

倪军昌：《北京城乡结合部征地和失地农民问题研究——以亦庄开发区
为例》，硕士学位论文，中国农业大学，2004 年。

聂仲秋：《城乡结合部和谐发展研究——以西安为例》，博士学位论文，
西北农林科技大学，2008 年。

潘华：《"选择"中的二元秩序与二元秩序中的选择——关于农民工选
择行为与日常生活秩序的研究》，博士学位论文，中国人民大学，
2008 年。

魏声然：《我国城市管理行政执法的困境与对策研究》，硕士学位论文，
扬州大学，2016 年。

杨文兵：《城乡结合部社会治安协同治理模式研究》，硕士学位论文，
贵州财经大学，2013 年。

袁旦：《杭州市城乡结合部治安管理问题研究》，硕士学位论文，吉林

大学，2016 年。

赵静：《城乡结合部征地纠纷主体行为分析》，硕士学位论文，西北农林科技大学，2009 年。

## 五 报纸文章

张璐：《北京计划到 2017 年底城乡结合部人口调减 50 万》，《北京晨报》2015 年 12 月 4 日。

犁一平：《缓解"大城市病"控人口不如疏解资源》，《中国商报》2016 年 6 月 28 日第 2 版。

胡印斌：《大城市疏解人口需警惕"老化病"》，《中国县域经济报》2016 年 7 月 28 日第 3 版。

周大鸣：《20 年来农民工的几点变迁——关于珠江三角洲农民工形象思考》，《深圳特区报》2012 年 9 月 18 日。

蔡荣鑫：《包容性增长探源》，《第一财经日报》2010 年 9 月 29 日。

## 六 外文文献

Agranoff, "Direction in Intergovernmental Management", *International Journal of Public Administration*, 1988 (112): 357 – 391.

Ayele Gelan, "Trade Liberalisation and Urban-rural Linkages: A Cge Analysis for Ethiopia", *Journal of Policy Modeling*, 2002 (24): 707 – 738.

Bentick, B. J., "The Impact of Taxation and Valuation Practices on the Timing and Efficiency of Land Use", *Journal of Political Economy*, Vol. 87. No. 4. Aug. 1979.

Brady, D., "The Poverty of Liberal Economics", *Socio-Economic Review*, 2003, 1 (3): 369 – 409.

Broughton, F., "Fringe Issues", *Landscape Design*, September 1996, pp. 34 – 36.

David Harvey, "The Urban Process under Capitalism", *International Journal of Urban and Regional Research*, No. 2 (1978), p. 124.

Dr. Peter Zaremba (Poland) Regional and Urban Planning, a Speech from the Seminar by the Ministry of Construction, 1986.

Eckstein, S. , "Urbanization Revisited: Inner-city Slum of Hope and Squatter-settlement of Despair", *World Development*, 1990, 18 (2), pp. 165 – 181.

Edin Maria, *Market Forces and Communist Power: Local Political Institutions and Economic Development in China*, Sweden: Department of Government, Uppsala University, 2000.

Eduardo Baumeister, "Peasant Initiatives in Land Reform in Central America", *Land Reform and Peasant Livelihoods*, 2001, (7).

Edward, W. Soja, *Seeking Spatial Justice*, Minneapolis: University of Minnesota Press, 2010.

Frederick C. Mosher, "The Changing Responsibilities and Tactics of the Federal Government", *Public Administration Review*, 1980.

Gallent, N. , Andersson, J. , "Representing England's Rural-urban Fringe", *Landscape Research*, 2007, 32 (1), pp. 1 – 27.

Gallent, N. , "The Rural-Urban Fringe: A New Priority for Planning Policy", *Planning*, *Practice & Research*, 2006, 21 (3), pp. 383 – 393.

George Boyne, "Introduction to the Symposium on New Labour and the Modernization of Public Management", *Public Administration*, 2001 (1): 79 – 88.

Gilbert, A. , "The Return of the Slum: Does Language Matter?", *International Journal of Urban and Regional Research*, 2007, 31 (4), pp. 697 – 713.

Habitat, U. N. , *State of the World's Cities 2006/7*, London: Earthscan, 2006: 26.

Hall, Peter, *Cities of Tomorrow: An Intellectual History of Urban Planning and Design in the Twentieth Century*, Oxford: Basil Blackwell, 1988.

Harvey, D. , *A Companion to Marx's Capital*, New York: Verso, 2010.

Harvey, David, *Social Justice and the City*, Oxford UK: Basil Blackwell Publishers, 1973.

Harvey, D. , "From Managerialism to Entrepreneurialism: The Transformation in Urban Governance in Late Capitalism", *Geografiska Annaler*, 1989, 71 (B), pp. 3 – 17.

Harvey, D., "Retrospect on the Limits to Capital", *Antipode*, 2004, 36 (3), pp. 544 – 549.

Harvey, D., *Social Justice and the City*, London: Edward Arnold, 1973.

Harvey, D., "Social Justice, Postmodernism and the City", *International Journal of Urban and Regional Research*, 1992 ( 16 ).

Harvey, D., "The Geography of Class Power", *The Socialist Register*, 1998, 34, pp. 49 – 74.

Harvey, D., *The Limits to Capital*, Oxford: Blackwell, 1982.

Harvey, D., "The Marxian Theory of the State", *Antipode*, 1976, 8 (2), pp. 80 – 89.

Harvey, D., "The Righttothe City", *New Left Review*, 2008, 53 (September-October): pp. 23 – 40.

Huang Wei, etc., *Master Planning Information System in Guangzhou*, City Planning Review, 1991.

Huchzermeyer, M., "Slum Upgrading in Nairobi within the Housing and Basic Services Market: A Housing Rights Concern", *Journal of Asian and African Studies*, 2008, 43 (1), pp. 19 – 39.

Jon Sigurdson, "Rural Industrialization in China: Approaches and Results", *World Development*, 1975 (8): 527 – 538.

J. White, *Justice as Translation*, Chicago: Chicago University Press, 1990.

Lewis O., *Five Families: Mexican Case Studies in the Culture of Poverty*, Basic Books, 1975.

Lin, G. C. S., "Chinese Urbanism in Question: State, Society, and the Reproduction of Urban Spaces", *Urban Geography*, 2007, 28, pp. 7 – 29.

Macharia, K., "Slum Clearance and the Informal Economy in Nairobi", *The Journal of Modern African Studies*, 1992, 30 (2), pp. 221 – 236.

Markusen, J. R. and Scheffman, D. T., "The Timing of Residential Land Development. A General Equilibrium Approach", *Journal of Urban*

Economics, Vol. 5. No. 4. Oct. 1978.

McDonald, G. T. , Brown, A. L. , "The Land Suitability Approach to Strategic Land-Use Planning in Urban Fringe Areas", *Landscape Planning*, 1984, 11 (2), pp. 125 – 150.

Michel Foucault, *The Use of Pleasure*, Trans. Robert Hurley, New York: Pantheon. Books, 1985.

Paul R. , *Dommel*, *Interrelations in Managing Local Government*, Publication Inc, 1991.

Preston, D. , "Rural-urban and Inter-settlement Interaction: Theory and Analytical Structure", *Area*, 1975 (7): 171 – 174.

Pryor, R. J. , "Defining the Rural-Urban Fringe", *Social Forces*, 1968, 47 (2), pp. 202 – 215.

Rao, V. , "Slumas Theory: the South/Asian City and Globalization", *International Journal of Urban and Regional Research*, 2006, 30 (1), pp. 225 – 232.

R. J. Pryor, "Defining the Rural-urban Fringe", *Social Forces*, 1968 (1): 407 – 421.

Smith, N. , *The New Urban Frontier: Gentrification and the Revanchist City*, Routledge, 2012.

SOJA, *Postmonden Grographies*, London and New York: Verso, 1989: 131.

Spector, M. & J. I. , *Kitsuse*, *Constructing Social Problem*, Aldine de Gruyter, 1987.

Sullivan, W. C. , "Perceptions of the Rural-Urban Fringe: Citizen Preferences for Natural and Developed Settings", *Landscape and Urban Planning*, 1994, 29 (2 – 3), pp. 85 – 101.

Thanakvaro Thyl De Lopez, "Stakeholder Management for Conservation Projects: A Case Study of Ream National Park, Cambodia", *Environmental Management*, 2001, 28 (1), pp. 47 – 60.

Tim Unwin, "Agricultural Restructuring and Integrated Rural Development in Estonia", *Journal of Rural Studies*, 1997 (1): 93 – 112.

Whitehand, J. W. R. , " Urban Fringe Belts, Development of an Idear",
　*Planning Perspetive*, 1988 (3): 47 – 58.

Wright, Deil S. , *Understanding Intergovernmental Relations*, Brooks Cole
　Publishing Company, 1988.

# 后 记

时光荏苒，转眼间，博士阶段的学习即将结束。回想起这几年的学习和生活，脑海里浮现出无数珍贵的画面——有喜悦、有感动、有挫折、有失落……事实上，这才是生活的真谛。考博阶段的磨炼，使我更加珍惜来之不易的读博机会，多彩的博士生涯紧张而又充实。这几年，我收获颇多，学业上尽管有曲折，但科研能力得到了一定提升，这得益于诸多老师的指导与帮助。生活上虽然有风雨，但心灵总能找到避风的港湾，这受惠于老师、同学们的真情关怀与体贴照顾。在此，向对我学业和生活中有诸多帮助的良师益友表示诚挚的谢意。

感谢导师龚维斌教授。三年多来，无论在学习、科研、生活上，龚老师给予学生悉心教导和细致关怀，不仅教会我怎样"做学问"，更重要的是传授给我怎样"做人"的道理。学生对恩师的感激之情铭记在心，没齿难忘。生活中老师儒雅谦和，平易近人，但学术上要求则非常严格，尤其是对我博士学位论文（本书）的指导，从论文选题、思路拟定、初稿撰写、修改定稿等每一个环节都倾注了大量的时间和精力。导师严谨认真的治学态度、深邃敏锐的学术洞察力、高瞻远瞩的研究视野、宽厚豁达的处事风格一直感染与引领着我。师恩如山，终生难忘。但遗憾的是，学生才疏学浅，与老师的要求还有很大距离，甚感惭愧，谨记师训，唯有通过以后不断的努力来弥补这一缺憾。

感谢师母童老师。读博期间，师母就像对待自己的孩子一样，无微不至地关怀着我的学习和生活。一直以来，师母总是帮助我缓解紧张的学习压力，丰富并充实我的日常生活，使我开阔了眼界，增长了见识。尤其当我博士论文写作不顺利的时候，她不断地鼓励我、帮助我克服生活中的困难。童老师慈母般的关爱、优雅大度的处世、周到恰当的指导，让我的博士生活充满温馨。师爱似海，感恩于情，这些关心与鼓励，是我前进的动力，我会永远铭记在心。

感谢钟开斌教授，为我的博士学位论文写作指点迷津，他的不吝赐教与犀利见解，总会给我新的收获和启发。钟老师独特的研究视角、深厚的学术功底、缜密的学术思维令我钦佩不已。他对我论文的耐心引导和研究上的帮助，让我获益良多，对此我深深感激。

感谢北京市社会科学院戴建中教授、北京市委党校王雪梅副教授，在论文研究设计、实证调研、论文撰写过程中都给我大量指导和无私帮助，帮我答疑解惑、拓展思路，并赠予书籍供我参考。戴教授虽然工作繁忙，但还会发邮件提出一些论文修改建议；王老师亲自带领我们进行实地调查研究。感谢老师、前辈的指导和帮助！

感谢马庆钰教授、时和兴教授、褚松燕教授、李拓教授、李军鹏教授、孙晓莉教授、马福云教授、袁金辉教授、刘东超教授、李明教授、张小明教授、宋劲松教授、游志斌教授、曹海峰教授、王永明教授、张林江副教授、董泽宇副教授、王华副教授、张磊副教授。他们在我学业和论文完成的不同阶段，都给予了我诸多热忱的帮助。各位老师的严谨、博学、热情，时常感染着我，难以忘怀，他们是我毕生学习的榜样。

感谢朱国仁老师、张松老师、魏宛斌老师、赵斌老师、李进老师、王玲老师、李遥瑶老师等诸位老师辛勤的付出，他们对于教学管理和行政工作的兢兢业业，对于学生们的关心和帮助，让我十分感动。

感谢师兄吴超、龚春明、王健、刘杰、王雪黎、陆继锋、刘祺、潘墨涛、陈建科，师姐张燕、崔玉丽、陈偲、郑琛；感谢同门王涛、李志新、王正攀、邢梓琳、孙娣、郑普健、吴红连、白雪；感谢我的同窗好友杜庆昊、袁书杰、宋平伟、师自国、李涛、赵涛、王东亮、苗贵安、陈浩、王意、程志勇、张文明、姜润彬、王鹏、王勇、陈智永、王业文、丁立江、王惠奕、马丽、杨莹、王博、刘晓佳、李利利、陆筱璐、张颖霞、李楠、肖新平、王玉；感谢师妹刘晨曦、崔亚丽、李莹、徐芳芳、史李娟、闫晓，感谢师弟王学凯、赵础昊、刘玉拴、蒋晨光、郭贝贝、杨昊杰、樊裕、单苗苗等。感谢你们三年多来对我学习、生活中的诸多关心、鼓励和支持，在我遇到困难、彷徨失落、最需要帮助时，你们总是为我出谋划策、加油鼓劲，使我顺利克服了各种障碍；感谢你们在艰辛的求学之路上，陪伴我经历风雨、收获成长，让我体会到了关怀、温暖和充实，并顺利完成了学业，这份真诚的情谊是我一生的宝贵财富。

感谢我的家人。由衷感谢我的父母、弟弟、弟妹一直以来对我学业发展的理解与支持。父母无怨无悔、辛苦努力的付出，为我创造了一个能够继续求学的家庭环境；对我无私的疼爱与包容，使我能够专心致志完成学业；所有的恩情，无以言表，唯有通过自己坚持不懈的努力去报答父母！

最后，感谢中国社会科学出版社田文老师的编审和修改，田老师对于本书字斟字酌的修改和批注让我非常感动，为本书的顺利出版付出了很多努力。由于本人学识水平有限，本书难免存在各种问题和不足，敬请各位专家学者不吝赐教。

翟慧杰

2018 年 11 月 28 日

记于中共中央党校南校区